"一带一路" 营商环境法治保障系列

李建伟  朱晓娟  吴尚谦  鞠忠主编

# "一带一路"
# 法律适用一本通

《"一带一路"法律适用一本通》编写组 编

中国民主法制出版社

## 图书在版编目（CIP）数据

"一带一路"法律适用一本通／《"一带一路"法律适用一本通》编写组编 . —北京：中国民主法制出版社，2020.1

（"一带一路"营商环境法治保障系列）

ISBN 978-7-5162-2147-1

Ⅰ . ①—…　Ⅱ . ①—…　Ⅲ . ①法律—研究—世界

Ⅳ . ①D910.4

中国版本图书馆 CIP 数据核字（2019）第 290163 号

**图书出品人**：刘海涛
**出 版 统 筹**：乔先彪
**责 任 编 辑**：逯卫光

**书名**／"一带一路"法律适用一本通
"YIDAIYILU" FALÜSHIYONGYIBENTONG
**作者**／《"一带一路"法律适用一本通》编写组　编

**出版·发行**／中国民主法制出版社
**地址**／北京市丰台区右安门外玉林里 7 号（100069）
**电话**／（010）63055259（总编室）　 63057714（发行部）
**传真**／（010）63056975　63056983
**http**：// www.npcpub.com
**E-mail**：mzfz@ npcpub.com
**经销**／新华书店
**开本**／16 开　787 毫米×960 毫米
**印张**／18　**字数**／305 千字
**版本**／2020 年 1 月第 1 版　2020 年 1 月第 1 次印刷
**印刷**／北京天宇万达印刷有限公司

**书号**／ISBN 978-7-5162-2147-1
**定价**／82.00 元
**出版声明**／版权所有，侵权必究

# 《"一带一路"营商环境法治保障系列》
# 编 委 会

● 总 序

习近平总书记在 2013 年提出建设"丝绸之路经济带"和"21 世纪海上丝绸之路"的构想，五年多来，在各参与方的共同努力下，"一带一路"倡议从理念转化为行动，从愿景转变为现实，构建起了各自优势互补、彼此互联互通的国际合作平台。

党的十九大报告指出，要以"一带一路"建设为重点，坚持"引进来"和"走出去"并重，加强创新能力开放合作，形成陆海内外联动、东西双向互济的开放格局。同时，党的十九大通过修改的党章明确指出：遵循共商共建共享原则，推进"一带一路"建设。推进"一带一路"建设写入党章，必将为新时代共建"一带一路"，共建人类命运共同体进一步指明方向，注入强劲动力。

随着我国"一带一路"建设的深入推进，营造互信互通的法治营商环境，为投资贸易合作方提供全面周到的法律支持，切实维护中外当事人的合法权益便提上了日程。因此，为了增进"一带一路"建设沿线各国的彼此沟通，积极建立成员方统一认知和公正高效的司法保障体系，切实保障"一带一路"建设成果的不断扩大，我们推出了《"一带一路"营商环境法治保障系列》图书。

　　本系列图书构建了"一带一路"法治保障服务体系，主要介绍了投资贸易、产业合作、公正司法、纠纷解决、劳工保护等领域的法律制度，从而以保护中外当事人合法权益，维护公平竞争、诚实守信、和谐共赢的区域合作大环境。本系列图书体例科学，通俗易懂，旨在加强中国与"一带一路"沿线国家的"政策沟通"和"法治互信"，通过向国际社会展示我国法律制度的建设成就，以此提升我国法律的国际影响力。

　　《"一带一路"营商环境法治保障系列》图书作为"一带一路"建设的法治保障参考适用读物，旨在为沿线各国加强法律制度的交流互鉴，旨在全面落实我国"一带一路"建设的任务要求，全面构建"一带一路"建设中的法治保障体系，以便全球共享"一带一路"的建设成果。

赵旭东*

2019 年 8 月

---

　　* 赵旭东，中国法学会商法学研究会会长，中国政法大学教授。

# 目 录

# 中华人民共和国外商投资法

（2019 年 3 月 15 日第十三届全国人民代表大会第二次会议通过）

## 目　　录

## 第一章　总　　则

**第一条**　为了进一步扩大对外开放，积极促进外商投资，保护外商投资合法权益，规范外商投资管理，推动形成全面开放新格局，促进社会主义市场经济健康发展，根据宪法，制定本法。

**第二条**　在中华人民共和国境内（以下简称中国境内）的外商投资，适用本法。

本法所称外商投资，是指外国的自然人、企业或者其他组织（以下称外国投资者）直接或者间接在中国境内进行的投资活动，包括下列情形：

（一）外国投资者单独或者与其他投资者共同在中国境内设立外商投

资企业；

（二）外国投资者取得中国境内企业的股份、股权、财产份额或者其他类似权益；

（三）外国投资者单独或者与其他投资者共同在中国境内投资新建项目；

（四）法律、行政法规或者国务院规定的其他方式的投资。

本法所称外商投资企业，是指全部或者部分由外国投资者投资，依照中国法律在中国境内经登记注册设立的企业。

**第三条** 国家坚持对外开放的基本国策，鼓励外国投资者依法在中国境内投资。

国家实行高水平投资自由化便利化政策，建立和完善外商投资促进机制，营造稳定、透明、可预期和公平竞争的市场环境。

**第四条** 国家对外商投资实行准入前国民待遇加负面清单管理制度。

前款所称准入前国民待遇，是指在投资准入阶段给予外国投资者及其投资不低于本国投资者及其投资的待遇；所称负面清单，是指国家规定在特定领域对外商投资实施的准入特别管理措施。国家对负面清单之外的外商投资，给予国民待遇。

负面清单由国务院发布或者批准发布。

中华人民共和国缔结或者参加的国际条约、协定对外国投资者准入待遇有更优惠规定的，可以按照相关规定执行。

**第五条** 国家依法保护外国投资者在中国境内的投资、收益和其他合法权益。

**第六条** 在中国境内进行投资活动的外国投资者、外商投资企业，应当遵守中国法律法规，不得危害中国国家安全、损害社会公共利益。

**第七条** 国务院商务主管部门、投资主管部门按照职责分工，开展外商投资促进、保护和管理工作；国务院其他有关部门在各自职责范围内，负责外商投资促进、保护和管理的相关工作。

县级以上地方人民政府有关部门依照法律法规和本级人民政府确定的职责分工，开展外商投资促进、保护和管理工作。

**第八条** 外商投资企业职工依法建立工会组织，开展工会活动，维护职工的合法权益。外商投资企业应当为本企业工会提供必要的活动条件。

## 第二章　投资促进

**第九条**　外商投资企业依法平等适用国家支持企业发展的各项政策。

**第十条**　制定与外商投资有关的法律、法规、规章，应当采取适当方式征求外商投资企业的意见和建议。

与外商投资有关的规范性文件、裁判文书等，应当依法及时公布。

**第十一条**　国家建立健全外商投资服务体系，为外国投资者和外商投资企业提供法律法规、政策措施、投资项目信息等方面的咨询和服务。

**第十二条**　国家与其他国家和地区、国际组织建立多边、双边投资促进合作机制，加强投资领域的国际交流与合作。

**第十三条**　国家根据需要，设立特殊经济区域，或者在部分地区实行外商投资试验性政策措施，促进外商投资，扩大对外开放。

**第十四条**　国家根据国民经济和社会发展需要，鼓励和引导外国投资者在特定行业、领域、地区投资。外国投资者、外商投资企业可以依照法律、行政法规或者国务院的规定享受优惠待遇。

**第十五条**　国家保障外商投资企业依法平等参与标准制定工作，强化标准制定的信息公开和社会监督。

国家制定的强制性标准平等适用于外商投资企业。

**第十六条**　国家保障外商投资企业依法通过公平竞争参与政府采购活动。政府采购依法对外商投资企业在中国境内生产的产品、提供的服务平等对待。

**第十七条**　外商投资企业可以依法通过公开发行股票、公司债券等证券和其他方式进行融资。

**第十八条**　县级以上地方人民政府可以根据法律、行政法规、地方性法规的规定，在法定权限内制定外商投资促进和便利化政策措施。

**第十九条**　各级人民政府及其有关部门应当按照便利、高效、透明的原则，简化办事程序，提高办事效率，优化政务服务，进一步提高外商投资服务水平。

有关主管部门应当编制和公布外商投资指引，为外国投资者和外商投资企业提供服务和便利。

## 第三章 投资保护

**第二十条** 国家对外国投资者的投资不实行征收。

在特殊情况下，国家为了公共利益的需要，可以依照法律规定对外国投资者的投资实行征收或者征用。征收、征用应当依照法定程序进行，并及时给予公平、合理的补偿。

**第二十一条** 外国投资者在中国境内的出资、利润、资本收益、资产处置所得、知识产权许可使用费、依法获得的补偿或者赔偿、清算所得等，可以依法以人民币或者外汇自由汇入、汇出。

**第二十二条** 国家保护外国投资者和外商投资企业的知识产权，保护知识产权权利人和相关权利人的合法权益；对知识产权侵权行为，严格依法追究法律责任。

国家鼓励在外商投资过程中基于自愿原则和商业规则开展技术合作。技术合作的条件由投资各方遵循公平原则平等协商确定。行政机关及其工作人员不得利用行政手段强制转让技术。

**第二十三条** 行政机关及其工作人员对于履行职责过程中知悉的外国投资者、外商投资企业的商业秘密，应当依法予以保密，不得泄露或者非法向他人提供。

**第二十四条** 各级人民政府及其有关部门制定涉及外商投资的规范性文件，应当符合法律法规的规定；没有法律、行政法规依据的，不得减损外商投资企业的合法权益或者增加其义务，不得设置市场准入和退出条件，不得干预外商投资企业的正常生产经营活动。

**第二十五条** 地方各级人民政府及其有关部门应当履行向外国投资者、外商投资企业依法作出的政策承诺以及依法订立的各类合同。

因国家利益、社会公共利益需要改变政策承诺、合同约定的，应当依照法定权限和程序进行，并依法对外国投资者、外商投资企业因此受到的损失予以补偿。

**第二十六条** 国家建立外商投资企业投诉工作机制，及时处理外商投资企业或者其投资者反映的问题，协调完善相关政策措施。

外商投资企业或者其投资者认为行政机关及其工作人员的行政行为侵犯其合法权益的，可以通过外商投资企业投诉工作机制申请协调解决。

外商投资企业或者其投资者认为行政机关及其工作人员的行政行为侵犯其合法权益的，除依照前款规定通过外商投资企业投诉工作机制申请协调解决外，还可以依法申请行政复议、提起行政诉讼。

**第二十七条** 外商投资企业可以依法成立和自愿参加商会、协会。商会、协会依照法律法规和章程的规定开展相关活动，维护会员的合法权益。

## 第四章 投资管理

**第二十八条** 外商投资准入负面清单规定禁止投资的领域，外国投资者不得投资。

外商投资准入负面清单规定限制投资的领域，外国投资者进行投资应当符合负面清单规定的条件。

外商投资准入负面清单以外的领域，按照内外资一致的原则实施管理。

**第二十九条** 外商投资需要办理投资项目核准、备案的，按照国家有关规定执行。

**第三十条** 外国投资者在依法需要取得许可的行业、领域进行投资的，应当依法办理相关许可手续。

有关主管部门应当按照与内资一致的条件和程序，审核外国投资者的许可申请，法律、行政法规另有规定的除外。

**第三十一条** 外商投资企业的组织形式、组织机构及其活动准则，适用《中华人民共和国公司法》、《中华人民共和国合伙企业法》等法律的规定。

**第三十二条** 外商投资企业开展生产经营活动，应当遵守法律、行政法规有关劳动保护、社会保险的规定，依照法律、行政法规和国家有关规定办理税收、会计、外汇等事宜，并接受相关主管部门依法实施的监督检查。

**第三十三条** 外国投资者并购中国境内企业或者以其他方式参与经营者集中的，应当依照《中华人民共和国反垄断法》的规定接受经营者集中审查。

**第三十四条** 国家建立外商投资信息报告制度。外国投资者或者外商投资企业应当通过企业登记系统以及企业信用信息公示系统向商务主管部门报送投资信息。

外商投资信息报告的内容和范围按照确有必要的原则确定；通过部门信息共享能够获得的投资信息，不得再行要求报送。

第三十五条　国家建立外商投资安全审查制度，对影响或者可能影响国家安全的外商投资进行安全审查。

依法作出的安全审查决定为最终决定。

## 第五章　法律责任

第三十六条　外国投资者投资外商投资准入负面清单规定禁止投资的领域的，由有关主管部门责令停止投资活动，限期处分股份、资产或者采取其他必要措施，恢复到实施投资前的状态；有违法所得的，没收违法所得。

外国投资者的投资活动违反外商投资准入负面清单规定的限制性准入特别管理措施的，由有关主管部门责令限期改正，采取必要措施满足准入特别管理措施的要求；逾期不改正的，依照前款规定处理。

外国投资者的投资活动违反外商投资准入负面清单规定的，除依照前两款规定处理外，还应当依法承担相应的法律责任。

第三十七条　外国投资者、外商投资企业违反本法规定，未按照外商投资信息报告制度的要求报送投资信息的，由商务主管部门责令限期改正；逾期不改正的，处十万元以上五十万元以下的罚款。

第三十八条　对外国投资者、外商投资企业违反法律、法规的行为，由有关部门依法查处，并按照国家有关规定纳入信用信息系统。

第三十九条　行政机关工作人员在外商投资促进、保护和管理工作中滥用职权、玩忽职守、徇私舞弊的，或者泄露、非法向他人提供履行职责过程中知悉的商业秘密的，依法给予处分；构成犯罪的，依法追究刑事责任。

## 第六章　附　　则

第四十条　任何国家或者地区在投资方面对中华人民共和国采取歧视性的禁止、限制或者其他类似措施的，中华人民共和国可以根据实际情况对该国家或者该地区采取相应的措施。

**第四十一条** 对外国投资者在中国境内投资银行业、证券业、保险业等金融行业，或者在证券市场、外汇市场等金融市场进行投资的管理，国家另有规定的，依照其规定。

**第四十二条** 本法自 2020 年 1 月 1 日起施行。《中华人民共和国中外合资经营企业法》、《中华人民共和国外资企业法》、《中华人民共和国中外合作经营企业法》同时废止。

本法施行前依照《中华人民共和国中外合资经营企业法》、《中华人民共和国外资企业法》、《中华人民共和国中外合作经营企业法》设立的外商投资企业，在本法施行后五年内可以继续保留原企业组织形式等。具体实施办法由国务院规定。

# 中华人民共和国境外非政府组织境内活动管理法

（2016 年 4 月 28 日第十二届全国人民代表大会常务委员会第二十次会议通过 根据 2017 年 11 月 4 日第十二届全国人民代表大会常务委员会第三十次会议《关于修改〈中华人民共和国会计法〉等十一部法律的决定》修正）

## 目　　录

### 第一章　总　　则

**第一条** 为了规范、引导境外非政府组织在中国境内的活动，保障其合法权益，促进交流与合作，制定本法。

**第二条** 境外非政府组织在中国境内开展活动适用本法。

本法所称境外非政府组织，是指在境外合法成立的基金会、社会团体、智库机构等非营利、非政府的社会组织。

**第三条** 境外非政府组织依照本法可以在经济、教育、科技、文化、卫生、体育、环保等领域和济困、救灾等方面开展有利于公益事业发展的活动。

**第四条** 境外非政府组织在中国境内依法开展活动，受法律保护。

**第五条** 境外非政府组织在中国境内开展活动应当遵守中国法律，不得危害中国的国家统一、安全和民族团结，不得损害中国国家利益、社会公共利益和公民、法人以及其他组织的合法权益。

境外非政府组织在中国境内不得从事或者资助营利性活动、政治活动，不得非法从事或者资助宗教活动。

**第六条** 国务院公安部门和省级人民政府公安机关，是境外非政府组织在中国境内开展活动的登记管理机关。

国务院有关部门和单位、省级人民政府有关部门和单位，是境外非政府组织在中国境内开展活动的相应业务主管单位。

**第七条** 县级以上人民政府公安机关和有关部门在各自职责范围内对境外非政府组织在中国境内开展活动依法实施监督管理、提供服务。

国家建立境外非政府组织监督管理工作协调机制，负责研究、协调、解决境外非政府组织在中国境内开展活动监督管理和服务便利中的重大问题。

**第八条** 国家对为中国公益事业发展做出突出贡献的境外非政府组织给予表彰。

## 第二章 登记和备案

**第九条** 境外非政府组织在中国境内开展活动，应当依法登记设立代表机构；未登记设立代表机构需要在中国境内开展临时活动的，应当依法备案。

境外非政府组织未登记设立代表机构、开展临时活动未经备案的，不得在中国境内开展或者变相开展活动，不得委托、资助或者变相委托、资助中国境内任何单位和个人在中国境内开展活动。

第十条　境外非政府组织符合下列条件，根据业务范围、活动地域和开展活动的需要，可以申请在中国境内登记设立代表机构：

（一）在境外合法成立；

（二）能够独立承担民事责任；

（三）章程规定的宗旨和业务范围有利于公益事业发展；

（四）在境外存续二年以上并实质性开展活动；

（五）法律、行政法规规定的其他条件。

第十一条　境外非政府组织申请登记设立代表机构，应当经业务主管单位同意。

业务主管单位的名录由国务院公安部门和省级人民政府公安机关会同有关部门公布。

第十二条　境外非政府组织应当自业务主管单位同意之日起三十日内，向登记管理机关申请设立代表机构登记。申请设立代表机构登记，应当向登记管理机关提交下列文件、材料：

（一）申请书；

（二）符合本法第十条规定的证明文件、材料；

（三）拟设代表机构首席代表的身份证明、简历及其无犯罪记录证明材料或者声明；

（四）拟设代表机构的住所证明材料；

（五）资金来源证明材料；

（六）业务主管单位的同意文件；

（七）法律、行政法规规定的其他文件、材料。

登记管理机关审查境外非政府组织代表机构设立申请，根据需要可以组织专家进行评估。

登记管理机关应当自受理申请之日起六十日内作出准予登记或者不予登记的决定。

第十三条　对准予登记的境外非政府组织代表机构，登记管理机关发给登记证书，并向社会公告。登记事项包括：

（一）名称；

（二）住所；

（三）业务范围；

（四）活动地域；

（五）首席代表；

（六）业务主管单位。

境外非政府组织代表机构凭登记证书依法办理税务登记，刻制印章，在中国境内的银行开立银行账户，并将税务登记证件复印件、印章式样以及银行账户报登记管理机关备案。

**第十四条** 境外非政府组织代表机构需要变更登记事项的，应当自业务主管单位同意之日起三十日内，向登记管理机关申请变更登记。

**第十五条** 有下列情形之一的，境外非政府组织代表机构由登记管理机关注销登记，并向社会公告：

（一）境外非政府组织撤销代表机构的；

（二）境外非政府组织终止的；

（三）境外非政府组织代表机构依法被撤销登记或者吊销登记证书的；

（四）由于其他原因终止的。

境外非政府组织代表机构注销登记后，设立该代表机构的境外非政府组织应当妥善办理善后事宜。境外非政府组织代表机构不具有法人资格，涉及相关法律责任的，由该境外非政府组织承担。

**第十六条** 境外非政府组织未在中国境内设立代表机构，在中国境内开展临时活动的，应当与中国的国家机关、人民团体、事业单位、社会组织（以下称中方合作单位）合作进行。

**第十七条** 境外非政府组织开展临时活动，中方合作单位应当按照国家规定办理审批手续，并在开展临时活动十五日前向其所在地的登记管理机关备案。备案应当提交下列文件、材料：

（一）境外非政府组织合法成立的证明文件、材料；

（二）境外非政府组织与中方合作单位的书面协议；

（三）临时活动的名称、宗旨、地域和期限等相关材料；

（四）项目经费、资金来源证明材料及中方合作单位的银行账户；

（五）中方合作单位获得批准的文件；

（六）法律、行政法规规定的其他文件、材料。

在赈灾、救援等紧急情况下，需要开展临时活动的，备案时间不受前款规定的限制。

临时活动期限不超过一年，确实需要延长期限的，应当重新备案。

登记管理机关认为备案的临时活动不符合本法第五条规定的，应当及时通知中方合作单位停止临时活动。

## 第三章　活动规范

**第十八条**　境外非政府组织代表机构应当以登记的名称，在登记的业务范围和活动地域内开展活动。

境外非政府组织不得在中国境内设立分支机构，国务院另有规定的除外。

**第十九条**　境外非政府组织代表机构应当于每年 12 月 31 日前将包含项目实施、资金使用等内容的下一年度活动计划报业务主管单位，业务主管单位同意后十日内报登记管理机关备案。特殊情况下需要调整活动计划的，应当及时向登记管理机关备案。

**第二十条**　境外非政府组织在中国境内开展活动不得对中方合作单位、受益人附加违反中国法律法规的条件。

**第二十一条**　境外非政府组织在中国境内活动资金包括：

（一）境外合法来源的资金；

（二）中国境内的银行存款利息；

（三）中国境内合法取得的其他资金。

境外非政府组织在中国境内活动不得取得或者使用前款规定以外的资金。

境外非政府组织及其代表机构不得在中国境内进行募捐。

**第二十二条**　设立代表机构的境外非政府组织应当通过代表机构在登记管理机关备案的银行账户管理用于中国境内的资金。

开展临时活动的境外非政府组织应当通过中方合作单位的银行账户管理用于中国境内的资金，实行单独记账，专款专用。

未经前两款规定的银行账户，境外非政府组织、中方合作单位和个人不得以其他任何形式在中国境内进行项目活动资金的收付。

**第二十三条**　境外非政府组织应当按照代表机构登记的业务范围、活动地域或者与中方合作单位协议的约定使用资金。

第二十四条　境外非政府组织代表机构应当执行中国统一的会计制度。财务会计报告应当经中国境内会计师事务所审计。

第二十五条　境外非政府组织在中国境内开展活动，应当按照中国有关外汇管理的规定办理外汇收支。

第二十六条　境外非政府组织代表机构应当依法办理税务登记、纳税申报和税款缴纳等事项。

第二十七条　境外非政府组织代表机构在中国境内聘用工作人员应当遵守法律、行政法规，并将聘用的工作人员信息报业务主管单位和登记管理机关备案。

第二十八条　境外非政府组织代表机构、开展临时活动的境外非政府组织不得在中国境内发展会员，国务院另有规定的除外。

第二十九条　境外非政府组织代表机构应当设一名首席代表，可以根据业务需要设一至三名代表。

有下列情形之一的，不得担任首席代表、代表：

（一）无民事行为能力或者限制民事行为能力的；

（二）有犯罪记录的；

（三）依法被撤销登记、吊销登记证书的代表机构的首席代表、代表，自被撤销、吊销之日起未逾五年的；

（四）法律、行政法规规定的其他情形。

第三十条　开展临时活动的境外非政府组织，应当以经备案的名称开展活动。

境外非政府组织、中方合作单位应当于临时活动结束后三十日内将活动情况、资金使用情况等书面报送登记管理机关。

第三十一条　境外非政府组织代表机构应当于每年 1 月 31 日前向业务主管单位报送上一年度工作报告，经业务主管单位出具意见后，于 3 月 31 日前报送登记管理机关，接受年度检查。

年度工作报告应当包括经审计的财务会计报告、开展活动的情况以及人员和机构变动的情况等内容。

境外非政府组织代表机构应当将年度工作报告在登记管理机关统一的网站上向社会公开。

第三十二条　中国境内任何单位和个人不得接受未登记代表机构、开展临时活动未经备案的境外非政府组织的委托、资助，代理或者变相代理境外非政府组织在中国境内开展活动。

## 第四章　便利措施

**第三十三条**　国家保障和支持境外非政府组织在中国境内依法开展活动。各级人民政府有关部门应当为境外非政府组织在中国境内依法开展活动提供必要的便利和服务。

**第三十四条**　国务院公安部门和省级人民政府公安机关会同有关部门制定境外非政府组织活动领域和项目目录，公布业务主管单位名录，为境外非政府组织开展活动提供指引。

**第三十五条**　县级以上人民政府有关部门应当依法为境外非政府组织提供政策咨询、活动指导服务。

登记管理机关应当通过统一的网站，公布境外非政府组织申请设立代表机构以及开展临时活动备案的程序，供境外非政府组织查询。

**第三十六条**　境外非政府组织代表机构依法享受税收优惠等政策。

**第三十七条**　对境外非政府组织代表机构进行年度检查不得收取费用。

**第三十八条**　境外非政府组织代表机构首席代表和代表中的境外人员，可以凭登记证书、代表证明文件等依法办理就业等工作手续。

## 第五章　监督管理

**第三十九条**　境外非政府组织在中国境内开展活动，应当接受公安机关、有关部门和业务主管单位的监督管理。

**第四十条**　业务主管单位负责对境外非政府组织设立代表机构、变更登记事项、年度工作报告提出意见，指导、监督境外非政府组织及其代表机构依法开展活动，协助公安机关等部门查处境外非政府组织及其代表机构的违法行为。

**第四十一条**　公安机关负责境外非政府组织代表机构的登记、年度检查，境外非政府组织临时活动的备案，对境外非政府组织及其代表机构的违法行为进行查处。

公安机关履行监督管理职责，发现涉嫌违反本法规定行为的，可以依法采取下列措施：

（一）约谈境外非政府组织代表机构的首席代表以及其他负责人；

（二）进入境外非政府组织在中国境内的住所、活动场所进行现场检查；

（三）询问与被调查事件有关的单位和个人，要求其对与被调查事件有关的事项作出说明；

（四）查阅、复制与被调查事件有关的文件、资料，对可能被转移、销毁、隐匿或者篡改的文件、资料予以封存；

（五）查封或者扣押涉嫌违法活动的场所、设施或者财物。

**第四十二条**　公安机关可以查询与被调查事件有关的单位和个人的银行账户，有关金融机构、金融监督管理机构应当予以配合。对涉嫌违法活动的银行账户资金，经设区的市级以上人民政府公安机关负责人批准，可以提请人民法院依法冻结；对涉嫌犯罪的银行账户资金，依照《中华人民共和国刑事诉讼法》的规定采取冻结措施。

**第四十三条**　国家安全、外交外事、财政、金融监督管理、海关、税务、外国专家等部门按照各自职责对境外非政府组织及其代表机构依法实施监督管理。

**第四十四条**　国务院反洗钱行政主管部门依法对境外非政府组织代表机构、中方合作单位以及接受境外非政府组织资金的中国境内单位和个人开立、使用银行账户过程中遵守反洗钱和反恐怖主义融资法律规定的情况进行监督管理。

## 第六章　法律责任

**第四十五条**　境外非政府组织代表机构、开展临时活动的境外非政府组织或者中方合作单位有下列情形之一的，由设区的市级以上人民政府公安机关给予警告或者责令限期停止活动；没收非法财物和违法所得；情节严重的，由登记管理机关吊销登记证书、取缔临时活动：

（一）未按照规定办理变更登记、备案相关事项的；

（二）未按照登记或者备案的名称、业务范围、活动地域开展活动的；

（三）从事、资助营利性活动，进行募捐或者违反规定发展会员的；

（四）违反规定取得、使用资金，未按照规定开立、使用银行账户或者进行会计核算的；

（五）未按照规定报送年度活动计划、报送或者公开年度工作报告的；

（六）拒不接受或者不按照规定接受监督检查的。

境外非政府组织代表机构、开展临时活动的境外非政府组织或者中方合作单位以提供虚假材料等非法手段，取得代表机构登记证书或者进行临时活动备案的，或者有伪造、变造、买卖、出租、出借登记证书、印章行为的，依照前款规定处罚。

**第四十六条** 有下列情形之一的，由设区的市级以上人民政府公安机关予以取缔或者责令停止违法行为；没收非法财物和违法所得；对直接责任人员给予警告，情节严重的，处十日以下拘留：

（一）未经登记、备案，以境外非政府组织代表机构、境外非政府组织名义开展活动的；

（二）被撤销登记、吊销登记证书或者注销登记后以境外非政府组织代表机构名义开展活动的；

（三）境外非政府组织临时活动期限届满或者临时活动被取缔后在中国境内开展活动的；

（四）境外非政府组织未登记代表机构、临时活动未备案，委托、资助中国境内单位和个人在中国境内开展活动的。

中国境内单位和个人明知境外非政府组织未登记代表机构、临时活动未备案，与其合作的，或者接受其委托、资助，代理或者变相代理其开展活动、进行项目活动资金收付的，依照前款规定处罚。

**第四十七条** 境外非政府组织、境外非政府组织代表机构有下列情形之一的，由登记管理机关吊销登记证书或者取缔临时活动；尚不构成犯罪的，由设区的市级以上人民政府公安机关对直接责任人员处十五日以下拘留：

（一）煽动抗拒法律、法规实施的；

（二）非法获取国家秘密的；

（三）造谣、诽谤或者发表、传播其他有害信息，危害国家安全或者损害国家利益的；

（四）从事或者资助政治活动，非法从事或者资助宗教活动的；

（五）有其他危害国家安全、损害国家利益或者社会公共利益情形的。

境外非政府组织、境外非政府组织代表机构有分裂国家、破坏国家统一、颠覆国家政权等犯罪行为的，由登记管理机关依照前款规定处罚，对直接责任人员依法追究刑事责任。

第四十八条　境外非政府组织、境外非政府组织代表机构违反本法规定被撤销登记、吊销登记证书或者临时活动被取缔的，自被撤销、吊销、取缔之日起五年内，不得在中国境内再设立代表机构或者开展临时活动。

未登记代表机构或者临时活动未备案开展活动的境外非政府组织，自活动被取缔之日起五年内，不得在中国境内再设立代表机构或者开展临时活动。

有本法第四十七条规定情形之一的境外非政府组织，国务院公安部门可以将其列入不受欢迎的名单，不得在中国境内再设立代表机构或者开展临时活动。

第四十九条　境外非政府组织代表机构被责令限期停止活动的，由登记管理机关封存其登记证书、印章和财务凭证。对被撤销登记、吊销登记证书的，由登记管理机关收缴其登记证书、印章并公告作废。

第五十条　境外人员违反本法规定的，有关机关可以依法限期出境、遣送出境或者驱逐出境。

第五十一条　公安机关、有关部门和业务主管单位及其工作人员在境外非政府组织监督管理工作中，不履行职责或者滥用职权、玩忽职守、徇私舞弊的，依法追究法律责任。

第五十二条　违反本法规定，构成违反治安管理行为的，由公安机关依法给予治安管理处罚；构成犯罪的，依法追究刑事责任。

# 第七章　附　　则

第五十三条　境外学校、医院、自然科学和工程技术的研究机构或者学术组织与境内学校、医院、自然科学和工程技术的研究机构或者学术组织开展交流合作，按照国家有关规定办理。

前款规定的境外学校、医院、机构和组织在中国境内的活动违反本法第五条规定的，依法追究法律责任。

第五十四条　本法自 2017 年 1 月 1 日起施行。

# 全国人民代表大会常务委员会关于外商投资企业和外国企业适用增值税、消费税、营业税等税收暂行条例的决定

（1993 年 12 月 29 日第八届全国人民代表大会常务委员会第五次会议通过）

第八届全国人民代表大会常务委员会第五次会议审议了国务院关于提请审议外商投资企业和外国企业适用增值税、消费税、营业税等税收暂行条例的议案，为了统一税制，公平税负，改善我国的投资环境，适应建立和发展社会主义市场经济的需要，特作如下决定：

一、在有关税收法律制定以前，外商投资企业和外国企业自 1994 年 1 月 1 日起适用国务院发布的增值税暂行条例、消费税暂行条例和营业税暂行条例。1958 年 9 月 11 日全国人民代表大会常务委员会第一百零一次会议原则通过、1958 年 9 月 13 日国务院公布试行的《中华人民共和国工商统一税条例（草案）》同时废止。

中外合作开采海洋石油、天然气，按实物征收增值税，其税率和征收办法由国务院另行规定。

二、1993 年 12 月 31 日前已批准设立的外商投资企业，由于依照本决定第一条的规定改征增值税、消费税、营业税而增加税负的，经企业申请，税务机关批准，在已批准的经营期限内，最长不超过五年，退还其因税负增加而多缴纳的税款；没有经营期限的，经企业申请，税务机关批准，在最长不超过五年的期限内，退还其因税负增加而多缴纳的税款。具体办法由国务院规定。

三、除增值税、消费税、营业税外，其他税种对外商投资企业和外国企业的适用，法律有规定的，依照法律的规定执行；法律未作规定的，依照国务院的规定执行。

本决定所称外商投资企业，是指在中国境内设立的中外合资经营企业、中外合作经营企业和外资企业。

本决定所称外国企业，是指在中国境内设立机构、场所，从事生产、经营和虽未设立机构、场所，而有来源于中国境内所得的外国公司、企业和其他经济组织。

本决定自公布之日起施行。

# 中华人民共和国民事诉讼法

（1991 年 4 月 9 日第七届全国人民代表大会第四次会议通过 根据 2007 年 10 月 28 日第十届全国人民代表大会常务委员会第三十次会议《关于修改〈中华人民共和国民事诉讼法〉的决定》第一次修正 根据 2012 年 8 月 31 日第十一届全国人民代表大会常务委员会第二十八次会议《关于修改〈中华人民共和国民事诉讼法〉的决定》第二次修正 根据 2017 年 6 月 27 日第十二届全国人民代表大会常务委员会第二十八次会议《关于修改〈中华人民共和国民事诉讼法〉和〈中华人民共和国行政诉讼法〉的决定》第三次修正）

# 目　　录

# 第一编　总　　则

## 第一章　任务、适用范围和基本原则

**第一条**　中华人民共和国民事诉讼法以宪法为根据，结合我国民事审判工作的经验和实际情况制定。

**第二条**　中华人民共和国民事诉讼法的任务，是保护当事人行使诉讼权利，保证人民法院查明事实，分清是非，正确适用法律，及时审理民事案件，确认民事权利义务关系，制裁民事违法行为，保护当事人的合法权益，教育公民自觉遵守法律，维护社会秩序、经济秩序，保障社会主义建设事业顺利进行。

**第三条**　人民法院受理公民之间、法人之间、其他组织之间以及他们相互之间因财产关系和人身关系提起的民事诉讼，适用本法的规定。

**第四条**　凡在中华人民共和国领域内进行民事诉讼，必须遵守本法。

**第五条**　外国人、无国籍人、外国企业和组织在人民法院起诉、应诉，同中华人民共和国公民、法人和其他组织有同等的诉讼权利义务。

外国法院对中华人民共和国公民、法人和其他组织的民事诉讼权利加以限制的，中华人民共和国人民法院对该国公民、企业和组织的民事诉讼权利，实行对等原则。

**第六条**　民事案件的审判权由人民法院行使。

人民法院依照法律规定对民事案件独立进行审判，不受行政机关、社会团体和个人的干涉。

**第七条** 人民法院审理民事案件，必须以事实为根据，以法律为准绳。

**第八条** 民事诉讼当事人有平等的诉讼权利。人民法院审理民事案件，应当保障和便利当事人行使诉讼权利，对当事人在适用法律上一律平等。

**第九条** 人民法院审理民事案件，应当根据自愿和合法的原则进行调解；调解不成的，应当及时判决。

**第十条** 人民法院审理民事案件，依照法律规定实行合议、回避、公开审判和两审终审制度。

**第十一条** 各民族公民都有用本民族语言、文字进行民事诉讼的权利。

在少数民族聚居或者多民族共同居住的地区，人民法院应当用当地民族通用的语言、文字进行审理和发布法律文书。

人民法院应当对不通晓当地民族通用的语言、文字的诉讼参与人提供翻译。

**第十二条** 人民法院审理民事案件时，当事人有权进行辩论。

**第十三条** 民事诉讼应当遵循诚实信用原则。

当事人有权在法律规定的范围内处分自己的民事权利和诉讼权利。

**第十四条** 人民检察院有权对民事诉讼实行法律监督。

**第十五条** 机关、社会团体、企业事业单位对损害国家、集体或者个人民事权益的行为，可以支持受损害的单位或者个人向人民法院起诉。

**第十六条** 民族自治地方的人民代表大会根据宪法和本法的原则，结合当地民族的具体情况，可以制定变通或者补充的规定。自治区的规定，报全国人民代表大会常务委员会批准。自治州、自治县的规定，报省或者自治区的人民代表大会常务委员会批准，并报全国人民代表大会常务委员会备案。

## 第二章　管　　辖

### 第一节　级别管辖

**第十七条** 基层人民法院管辖第一审民事案件，但本法另有规定的除外。

**第十八条** 中级人民法院管辖下列第一审民事案件：

（一）重大涉外案件；

（二）在本辖区有重大影响的案件；

（三）最高人民法院确定由中级人民法院管辖的案件。

**第十九条** 高级人民法院管辖在本辖区有重大影响的第一审民事案件。

**第二十条** 最高人民法院管辖下列第一审民事案件：

（一）在全国有重大影响的案件；

（二）认为应当由本院审理的案件。

### 第二节 地域管辖

**第二十一条** 对公民提起的民事诉讼，由被告住所地人民法院管辖；被告住所地与经常居住地不一致的，由经常居住地人民法院管辖。

对法人或者其他组织提起的民事诉讼，由被告住所地人民法院管辖。

同一诉讼的几个被告住所地、经常居住地在两个以上人民法院辖区的，各该人民法院都有管辖权。

**第二十二条** 下列民事诉讼，由原告住所地人民法院管辖；原告住所地与经常居住地不一致的，由原告经常居住地人民法院管辖：

（一）对不在中华人民共和国领域内居住的人提起的有关身份关系的诉讼；

（二）对下落不明或者宣告失踪的人提起的有关身份关系的诉讼；

（三）对被采取强制性教育措施的人提起的诉讼；

（四）对被监禁的人提起的诉讼。

**第二十三条** 因合同纠纷提起的诉讼，由被告住所地或者合同履行地人民法院管辖。

**第二十四条** 因保险合同纠纷提起的诉讼，由被告住所地或者保险标的物所在地人民法院管辖。

**第二十五条** 因票据纠纷提起的诉讼，由票据支付地或者被告住所地人民法院管辖。

**第二十六条** 因公司设立、确认股东资格、分配利润、解散等纠纷提起的诉讼，由公司住所地人民法院管辖。

**第二十七条** 因铁路、公路、水上、航空运输和联合运输合同纠纷提起的诉讼，由运输始发地、目的地或者被告住所地人民法院管辖。

第二十八条　因侵权行为提起的诉讼，由侵权行为地或者被告住所地人民法院管辖。

第二十九条　因铁路、公路、水上和航空事故请求损害赔偿提起的诉讼，由事故发生地或者车辆、船舶最先到达地、航空器最先降落地或者被告住所地人民法院管辖。

第三十条　因船舶碰撞或者其他海事损害事故请求损害赔偿提起的诉讼，由碰撞发生地、碰撞船舶最先到达地、加害船舶被扣留地或者被告住所地人民法院管辖。

第三十一条　因海难救助费用提起的诉讼，由救助地或者被救助船舶最先到达地人民法院管辖。

第三十二条　因共同海损提起的诉讼，由船舶最先到达地、共同海损理算地或者航程终止地的人民法院管辖。

第三十三条　下列案件，由本条规定的人民法院专属管辖：

（一）因不动产纠纷提起的诉讼，由不动产所在地人民法院管辖；

（二）因港口作业中发生纠纷提起的诉讼，由港口所在地人民法院管辖；

（三）因继承遗产纠纷提起的诉讼，由被继承人死亡时住所地或者主要遗产所在地人民法院管辖。

第三十四条　合同或者其他财产权益纠纷的当事人可以书面协议选择被告住所地、合同履行地、合同签订地、原告住所地、标的物所在地等与争议有实际联系的地点的人民法院管辖，但不得违反本法对级别管辖和专属管辖的规定。

第三十五条　两个以上人民法院都有管辖权的诉讼，原告可以向其中一个人民法院起诉；原告向两个以上有管辖权的人民法院起诉的，由最先立案的人民法院管辖。

### 第三节　移送管辖和指定管辖

第三十六条　人民法院发现受理的案件不属于本院管辖的，应当移送有管辖权的人民法院，受移送的人民法院应当受理。受移送的人民法院认为受移送的案件依照规定不属于本院管辖的，应当报请上级人民法院指定管辖，不得再自行移送。

第三十七条　有管辖权的人民法院由于特殊原因，不能行使管辖权的，由上级人民法院指定管辖。

人民法院之间因管辖权发生争议，由争议双方协商解决；协商解决不了的，报请它们的共同上级人民法院指定管辖。

**第三十八条** 上级人民法院有权审理下级人民法院管辖的第一审民事案件；确有必要将本院管辖的第一审民事案件交下级人民法院审理的，应当报请其上级人民法院批准。

下级人民法院对它所管辖的第一审民事案件，认为需要由上级人民法院审理的，可以报请上级人民法院审理。

## 第三章 审判组织

**第三十九条** 人民法院审理第一审民事案件，由审判员、陪审员共同组成合议庭或者由审判员组成合议庭。合议庭的成员人数，必须是单数。

适用简易程序审理的民事案件，由审判员一人独任审理。

陪审员在执行陪审职务时，与审判员有同等的权利义务。

**第四十条** 人民法院审理第二审民事案件，由审判员组成合议庭。合议庭的成员人数，必须是单数。

发回重审的案件，原审人民法院应当按照第一审程序另行组成合议庭。

审理再审案件，原来是第一审的，按照第一审程序另行组成合议庭；原来是第二审的或者是上级人民法院提审的，按照第二审程序另行组成合议庭。

**第四十一条** 合议庭的审判长由院长或者庭长指定审判员一人担任；院长或者庭长参加审判的，由院长或者庭长担任。

**第四十二条** 合议庭评议案件，实行少数服从多数的原则。评议应当制作笔录，由合议庭成员签名。评议中的不同意见，必须如实记入笔录。

**第四十三条** 审判人员应当依法秉公办案。

审判人员不得接受当事人及其诉讼代理人请客送礼。

审判人员有贪污受贿，徇私舞弊，枉法裁判行为的，应当追究法律责任；构成犯罪的，依法追究刑事责任。

## 第四章 回 避

**第四十四条** 审判人员有下列情形之一的，应当自行回避，当事人有权用口头或者书面方式申请他们回避：

（一）是本案当事人或者当事人、诉讼代理人近亲属的；

（二）与本案有利害关系的；

（三）与本案当事人、诉讼代理人有其他关系，可能影响对案件公正审理的。

审判人员接受当事人、诉讼代理人请客送礼，或者违反规定会见当事人、诉讼代理人的，当事人有权要求他们回避。

审判人员有前款规定的行为的，应当依法追究法律责任。

前三款规定，适用于书记员、翻译人员、鉴定人、勘验人。

第四十五条　当事人提出回避申请，应当说明理由，在案件开始审理时提出；回避事由在案件开始审理后知道的，也可以在法庭辩论终结前提出。

被申请回避的人员在人民法院作出是否回避的决定前，应当暂停参与本案的工作，但案件需要采取紧急措施的除外。

第四十六条　院长担任审判长时的回避，由审判委员会决定；审判人员的回避，由院长决定；其他人员的回避，由审判长决定。

第四十七条　人民法院对当事人提出的回避申请，应当在申请提出的三日内，以口头或者书面形式作出决定。申请人对决定不服的，可以在接到决定时申请复议一次。复议期间，被申请回避的人员，不停止参与本案的工作。人民法院对复议申请，应当在三日内作出复议决定，并通知复议申请人。

## 第五章　诉讼参加人

### 第一节　当事人

第四十八条　公民、法人和其他组织可以作为民事诉讼的当事人。

法人由其法定代表人进行诉讼。其他组织由其主要负责人进行诉讼。

第四十九条　当事人有权委托代理人，提出回避申请，收集、提供证据，进行辩论，请求调解，提起上诉，申请执行。

当事人可以查阅本案有关材料，并可以复制本案有关材料和法律文书。查阅、复制本案有关材料的范围和办法由最高人民法院规定。

当事人必须依法行使诉讼权利，遵守诉讼秩序，履行发生法律效力的判决书、裁定书和调解书。

**第五十条** 双方当事人可以自行和解。

**第五十一条** 原告可以放弃或者变更诉讼请求。被告可以承认或者反驳诉讼请求，有权提起反诉。

**第五十二条** 当事人一方或者双方为二人以上，其诉讼标的是共同的，或者诉讼标的是同一种类、人民法院认为可以合并审理并经当事人同意的，为共同诉讼。

共同诉讼的一方当事人对诉讼标的有共同权利义务的，其中一人的诉讼行为经其他共同诉讼人承认，对其他共同诉讼人发生效力；对诉讼标的没有共同权利义务的，其中一人的诉讼行为对其他共同诉讼人不发生效力。

**第五十三条** 当事人一方人数众多的共同诉讼，可以由当事人推选代表人进行诉讼。代表人的诉讼行为对其所代表的当事人发生效力，但代表人变更、放弃诉讼请求或者承认对方当事人的诉讼请求，进行和解，必须经被代表的当事人同意。

**第五十四条** 诉讼标的是同一种类、当事人一方人数众多在起诉时人数尚未确定的，人民法院可以发出公告，说明案件情况和诉讼请求，通知权利人在一定期间向人民法院登记。

向人民法院登记的权利人可以推选代表人进行诉讼；推选不出代表人的，人民法院可以与参加登记的权利人商定代表人。

代表人的诉讼行为对其所代表的当事人发生效力，但代表人变更、放弃诉讼请求或者承认对方当事人的诉讼请求，进行和解，必须经被代表的当事人同意。

人民法院作出的判决、裁定，对参加登记的全体权利人发生效力。未参加登记的权利人在诉讼时效期间提起诉讼的，适用该判决、裁定。

**第五十五条** 对污染环境、侵害众多消费者合法权益等损害社会公共利益的行为，法律规定的机关和有关组织可以向人民法院提起诉讼。

人民检察院在履行职责中发现破坏生态环境和资源保护、食品药品安全领域侵害众多消费者合法权益等损害社会公共利益的行为，在没有前款规定的机关和组织或者前款规定的机关和组织不提起诉讼的情况下，可以向人民法院提起诉讼。前款规定的机关或者组织提起诉讼的，人民检察院可以支持起诉。

**第五十六条** 对当事人双方的诉讼标的，第三人认为有独立请求权的，有权提起诉讼。

对当事人双方的诉讼标的，第三人虽然没有独立请求权，但案件处理结果同他有法律上的利害关系的，可以申请参加诉讼，或者由人民法院通知他参加诉讼。人民法院判决承担民事责任的第三人，有当事人的诉讼权利义务。

前两款规定的第三人，因不能归责于本人的事由未参加诉讼，但有证据证明发生法律效力的判决、裁定、调解书的部分或者全部内容错误，损害其民事权益的，可以自知道或者应当知道其民事权益受到损害之日起六个月内，向作出该判决、裁定、调解书的人民法院提起诉讼。人民法院经审理，诉讼请求成立的，应当改变或者撤销原判决、裁定、调解书；诉讼请求不成立的，驳回诉讼请求。

### 第二节　诉讼代理人

**第五十七条** 无诉讼行为能力人由他的监护人作为法定代理人代为诉讼。法定代理人之间互相推诿代理责任的，由人民法院指定其中一人代为诉讼。

**第五十八条** 当事人、法定代理人可以委托一至二人作为诉讼代理人。

下列人员可以被委托为诉讼代理人：

（一）律师、基层法律服务工作者；

（二）当事人的近亲属或者工作人员；

（三）当事人所在社区、单位以及有关社会团体推荐的公民。

**第五十九条** 委托他人代为诉讼，必须向人民法院提交由委托人签名或者盖章的授权委托书。

授权委托书必须记明委托事项和权限。诉讼代理人代为承认、放弃、变更诉讼请求，进行和解，提起反诉或者上诉，必须有委托人的特别授权。

侨居在国外的中华人民共和国公民从国外寄交或者托交的授权委托书，必须经中华人民共和国驻该国的使领馆证明；没有使领馆的，由与中华人民共和国有外交关系的第三国驻该国的使领馆证明，再转由中华人民共和国驻该第三国使领馆证明，或者由当地的爱国华侨团体证明。

**第六十条** 诉讼代理人的权限如果变更或者解除，当事人应当书面告知人民法院，并由人民法院通知对方当事人。

**第六十一条** 代理诉讼的律师和其他诉讼代理人有权调查收集证据，可以查阅本案有关材料。查阅本案有关材料的范围和办法由最高人民法院规定。

**第六十二条** 离婚案件有诉讼代理人的，本人除不能表达意思的以外，仍应出庭；确因特殊情况无法出庭的，必须向人民法院提交书面意见。

## 第六章 证 据

**第六十三条** 证据包括：

（一）当事人的陈述；

（二）书证；

（三）物证；

（四）视听资料；

（五）电子数据；

（六）证人证言；

（七）鉴定意见；

（八）勘验笔录。

证据必须查证属实，才能作为认定事实的根据。

**第六十四条** 当事人对自己提出的主张，有责任提供证据。

当事人及其诉讼代理人因客观原因不能自行收集的证据，或者人民法院认为审理案件需要的证据，人民法院应当调查收集。

人民法院应当按照法定程序，全面地、客观地审查核实证据。

**第六十五条** 当事人对自己提出的主张应当及时提供证据。

人民法院根据当事人的主张和案件审理情况，确定当事人应当提供的证据及其期限。当事人在该期限内提供证据确有困难的，可以向人民法院申请延长期限，人民法院根据当事人的申请适当延长。当事人逾期提供证据的，人民法院应当责令其说明理由；拒不说明理由或者理由不成立的，人民法院根据不同情形可以不予采纳该证据，或者采纳该证据但予以训诫、罚款。

第六十六条　人民法院收到当事人提交的证据材料，应当出具收据，写明证据名称、页数、份数、原件或者复印件以及收到时间等，并由经办人员签名或者盖章。

第六十七条　人民法院有权向有关单位和个人调查取证，有关单位和个人不得拒绝。

人民法院对有关单位和个人提出的证明文书，应当辨别真伪，审查确定其效力。

第六十八条　证据应当在法庭上出示，并由当事人互相质证。对涉及国家秘密、商业秘密和个人隐私的证据应当保密，需要在法庭出示的，不得在公开开庭时出示。

第六十九条　经过法定程序公证证明的法律事实和文书，人民法院应当作为认定事实的根据，但有相反证据足以推翻公证证明的除外。

第七十条　书证应当提交原件。物证应当提交原物。提交原件或者原物确有困难的，可以提交复制品、照片、副本、节录本。

提交外文书证，必须附有中文译本。

第七十一条　人民法院对视听资料，应当辨别真伪，并结合本案的其他证据，审查确定能否作为认定事实的根据。

第七十二条　凡是知道案件情况的单位和个人，都有义务出庭作证。有关单位的负责人应当支持证人作证。

不能正确表达意思的人，不能作证。

第七十三条　经人民法院通知，证人应当出庭作证。有下列情形之一的，经人民法院许可，可以通过书面证言、视听传输技术或者视听资料等方式作证：

（一）因健康原因不能出庭的；

（二）因路途遥远，交通不便不能出庭的；

（三）因自然灾害等不可抗力不能出庭的；

（四）其他有正当理由不能出庭的。

第七十四条　证人因履行出庭作证义务而支出的交通、住宿、就餐等必要费用以及误工损失，由败诉一方当事人负担。当事人申请证人作证的，由该当事人先行垫付；当事人没有申请，人民法院通知证人作证的，由人民法院先行垫付。

**第七十五条** 人民法院对当事人的陈述，应当结合本案的其他证据，审查确定能否作为认定事实的根据。

当事人拒绝陈述的，不影响人民法院根据证据认定案件事实。

**第七十六条** 当事人可以就查明事实的专门性问题向人民法院申请鉴定。当事人申请鉴定的，由双方当事人协商确定具备资格的鉴定人；协商不成的，由人民法院指定。

当事人未申请鉴定，人民法院对专门性问题认为需要鉴定的，应当委托具备资格的鉴定人进行鉴定。

**第七十七条** 鉴定人有权了解进行鉴定所需要的案件材料，必要时可以询问当事人、证人。

鉴定人应当提出书面鉴定意见，在鉴定书上签名或者盖章。

**第七十八条** 当事人对鉴定意见有异议或者人民法院认为鉴定人有必要出庭的，鉴定人应当出庭作证。经人民法院通知，鉴定人拒不出庭作证的，鉴定意见不得作为认定事实的根据；支付鉴定费用的当事人可以要求返还鉴定费用。

**第七十九条** 当事人可以申请人民法院通知有专门知识的人出庭，就鉴定人作出的鉴定意见或者专业问题提出意见。

**第八十条** 勘验物证或者现场，勘验人必须出示人民法院的证件，并邀请当地基层组织或者当事人所在单位派人参加。当事人或者当事人的成年家属应当到场，拒不到场的，不影响勘验的进行。

有关单位和个人根据人民法院的通知，有义务保护现场，协助勘验工作。

勘验人应当将勘验情况和结果制作笔录，由勘验人、当事人和被邀参加人签名或者盖章。

**第八十一条** 在证据可能灭失或者以后难以取得的情况下，当事人可以在诉讼过程中向人民法院申请保全证据，人民法院也可以主动采取保全措施。

因情况紧急，在证据可能灭失或者以后难以取得的情况下，利害关系人可以在提起诉讼或者申请仲裁前向证据所在地、被申请人住所地或者对案件有管辖权的人民法院申请保全证据。

证据保全的其他程序，参照适用本法第九章保全的有关规定。

# 第七章 期间、送达

## 第一节 期 间

**第八十二条** 期间包括法定期间和人民法院指定的期间。

期间以时、日、月、年计算。期间开始的时和日，不计算在期间内。

期间届满的最后一日是节假日的，以节假日后的第一日为期间届满的日期。

期间不包括在途时间，诉讼文书在期满前交邮的，不算过期。

**第八十三条** 当事人因不可抗拒的事由或者其他正当理由耽误期限的，在障碍消除后的十日内，可以申请顺延期限，是否准许，由人民法院决定。

## 第二节 送 达

**第八十四条** 送达诉讼文书必须有送达回证，由受送达人在送达回证上记明收到日期，签名或者盖章。

受送达人在送达回证上的签收日期为送达日期。

**第八十五条** 送达诉讼文书，应当直接送交受送达人。受送达人是公民的，本人不在交他的同住成年家属签收；受送达人是法人或者其他组织的，应当由法人的法定代表人、其他组织的主要负责人或者该法人、组织负责收件的人签收；受送达人有诉讼代理人的，可以送交其代理人签收；受送达人已向人民法院指定代收人的，送交代收人签收。

受送达人的同住成年家属，法人或者其他组织的负责收件的人，诉讼代理人或者代收人在送达回证上签收的日期为送达日期。

**第八十六条** 受送达人或者他的同住成年家属拒绝接收诉讼文书的，送达人可以邀请有关基层组织或者所在单位的代表到场，说明情况，在送达回证上记明拒收事由和日期，由送达人、见证人签名或者盖章，把诉讼文书留在受送达人的住所；也可以把诉讼文书留在受送达人的住所，并采用拍照、录像等方式记录送达过程，即视为送达。

**第八十七条** 经受送达人同意，人民法院可以采用传真、电子邮件等能够确认其收悉的方式送达诉讼文书，但判决书、裁定书、调解书除外。

采用前款方式送达的，以传真、电子邮件等到达受送达人特定系统的日期为送达日期。

第八十八条 直接送达诉讼文书有困难的，可以委托其他人民法院代为送达，或者邮寄送达。邮寄送达的，以回执上注明的收件日期为送达日期。

第八十九条 受送达人是军人的，通过其所在部队团以上单位的政治机关转交。

第九十条 受送达人被监禁的，通过其所在监所转交。

受送达人被采取强制性教育措施的，通过其所在强制性教育机构转交。

第九十一条 代为转交的机关、单位收到诉讼文书后，必须立即交受送达人签收，以在送达回证上的签收日期，为送达日期。

第九十二条 受送达人下落不明，或者用本节规定的其他方式无法送达的，公告送达。自发出公告之日起，经过六十日，即视为送达。

公告送达，应当在案卷中记明原因和经过。

## 第八章 调 解

第九十三条 人民法院审理民事案件，根据当事人自愿的原则，在事实清楚的基础上，分清是非，进行调解。

第九十四条 人民法院进行调解，可以由审判员一人主持，也可以由合议庭主持，并尽可能就地进行。

人民法院进行调解，可以用简便方式通知当事人、证人到庭。

第九十五条 人民法院进行调解，可以邀请有关单位和个人协助。被邀请的单位和个人，应当协助人民法院进行调解。

第九十六条 调解达成协议，必须双方自愿，不得强迫。调解协议的内容不得违反法律规定。

第九十七条 调解达成协议，人民法院应当制作调解书。调解书应当写明诉讼请求、案件的事实和调解结果。

调解书由审判人员、书记员署名，加盖人民法院印章，送达双方当事人。

调解书经双方当事人签收后，即具有法律效力。

第九十八条 下列案件调解达成协议，人民法院可以不制作调解书：

（一）调解和好的离婚案件；

（二）调解维持收养关系的案件；

（三）能够即时履行的案件；

（四）其他不需要制作调解书的案件。

对不需要制作调解书的协议，应当记入笔录，由双方当事人、审判人员、书记员签名或者盖章后，即具有法律效力。

**第九十九条** 调解未达成协议或者调解书送达前一方反悔的，人民法院应当及时判决。

## 第九章　保全和先予执行

**第一百条** 人民法院对于可能因当事人一方的行为或者其他原因，使判决难以执行或者造成当事人其他损害的案件，根据对方当事人的申请，可以裁定对其财产进行保全、责令其作出一定行为或者禁止其作出一定行为；当事人没有提出申请的，人民法院在必要时也可以裁定采取保全措施。

人民法院采取保全措施，可以责令申请人提供担保，申请人不提供担保的，裁定驳回申请。

人民法院接受申请后，对情况紧急的，必须在四十八小时内作出裁定；裁定采取保全措施的，应当立即开始执行。

**第一百零一条** 利害关系人因情况紧急，不立即申请保全将会使其合法权益受到难以弥补的损害的，可以在提起诉讼或者申请仲裁前向被保全财产所在地、被申请人住所地或者对案件有管辖权的人民法院申请采取保全措施。申请人应当提供担保，不提供担保的，裁定驳回申请。

人民法院接受申请后，必须在四十八小时内作出裁定；裁定采取保全措施的，应当立即开始执行。

申请人在人民法院采取保全措施后三十日内不依法提起诉讼或者申请仲裁的，人民法院应当解除保全。

**第一百零二条** 保全限于请求的范围，或者与本案有关的财物。

**第一百零三条** 财产保全采取查封、扣押、冻结或者法律规定的其他方法。人民法院保全财产后，应当立即通知被保全财产的人。

财产已被查封、冻结的，不得重复查封、冻结。

**第一百零四条** 财产纠纷案件，被申请人提供担保的，人民法院应当裁定解除保全。

**第一百零五条** 申请有错误的，申请人应当赔偿被申请人因保全所遭受的损失。

**第一百零六条** 人民法院对下列案件，根据当事人的申请，可以裁定先予执行：

（一）追索赡养费、扶养费、抚育费、抚恤金、医疗费用的；

（二）追索劳动报酬的；

（三）因情况紧急需要先予执行的。

**第一百零七条** 人民法院裁定先予执行的，应当符合下列条件：

（一）当事人之间权利义务关系明确，不先予执行将严重影响申请人的生活或者生产经营的；

（二）被申请人有履行能力。

人民法院可以责令申请人提供担保，申请人不提供担保的，驳回申请。申请人败诉的，应当赔偿被申请人因先予执行遭受的财产损失。

**第一百零八条** 当事人对保全或者先予执行的裁定不服的，可以申请复议一次。复议期间不停止裁定的执行。

## 第十章 对妨害民事诉讼的强制措施

**第一百零九条** 人民法院对必须到庭的被告，经两次传票传唤，无正当理由拒不到庭的，可以拘传。

**第一百一十条** 诉讼参与人和其他人应当遵守法庭规则。

人民法院对违反法庭规则的人，可以予以训诫，责令退出法庭或者予以罚款、拘留。

人民法院对哄闹、冲击法庭，侮辱、诽谤、威胁、殴打审判人员，严重扰乱法庭秩序的人，依法追究刑事责任；情节较轻的，予以罚款、拘留。

**第一百一十一条** 诉讼参与人或者其他人有下列行为之一的，人民法院可以根据情节轻重予以罚款、拘留；构成犯罪的，依法追究刑事责任：

（一）伪造、毁灭重要证据，妨碍人民法院审理案件的；

（二）以暴力、威胁、贿买方法阻止证人作证或者指使、贿买、胁迫他人作伪证的；

（三）隐藏、转移、变卖、毁损已被查封、扣押的财产，或者已被清点并责令其保管的财产，转移已被冻结的财产的；

（四）对司法工作人员、诉讼参加人、证人、翻译人员、鉴定人、勘验人、协助执行的人，进行侮辱、诽谤、诬陷、殴打或者打击报复的；

（五）以暴力、威胁或者其他方法阻碍司法工作人员执行职务的；

（六）拒不履行人民法院已经发生法律效力的判决、裁定的。

人民法院对有前款规定的行为之一的单位，可以对其主要负责人或者直接责任人员予以罚款、拘留；构成犯罪的，依法追究刑事责任。

**第一百一十二条** 当事人之间恶意串通，企图通过诉讼、调解等方式侵害他人合法权益的，人民法院应当驳回其请求，并根据情节轻重予以罚款、拘留；构成犯罪的，依法追究刑事责任。

**第一百一十三条** 被执行人与他人恶意串通，通过诉讼、仲裁、调解等方式逃避履行法律文书确定的义务的，人民法院应当根据情节轻重予以罚款、拘留；构成犯罪的，依法追究刑事责任。

**第一百一十四条** 有义务协助调查、执行的单位有下列行为之一的，人民法院除责令其履行协助义务外，并可以予以罚款：

（一）有关单位拒绝或者妨碍人民法院调查取证的；

（二）有关单位接到人民法院协助执行通知书后，拒不协助查询、扣押、冻结、划拨、变价财产的；

（三）有关单位接到人民法院协助执行通知书后，拒不协助扣留被执行人的收入、办理有关财产权证照转移手续、转交有关票证、证照或者其他财产的；

（四）其他拒绝协助执行的。

人民法院对有前款规定的行为之一的单位，可以对其主要负责人或者直接责任人员予以罚款；对仍不履行协助义务的，可以予以拘留；并可以向监察机关或者有关机关提出予以纪律处分的司法建议。

**第一百一十五条** 对个人的罚款金额，为人民币十万元以下。对单位的罚款金额，为人民币五万元以上一百万元以下。

拘留的期限，为十五日以下。

被拘留的人，由人民法院交公安机关看管。在拘留期间，被拘留人承认并改正错误的，人民法院可以决定提前解除拘留。

**第一百一十六条** 拘传、罚款、拘留必须经院长批准。

拘传应当发拘传票。

罚款、拘留应当用决定书。对决定不服的，可以向上一级人民法院申请复议一次。复议期间不停止执行。

**第一百一十七条** 采取对妨害民事诉讼的强制措施必须由人民法院决定。任何单位和个人采取非法拘禁他人或者非法私自扣押他人财产追索债务的，应当依法追究刑事责任，或者予以拘留、罚款。

## 第十一章　诉讼费用

**第一百一十八条** 当事人进行民事诉讼，应当按照规定交纳案件受理费。财产案件除交纳案件受理费外，并按照规定交纳其他诉讼费用。

当事人交纳诉讼费用确有困难的，可以按照规定向人民法院申请缓交、减交或者免交。

收取诉讼费用的办法另行制定。

# 第二编　审判程序

## 第十二章　第一审普通程序

### 第一节　起诉和受理

**第一百一十九条** 起诉必须符合下列条件：

（一）原告是与本案有直接利害关系的公民、法人和其他组织；

（二）有明确的被告；

（三）有具体的诉讼请求和事实、理由；

（四）属于人民法院受理民事诉讼的范围和受诉人民法院管辖。

**第一百二十条** 起诉应当向人民法院递交起诉状，并按照被告人数提出副本。

书写起诉状确有困难的，可以口头起诉，由人民法院记入笔录，并告知对方当事人。

**第一百二十一条** 起诉状应当记明下列事项：

（一）原告的姓名、性别、年龄、民族、职业、工作单位、住所、联系方式，法人或者其他组织的名称、住所和法定代表人或者主要负责人的姓名、职务、联系方式；

（二）被告的姓名、性别、工作单位、住所等信息，法人或者其他组织的名称、住所等信息；

（三）诉讼请求和所根据的事实与理由；

（四）证据和证据来源，证人姓名和住所。

**第一百二十二条** 当事人起诉到人民法院的民事纠纷，适宜调解的，先行调解，但当事人拒绝调解的除外。

**第一百二十三条** 人民法院应当保障当事人依照法律规定享有的起诉权利。对符合本法第一百一十九条的起诉，必须受理。符合起诉条件的，应当在七日内立案，并通知当事人；不符合起诉条件的，应当在七日内作出裁定书，不予受理；原告对裁定不服的，可以提起上诉。

**第一百二十四条** 人民法院对下列起诉，分别情形，予以处理：

（一）依照行政诉讼法的规定，属于行政诉讼受案范围的，告知原告提起行政诉讼；

（二）依照法律规定，双方当事人达成书面仲裁协议申请仲裁、不得向人民法院起诉的，告知原告向仲裁机构申请仲裁；

（三）依照法律规定，应当由其他机关处理的争议，告知原告向有关机关申请解决；

（四）对不属于本院管辖的案件，告知原告向有管辖权的人民法院起诉；

（五）对判决、裁定、调解书已经发生法律效力的案件，当事人又起诉的，告知原告申请再审，但人民法院准许撤诉的裁定除外；

（六）依照法律规定，在一定期限内不得起诉的案件，在不得起诉的期限内起诉的，不予受理；

（七）判决不准离婚和调解和好的离婚案件，判决、调解维持收养关系的案件，没有新情况、新理由，原告在六个月内又起诉的，不予受理。

## 第二节 审理前的准备

**第一百二十五条** 人民法院应当在立案之日起五日内将起诉状副本发送被告，被告应当在收到之日起十五日内提出答辩状。答辩状应当记明被告的姓名、性别、年龄、民族、职业、工作单位、住所、联系方式；法人或者其他组织的名称、住所和法定代表人或者主要负责人的姓名、职务、联系方式。人民法院应当在收到答辩状之日起五日内将答辩状副本发送原告。

被告不提出答辩状的，不影响人民法院审理。

**第一百二十六条** 人民法院对决定受理的案件，应当在受理案件通知书和应诉通知书中向当事人告知有关的诉讼权利义务，或者口头告知。

**第一百二十七条** 人民法院受理案件后，当事人对管辖权有异议的，应当在提交答辩状期间提出。人民法院对当事人提出的异议，应当审查。异议成立的，裁定将案件移送有管辖权的人民法院；异议不成立的，裁定驳回。

当事人未提出管辖异议，并应诉答辩的，视为受诉人民法院有管辖权，但违反级别管辖和专属管辖规定的除外。

**第一百二十八条** 合议庭组成人员确定后，应当在三日内告知当事人。

**第一百二十九条** 审判人员必须认真审核诉讼材料，调查收集必要的证据。

**第一百三十条** 人民法院派出人员进行调查时，应当向被调查人出示证件。

调查笔录经被调查人校阅后，由被调查人、调查人签名或者盖章。

**第一百三十一条** 人民法院在必要时可以委托外地人民法院调查。

委托调查，必须提出明确的项目和要求。受委托人民法院可以主动补充调查。

受委托人民法院收到委托书后，应当在三十日内完成调查。因故不能完成的，应当在上述期限内函告委托人民法院。

**第一百三十二条** 必须共同进行诉讼的当事人没有参加诉讼的，人民法院应当通知其参加诉讼。

**第一百三十三条** 人民法院对受理的案件，分别情形，予以处理：

（一）当事人没有争议，符合督促程序规定条件的，可以转入督促程序；

（二）开庭前可以调解的，采取调解方式及时解决纠纷；

（三）根据案件情况，确定适用简易程序或者普通程序；

（四）需要开庭审理的，通过要求当事人交换证据等方式，明确争议焦点。

### 第三节　开庭审理

**第一百三十四条**　人民法院审理民事案件，除涉及国家秘密、个人隐私或者法律另有规定的以外，应当公开进行。

离婚案件，涉及商业秘密的案件，当事人申请不公开审理的，可以不公开审理。

**第一百三十五条**　人民法院审理民事案件，根据需要进行巡回审理，就地办案。

**第一百三十六条**　人民法院审理民事案件，应当在开庭三日前通知当事人和其他诉讼参与人。公开审理的，应当公告当事人姓名、案由和开庭的时间、地点。

**第一百三十七条**　开庭审理前，书记员应当查明当事人和其他诉讼参与人是否到庭，宣布法庭纪律。

开庭审理时，由审判长核对当事人，宣布案由，宣布审判人员、书记员名单，告知当事人有关的诉讼权利义务，询问当事人是否提出回避申请。

**第一百三十八条**　法庭调查按照下列顺序进行：

（一）当事人陈述；

（二）告知证人的权利义务，证人作证，宣读未到庭的证人证言；

（三）出示书证、物证、视听资料和电子数据；

（四）宣读鉴定意见；

（五）宣读勘验笔录。

**第一百三十九条**　当事人在法庭上可以提出新的证据。

当事人经法庭许可，可以向证人、鉴定人、勘验人发问。

当事人要求重新进行调查、鉴定或者勘验的，是否准许，由人民法院决定。

**第一百四十条**　原告增加诉讼请求，被告提出反诉，第三人提出与本案有关的诉讼请求，可以合并审理。

**第一百四十一条**　法庭辩论按照下列顺序进行：

（一）原告及其诉讼代理人发言；

（二）被告及其诉讼代理人答辩；

（三）第三人及其诉讼代理人发言或者答辩；

（四）互相辩论。

法庭辩论终结，由审判长按照原告、被告、第三人的先后顺序征询各方最后意见。

**第一百四十二条** 法庭辩论终结，应当依法作出判决。判决前能够调解的，还可以进行调解，调解不成的，应当及时判决。

**第一百四十三条** 原告经传票传唤，无正当理由拒不到庭的，或者未经法庭许可中途退庭的，可以按撤诉处理；被告反诉的，可以缺席判决。

**第一百四十四条** 被告经传票传唤，无正当理由拒不到庭的，或者未经法庭许可中途退庭的，可以缺席判决。

**第一百四十五条** 宣判前，原告申请撤诉的，是否准许，由人民法院裁定。

人民法院裁定不准许撤诉的，原告经传票传唤，无正当理由拒不到庭的，可以缺席判决。

**第一百四十六条** 有下列情形之一的，可以延期开庭审理：

（一）必须到庭的当事人和其他诉讼参与人有正当理由没有到庭的；

（二）当事人临时提出回避申请的；

（三）需要通知新的证人到庭，调取新的证据，重新鉴定、勘验，或者需要补充调查的；

（四）其他应当延期的情形。

**第一百四十七条** 书记员应当将法庭审理的全部活动记入笔录，由审判人员和书记员签名。

法庭笔录应当当庭宣读，也可以告知当事人和其他诉讼参与人当庭或者在五日内阅读。当事人和其他诉讼参与人认为对自己的陈述记录有遗漏或者差错的，有权申请补正。如果不予补正，应当将申请记录在案。

法庭笔录由当事人和其他诉讼参与人签名或者盖章。拒绝签名盖章的，记明情况附卷。

**第一百四十八条** 人民法院对公开审理或者不公开审理的案件，一律公开宣告判决。

当庭宣判的，应当在十日内发送判决书；定期宣判的，宣判后立即发给判决书。

宣告判决时，必须告知当事人上诉权利、上诉期限和上诉的法院。

宣告离婚判决，必须告知当事人在判决发生法律效力前不得另行结婚。

**第一百四十九条** 人民法院适用普通程序审理的案件，应当在立案之日起六个月内审结。有特殊情况需要延长的，由本院院长批准，可以延长六个月；还需要延长的，报请上级人民法院批准。

### 第四节 诉讼中止和终结

**第一百五十条** 有下列情形之一的，中止诉讼：

（一）一方当事人死亡，需要等待继承人表明是否参加诉讼的；

（二）一方当事人丧失诉讼行为能力，尚未确定法定代理人的；

（三）作为一方当事人的法人或者其他组织终止，尚未确定权利义务承受人的；

（四）一方当事人因不可抗拒的事由，不能参加诉讼的；

（五）本案必须以另一案的审理结果为依据，而另一案尚未审结的；

（六）其他应当中止诉讼的情形。

中止诉讼的原因消除后，恢复诉讼。

**第一百五十一条** 有下列情形之一的，终结诉讼：

（一）原告死亡，没有继承人，或者继承人放弃诉讼权利的；

（二）被告死亡，没有遗产，也没有应当承担义务的人的；

（三）离婚案件一方当事人死亡的；

（四）追索赡养费、扶养费、抚育费以及解除收养关系案件的一方当事人死亡的。

### 第五节 判决和裁定

**第一百五十二条** 判决书应当写明判决结果和作出该判决的理由。判决书内容包括：

（一）案由、诉讼请求、争议的事实和理由；

（二）判决认定的事实和理由、适用的法律和理由；

（三）判决结果和诉讼费用的负担；

（四）上诉期间和上诉的法院。

判决书由审判人员、书记员署名，加盖人民法院印章。

**第一百五十三条** 人民法院审理案件，其中一部分事实已经清楚，可以就该部分先行判决。

**第一百五十四条** 裁定适用于下列范围：

（一）不予受理；

（二）对管辖权有异议的；

（三）驳回起诉；

（四）保全和先予执行；

（五）准许或者不准许撤诉；

（六）中止或者终结诉讼；

（七）补正判决书中的笔误；

（八）中止或者终结执行；

（九）撤销或者不予执行仲裁裁决；

（十）不予执行公证机关赋予强制执行效力的债权文书；

（十一）其他需要裁定解决的事项。

对前款第一项至第三项裁定，可以上诉。

裁定书应当写明裁定结果和作出该裁定的理由。裁定书由审判人员、书记员署名，加盖人民法院印章。口头裁定的，记入笔录。

**第一百五十五条** 最高人民法院的判决、裁定，以及依法不准上诉或者超过上诉期没有上诉的判决、裁定，是发生法律效力的判决、裁定。

**第一百五十六条** 公众可以查阅发生法律效力的判决书、裁定书，但涉及国家秘密、商业秘密和个人隐私的内容除外。

## 第十三章　简易程序

**第一百五十七条** 基层人民法院和它派出的法庭审理事实清楚、权利义务关系明确、争议不大的简单的民事案件，适用本章规定。

基层人民法院和它派出的法庭审理前款规定以外的民事案件，当事人双方也可以约定适用简易程序。

**第一百五十八条** 对简单的民事案件，原告可以口头起诉。

当事人双方可以同时到基层人民法院或者它派出的法庭，请求解决纠纷。基层人民法院或者它派出的法庭可以当即审理，也可以另定日期审理。

**第一百五十九条** 基层人民法院和它派出的法庭审理简单的民事案

件，可以用简便方式传唤当事人和证人、送达诉讼文书、审理案件，但应当保障当事人陈述意见的权利。

**第一百六十条** 简单的民事案件由审判员一人独任审理，并不受本法第一百三十六条、第一百三十八条、第一百四十一条规定的限制。

**第一百六十一条** 人民法院适用简易程序审理案件，应当在立案之日起三个月内审结。

**第一百六十二条** 基层人民法院和它派出的法庭审理符合本法第一百五十七条第一款规定的简单的民事案件，标的额为各省、自治区、直辖市上年度就业人员年平均工资百分之三十以下的，实行一审终审。

**第一百六十三条** 人民法院在审理过程中，发现案件不宜适用简易程序的，裁定转为普通程序。

## 第十四章　第二审程序

**第一百六十四条** 当事人不服地方人民法院第一审判决的，有权在判决书送达之日起十五日内向上一级人民法院提起上诉。

当事人不服地方人民法院第一审裁定的，有权在裁定书送达之日起十日内向上一级人民法院提起上诉。

**第一百六十五条** 上诉应当递交上诉状。上诉状的内容，应当包括当事人的姓名，法人的名称及其法定代表人的姓名或者其他组织的名称及其主要负责人的姓名；原审人民法院名称、案件的编号和案由；上诉的请求和理由。

**第一百六十六条** 上诉状应当通过原审人民法院提出，并按照对方当事人或者代表人的人数提出副本。

当事人直接向第二审人民法院上诉的，第二审人民法院应当在五日内将上诉状移交原审人民法院。

**第一百六十七条** 原审人民法院收到上诉状，应当在五日内将上诉状副本送达对方当事人，对方当事人在收到之日起十五日内提出答辩状。人民法院应当在收到答辩状之日起五日内将副本送达上诉人。对方当事人不提出答辩状的，不影响人民法院审理。

原审人民法院收到上诉状、答辩状，应当在五日内连同全部案卷和证据，报送第二审人民法院。

第一百六十八条 第二审人民法院应当对上诉请求的有关事实和适用法律进行审查。

第一百六十九条 第二审人民法院对上诉案件，应当组成合议庭，开庭审理。经过阅卷、调查和询问当事人，对没有提出新的事实、证据或者理由，合议庭认为不需要开庭审理的，可以不开庭审理。

第二审人民法院审理上诉案件，可以在本院进行，也可以到案件发生地或者原审人民法院所在地进行。

第一百七十条 第二审人民法院对上诉案件，经过审理，按照下列情形，分别处理：

（一）原判决、裁定认定事实清楚，适用法律正确的，以判决、裁定方式驳回上诉，维持原判决、裁定；

（二）原判决、裁定认定事实错误或者适用法律错误的，以判决、裁定方式依法改判、撤销或者变更；

（三）原判决认定基本事实不清的，裁定撤销原判决，发回原审人民法院重审，或者查清事实后改判；

（四）原判决遗漏当事人或者违法缺席判决等严重违反法定程序的，裁定撤销原判决，发回原审人民法院重审。

原审人民法院对发回重审的案件作出判决后，当事人提起上诉的，第二审人民法院不得再次发回重审。

第一百七十一条 第二审人民法院对不服第一审人民法院裁定的上诉案件的处理，一律使用裁定。

第一百七十二条 第二审人民法院审理上诉案件，可以进行调解。调解达成协议，应当制作调解书，由审判人员、书记员署名，加盖人民法院印章。调解书送达后，原审人民法院的判决即视为撤销。

第一百七十三条 第二审人民法院判决宣告前，上诉人申请撤回上诉的，是否准许，由第二审人民法院裁定。

第一百七十四条 第二审人民法院审理上诉案件，除依照本章规定外，适用第一审普通程序。

第一百七十五条 第二审人民法院的判决、裁定，是终审的判决、裁定。

第一百七十六条 人民法院审理对判决的上诉案件，应当在第二审立案之日起三个月内审结。有特殊情况需要延长的，由本院院长批准。

人民法院审理对裁定的上诉案件，应当在第二审立案之日起三十日内作出终审裁定。

## 第十五章 特别程序

### 第一节 一般规定

**第一百七十七条** 人民法院审理选民资格案件、宣告失踪或者宣告死亡案件、认定公民无民事行为能力或者限制民事行为能力案件、认定财产无主案件、确认调解协议案件和实现担保物权案件，适用本章规定。本章没有规定的，适用本法和其他法律的有关规定。

**第一百七十八条** 依照本章程序审理的案件，实行一审终审。选民资格案件或者重大、疑难的案件，由审判员组成合议庭审理；其他案件由审判员一人独任审理。

**第一百七十九条** 人民法院在依照本章程序审理案件的过程中，发现本案属于民事权益争议的，应当裁定终结特别程序，并告知利害关系人可以另行起诉。

**第一百八十条** 人民法院适用特别程序审理的案件，应当在立案之日起三十日内或者公告期满后三十日内审结。有特殊情况需要延长的，由本院院长批准。但审理选民资格的案件除外。

### 第二节 选民资格案件

**第一百八十一条** 公民不服选举委员会对选民资格的申诉所作的处理决定，可以在选举日的五日以前向选区所在地基层人民法院起诉。

**第一百八十二条** 人民法院受理选民资格案件后，必须在选举日前审结。

审理时，起诉人、选举委员会的代表和有关公民必须参加。

人民法院的判决书，应当在选举日前送达选举委员会和起诉人，并通知有关公民。

### 第三节 宣告失踪、宣告死亡案件

**第一百八十三条** 公民下落不明满二年，利害关系人申请宣告其失踪的，向下落不明人住所地基层人民法院提出。

申请书应当写明失踪的事实、时间和请求，并附有公安机关或者其他有关机关关于该公民下落不明的书面证明。

**第一百八十四条** 公民下落不明满四年，或者因意外事故下落不明满二年，或者因意外事故下落不明，经有关机关证明该公民不可能生存，利害关系人申请宣告其死亡的，向下落不明人住所地基层人民法院提出。

申请书应当写明下落不明的事实、时间和请求，并附有公安机关或者其他有关机关关于该公民下落不明的书面证明。

**第一百八十五条** 人民法院受理宣告失踪、宣告死亡案件后，应当发出寻找下落不明人的公告。宣告失踪的公告期间为三个月，宣告死亡的公告期间为一年。因意外事故下落不明，经有关机关证明该公民不可能生存的，宣告死亡的公告期间为三个月。

公告期间届满，人民法院应当根据被宣告失踪、宣告死亡的事实是否得到确认，作出宣告失踪、宣告死亡的判决或者驳回申请的判决。

**第一百八十六条** 被宣告失踪、宣告死亡的公民重新出现，经本人或者利害关系人申请，人民法院应当作出新判决，撤销原判决。

### 第四节 认定公民无民事行为能力、限制民事行为能力案件

**第一百八十七条** 申请认定公民无民事行为能力或者限制民事行为能力，由其近亲属或者其他利害关系人向该公民住所地基层人民法院提出。

申请书应当写明该公民无民事行为能力或者限制民事行为能力的事实和根据。

**第一百八十八条** 人民法院受理申请后，必要时应当对被请求认定为无民事行为能力或者限制民事行为能力的公民进行鉴定。申请人已提供鉴定意见的，应当对鉴定意见进行审查。

**第一百八十九条** 人民法院审理认定公民无民事行为能力或者限制民事行为能力的案件，应当由该公民的近亲属为代理人，但申请人除外。近亲属互相推诿的，由人民法院指定其中一人为代理人。该公民健康情况许可的，还应当询问本人的意见。

人民法院经审理认定申请有事实根据的，判决该公民为无民事行为能力或者限制民事行为能力人；认定申请没有事实根据的，应当判决予以驳回。

**第一百九十条** 人民法院根据被认定为无民事行为能力人、限制民事

行为能力人或者他的监护人的申请，证实该公民无民事行为能力或者限制民事行为能力的原因已经消除的，应当作出新判决，撤销原判决。

### 第五节　认定财产无主案件

第一百九十一条　申请认定财产无主，由公民、法人或者其他组织向财产所在地基层人民法院提出。

申请书应当写明财产的种类、数量以及要求认定财产无主的根据。

第一百九十二条　人民法院受理申请后，经审查核实，应当发出财产认领公告。公告满一年无人认领的，判决认定财产无主，收归国家或者集体所有。

第一百九十三条　判决认定财产无主后，原财产所有人或者继承人出现，在民法通则规定的诉讼时效期间可以对财产提出请求，人民法院审查属实后，应当作出新判决，撤销原判决。

### 第六节　确认调解协议案件

第一百九十四条　申请司法确认调解协议，由双方当事人依照人民调解法等法律，自调解协议生效之日起三十日内，共同向调解组织所在地基层人民法院提出。

第一百九十五条　人民法院受理申请后，经审查，符合法律规定的，裁定调解协议有效，一方当事人拒绝履行或者未全部履行的，对方当事人可以向人民法院申请执行；不符合法律规定的，裁定驳回申请，当事人可以通过调解方式变更原调解协议或者达成新的调解协议，也可以向人民法院提起诉讼。

### 第七节　实现担保物权案件

第一百九十六条　申请实现担保物权，由担保物权人以及其他有权请求实现担保物权的人依照物权法等法律，向担保财产所在地或者担保物权登记地基层人民法院提出。

第一百九十七条　人民法院受理申请后，经审查，符合法律规定的，裁定拍卖、变卖担保财产，当事人依据该裁定可以向人民法院申请执行；不符合法律规定的，裁定驳回申请，当事人可以向人民法院提起诉讼。

## 第十六章　审判监督程序

第一百九十八条　各级人民法院院长对本院已经发生法律效力的判

决、裁定、调解书，发现确有错误，认为需要再审的，应当提交审判委员会讨论决定。

最高人民法院对地方各级人民法院已经发生法律效力的判决、裁定、调解书，上级人民法院对下级人民法院已经发生法律效力的判决、裁定、调解书，发现确有错误的，有权提审或者指令下级人民法院再审。

**第一百九十九条** 当事人对已经发生法律效力的判决、裁定，认为有错误的，可以向上一级人民法院申请再审；当事人一方人数众多或者当事人双方为公民的案件，也可以向原审人民法院申请再审。当事人申请再审的，不停止判决、裁定的执行。

**第二百条** 当事人的申请符合下列情形之一的，人民法院应当再审：

（一）有新的证据，足以推翻原判决、裁定的；

（二）原判决、裁定认定的基本事实缺乏证据证明的；

（三）原判决、裁定认定事实的主要证据是伪造的；

（四）原判决、裁定认定事实的主要证据未经质证的；

（五）对审理案件需要的主要证据，当事人因客观原因不能自行收集，书面申请人民法院调查收集，人民法院未调查收集的；

（六）原判决、裁定适用法律确有错误的；

（七）审判组织的组成不合法或者依法应当回避的审判人员没有回避的；

（八）无诉讼行为能力人未经法定代理人代为诉讼或者应当参加诉讼的当事人，因不能归责于本人或者其诉讼代理人的事由，未参加诉讼的；

（九）违反法律规定，剥夺当事人辩论权利的；

（十）未经传票传唤，缺席判决的；

（十一）原判决、裁定遗漏或者超出诉讼请求的；

（十二）据以作出原判决、裁定的法律文书被撤销或者变更的；

（十三）审判人员审理该案件时有贪污受贿，徇私舞弊，枉法裁判行为的。

**第二百零一条** 当事人对已经发生法律效力的调解书，提出证据证明调解违反自愿原则或者调解协议的内容违反法律的，可以申请再审。经人民法院审查属实的，应当再审。

**第二百零二条** 当事人对已经发生法律效力的解除婚姻关系的判决、调解书，不得申请再审。

**第二百零三条** 当事人申请再审的，应当提交再审申请书等材料。人民法院应当自收到再审申请书之日起五日内将再审申请书副本发送对方当事人。对方当事人应当自收到再审申请书副本之日起十五日内提交书面意见；不提交书面意见的，不影响人民法院审查。人民法院可以要求申请人和对方当事人补充有关材料，询问有关事项。

**第二百零四条** 人民法院应当自收到再审申请书之日起三个月内审查，符合本法规定的，裁定再审；不符合本法规定的，裁定驳回申请。有特殊情况需要延长的，由本院院长批准。

因当事人申请裁定再审的案件由中级人民法院以上的人民法院审理，但当事人依照本法第一百九十九条的规定选择向基层人民法院申请再审的除外。最高人民法院、高级人民法院裁定再审的案件，由本院再审或者交其他人民法院再审，也可以交原审人民法院再审。

**第二百零五条** 当事人申请再审，应当在判决、裁定发生法律效力后六个月内提出；有本法第二百条第一项、第三项、第十二项、第十三项规定情形的，自知道或者应当知道之日起六个月内提出。

**第二百零六条** 按照审判监督程序决定再审的案件，裁定中止原判决、裁定、调解书的执行，但追索赡养费、扶养费、抚育费、抚恤金、医疗费用、劳动报酬等案件，可以不中止执行。

**第二百零七条** 人民法院按照审判监督程序再审的案件，发生法律效力的判决、裁定是由第一审法院作出的，按照第一审程序审理，所作的判决、裁定，当事人可以上诉；发生法律效力的判决、裁定是由第二审法院作出的，按照第二审程序审理，所作的判决、裁定，是发生法律效力的判决、裁定；上级人民法院按照审判监督程序提审的，按照第二审程序审理，所作的判决、裁定是发生法律效力的判决、裁定。

人民法院审理再审案件，应当另行组成合议庭。

**第二百零八条** 最高人民检察院对各级人民法院已经发生法律效力的判决、裁定，上级人民检察院对下级人民法院已经发生法律效力的判决、裁定，发现有本法第二百条规定情形之一的，或者发现调解书损害国家利益、社会公共利益的，应当提出抗诉。

地方各级人民检察院对同级人民法院已经发生法律效力的判决、裁定，发现有本法第二百条规定情形之一的，或者发现调解书损害国家利益、社会公共利益的，可以向同级人民法院提出检察建议，并报上级人民检察院备案；也可以提请上级人民检察院向同级人民法院提出抗诉。

各级人民检察院对审判监督程序以外的其他审判程序中审判人员的违法行为，有权向同级人民法院提出检察建议。

**第二百零九条** 有下列情形之一的，当事人可以向人民检察院申请检察建议或者抗诉：

（一）人民法院驳回再审申请的；

（二）人民法院逾期未对再审申请作出裁定的；

（三）再审判决、裁定有明显错误的。

人民检察院对当事人的申请应当在三个月内进行审查，作出提出或者不予提出检察建议或者抗诉的决定。当事人不得再次向人民检察院申请检察建议或者抗诉。

**第二百一十条** 人民检察院因履行法律监督职责提出检察建议或者抗诉的需要，可以向当事人或者案外人调查核实有关情况。

**第二百一十一条** 人民检察院提出抗诉的案件，接受抗诉的人民法院应当自收到抗诉书之日起三十日内作出再审的裁定；有本法第二百条第一项至第五项规定情形之一的，可以交下一级人民法院再审，但经该下一级人民法院再审的除外。

**第二百一十二条** 人民检察院决定对人民法院的判决、裁定、调解书提出抗诉的，应当制作抗诉书。

**第二百一十三条** 人民检察院提出抗诉的案件，人民法院再审时，应当通知人民检察院派员出席法庭。

## 第十七章　督促程序

**第二百一十四条** 债权人请求债务人给付金钱、有价证券，符合下列条件的，可以向有管辖权的基层人民法院申请支付令：

（一）债权人与债务人没有其他债务纠纷的；

（二）支付令能够送达债务人的。

申请书应当写明请求给付金钱或者有价证券的数量和所根据的事实、证据。

**第二百一十五条** 债权人提出申请后，人民法院应当在五日内通知债权人是否受理。

**第二百一十六条** 人民法院受理申请后，经审查债权人提供的事实、证据，对债权债务关系明确、合法的，应当在受理之日起十五日内向债务人发出支付令；申请不成立的，裁定予以驳回。

债务人应当自收到支付令之日起十五日内清偿债务，或者向人民法院提出书面异议。

债务人在前款规定的期间不提出异议又不履行支付令的，债权人可以向人民法院申请执行。

**第二百一十七条** 人民法院收到债务人提出的书面异议后，经审查，异议成立的，应当裁定终结督促程序，支付令自行失效。

支付令失效的，转入诉讼程序，但申请支付令的一方当事人不同意提起诉讼的除外。

## 第十八章 公示催告程序

**第二百一十八条** 按照规定可以背书转让的票据持有人，因票据被盗、遗失或者灭失，可以向票据支付地的基层人民法院申请公示催告。依照法律规定可以申请公示催告的其他事项，适用本章规定。

申请人应当向人民法院递交申请书，写明票面金额、发票人、持票人、背书人等票据主要内容和申请的理由、事实。

**第二百一十九条** 人民法院决定受理申请，应当同时通知支付人停止支付，并在三日内发出公告，催促利害关系人申报权利。公示催告的期间，由人民法院根据情况决定，但不得少于六十日。

**第二百二十条** 支付人收到人民法院停止支付的通知，应当停止支付，至公示催告程序终结。

公示催告期间，转让票据权利的行为无效。

**第二百二十一条** 利害关系人应当在公示催告期间向人民法院申报。

人民法院收到利害关系人的申报后，应当裁定终结公示催告程序，并通知申请人和支付人。

申请人或者申报人可以向人民法院起诉。

**第二百二十二条** 没有人申报的，人民法院应当根据申请人的申请，作出判决，宣告票据无效。判决应当公告，并通知支付人。自判决公告之日起，申请人有权向支付人请求支付。

第二百二十三条　利害关系人因正当理由不能在判决前向人民法院申报的，自知道或者应当知道判决公告之日起一年内，可以向作出判决的人民法院起诉。

# 第三编　执行程序

## 第十九章　一般规定

第二百二十四条　发生法律效力的民事判决、裁定，以及刑事判决、裁定中的财产部分，由第一审人民法院或者与第一审人民法院同级的被执行的财产所在地人民法院执行。

法律规定由人民法院执行的其他法律文书，由被执行人住所地或者被执行的财产所在地人民法院执行。

第二百二十五条　当事人、利害关系人认为执行行为违反法律规定的，可以向负责执行的人民法院提出书面异议。当事人、利害关系人提出书面异议的，人民法院应当自收到书面异议之日起十五日内审查，理由成立的，裁定撤销或者改正；理由不成立的，裁定驳回。当事人、利害关系人对裁定不服的，可以自裁定送达之日起十日内向上一级人民法院申请复议。

第二百二十六条　人民法院自收到申请执行书之日起超过六个月未执行的，申请执行人可以向上一级人民法院申请执行。上一级人民法院经审查，可以责令原人民法院在一定期限内执行，也可以决定由本院执行或者指令其他人民法院执行。

第二百二十七条　执行过程中，案外人对执行标的提出书面异议的，人民法院应当自收到书面异议之日起十五日内审查，理由成立的，裁定中止对该标的的执行；理由不成立的，裁定驳回。案外人、当事人对裁定不服，认为原判决、裁定错误的，依照审判监督程序办理；与原判决、裁定无关的，可以自裁定送达之日起十五日内向人民法院提起诉讼。

第二百二十八条　执行工作由执行员进行。

采取强制执行措施时，执行员应当出示证件。执行完毕后，应当将执行情况制作笔录，由在场的有关人员签名或者盖章。

人民法院根据需要可以设立执行机构。

**第二百二十九条** 被执行人或者被执行的财产在外地的，可以委托当地人民法院代为执行。受委托人民法院收到委托函件后，必须在十五日内开始执行，不得拒绝。执行完毕后，应当将执行结果及时函复委托人民法院；在三十日内如果还未执行完毕，也应当将执行情况函告委托人民法院。

受委托人民法院自收到委托函件之日起十五日内不执行的，委托人民法院可以请求受委托人民法院的上级人民法院指令受委托人民法院执行。

**第二百三十条** 在执行中，双方当事人自行和解达成协议的，执行员应当将协议内容记入笔录，由双方当事人签名或者盖章。

申请执行人因受欺诈、胁迫与被执行人达成和解协议，或者当事人不履行和解协议的，人民法院可以根据当事人的申请，恢复对原生效法律文书的执行。

**第二百三十一条** 在执行中，被执行人向人民法院提供担保，并经申请执行人同意的，人民法院可以决定暂缓执行及暂缓执行的期限。被执行人逾期仍不履行的，人民法院有权执行被执行人的担保财产或者担保人的财产。

**第二百三十二条** 作为被执行人的公民死亡的，以其遗产偿还债务。作为被执行人的法人或者其他组织终止的，由其权利义务承受人履行义务。

**第二百三十三条** 执行完毕后，据以执行的判决、裁定和其他法律文书确有错误，被人民法院撤销的，对已被执行的财产，人民法院应当作出裁定，责令取得财产的人返还；拒不返还的，强制执行。

**第二百三十四条** 人民法院制作的调解书的执行，适用本编的规定。

**第二百三十五条** 人民检察院有权对民事执行活动实行法律监督。

## 第二十章 执行的申请和移送

**第二百三十六条** 发生法律效力的民事判决、裁定，当事人必须履行。一方拒绝履行的，对方当事人可以向人民法院申请执行，也可以由审判员移送执行员执行。

调解书和其他应当由人民法院执行的法律文书，当事人必须履行。一方拒绝履行的，对方当事人可以向人民法院申请执行。

**第二百三十七条** 对依法设立的仲裁机构的裁决，一方当事人不履行的，对方当事人可以向有管辖权的人民法院申请执行。受申请的人民法院应当执行。

被申请人提出证据证明仲裁裁决有下列情形之一的，经人民法院组成合议庭审查核实，裁定不予执行：

（一）当事人在合同中没有订有仲裁条款或者事后没有达成书面仲裁协议的；

（二）裁决的事项不属于仲裁协议的范围或者仲裁机构无权仲裁的；

（三）仲裁庭的组成或者仲裁的程序违反法定程序的；

（四）裁决所根据的证据是伪造的；

（五）对方当事人向仲裁机构隐瞒了足以影响公正裁决的证据的；

（六）仲裁员在仲裁该案时有贪污受贿，徇私舞弊，枉法裁决行为的。

人民法院认定执行该裁决违背社会公共利益的，裁定不予执行。

裁定书应当送达双方当事人和仲裁机构。

仲裁裁决被人民法院裁定不予执行的，当事人可以根据双方达成的书面仲裁协议重新申请仲裁，也可以向人民法院起诉。

**第二百三十八条** 对公证机关依法赋予强制执行效力的债权文书，一方当事人不履行的，对方当事人可以向有管辖权的人民法院申请执行，受申请的人民法院应当执行。

公证债权文书确有错误的，人民法院裁定不予执行，并将裁定书送达双方当事人和公证机关。

**第二百三十九条** 申请执行的期间为二年。申请执行时效的中止、中断，适用法律有关诉讼时效中止、中断的规定。

前款规定的期间，从法律文书规定履行期间的最后一日起计算；法律文书规定分期履行的，从规定的每次履行期间的最后一日起计算；法律文书未规定履行期间的，从法律文书生效之日起计算。

**第二百四十条** 执行员接到申请执行书或者移交执行书，应当向被执行人发出执行通知，并可以立即采取强制执行措施。

## 第二十一章　执行措施

**第二百四十一条**　被执行人未按执行通知履行法律文书确定的义务，应当报告当前以及收到执行通知之日前一年的财产情况。被执行人拒绝报告或者虚假报告的，人民法院可以根据情节轻重对被执行人或者其法定代理人、有关单位的主要负责人或者直接责任人员予以罚款、拘留。

**第二百四十二条**　被执行人未按执行通知履行法律文书确定的义务，人民法院有权向有关单位查询被执行人的存款、债券、股票、基金份额等财产情况。人民法院有权根据不同情形扣押、冻结、划拨、变价被执行人的财产。人民法院查询、扣押、冻结、划拨、变价的财产不得超出被执行人应当履行义务的范围。

人民法院决定扣押、冻结、划拨、变价财产，应当作出裁定，并发出协助执行通知书，有关单位必须办理。

**第二百四十三条**　被执行人未按执行通知履行法律文书确定的义务，人民法院有权扣留、提取被执行人应当履行义务部分的收入。但应当保留被执行人及其所扶养家属的生活必需费用。

人民法院扣留、提取收入时，应当作出裁定，并发出协助执行通知书，被执行人所在单位、银行、信用合作社和其他有储蓄业务的单位必须办理。

**第二百四十四条**　被执行人未按执行通知履行法律文书确定的义务，人民法院有权查封、扣押、冻结、拍卖、变卖被执行人应当履行义务部分的财产。但应当保留被执行人及其所扶养家属的生活必需品。

采取前款措施，人民法院应当作出裁定。

**第二百四十五条**　人民法院查封、扣押财产时，被执行人是公民的，应当通知被执行人或者他的成年家属到场；被执行人是法人或者其他组织的，应当通知其法定代表人或者主要负责人到场。拒不到场的，不影响执行。被执行人是公民的，其工作单位或者财产所在地的基层组织应当派人参加。

对被查封、扣押的财产，执行员必须造具清单，由在场人签名或者盖章后，交被执行人一份。被执行人是公民的，也可以交他的成年家属一份。

**第二百四十六条** 被查封的财产，执行员可以指定被执行人负责保管。因被执行人的过错造成的损失，由被执行人承担。

**第二百四十七条** 财产被查封、扣押后，执行员应当责令被执行人在指定期间履行法律文书确定的义务。被执行人逾期不履行的，人民法院应当拍卖被查封、扣押的财产；不适于拍卖或者当事人双方同意不进行拍卖的，人民法院可以委托有关单位变卖或者自行变卖。国家禁止自由买卖的物品，交有关单位按照国家规定的价格收购。

**第二百四十八条** 被执行人不履行法律文书确定的义务，并隐匿财产的，人民法院有权发出搜查令，对被执行人及其住所或者财产隐匿地进行搜查。

采取前款措施，由院长签发搜查令。

**第二百四十九条** 法律文书指定交付的财物或者票证，由执行员传唤双方当事人当面交付，或者由执行员转交，并由被交付人签收。

有关单位持有该项财物或者票证的，应当根据人民法院的协助执行通知书转交，并由被交付人签收。

有关公民持有该项财物或者票证的，人民法院通知其交出。拒不交出的，强制执行。

**第二百五十条** 强制迁出房屋或者强制退出土地，由院长签发公告，责令被执行人在指定期间履行。被执行人逾期不履行的，由执行员强制执行。

强制执行时，被执行人是公民的，应当通知被执行人或者他的成年家属到场；被执行人是法人或者其他组织的，应当通知其法定代表人或者主要负责人到场。拒不到场的，不影响执行。被执行人是公民的，其工作单位或者房屋、土地所在地的基层组织应当派人参加。执行员应当将强制执行情况记入笔录，由在场人签名或者盖章。

强制迁出房屋被搬出的财物，由人民法院派人运至指定处所，交给被执行人。被执行人是公民的，也可以交给他的成年家属。因拒绝接收而造成的损失，由被执行人承担。

**第二百五十一条** 在执行中，需要办理有关财产权证照转移手续的，人民法院可以向有关单位发出协助执行通知书，有关单位必须办理。

**第二百五十二条** 对判决、裁定和其他法律文书指定的行为，被执行人未按执行通知履行的，人民法院可以强制执行或者委托有关单位或者其他人完成，费用由被执行人承担。

**第二百五十三条** 被执行人未按判决、裁定和其他法律文书指定的期间履行给付金钱义务的，应当加倍支付迟延履行期间的债务利息。被执行人未按判决、裁定和其他法律文书指定的期间履行其他义务的，应当支付迟延履行金。

**第二百五十四条** 人民法院采取本法第二百四十二条、第二百四十三条、第二百四十四条规定的执行措施后，被执行人仍不能偿还债务的，应当继续履行义务。债权人发现被执行人有其他财产的，可以随时请求人民法院执行。

**第二百五十五条** 被执行人不履行法律文书确定的义务的，人民法院可以对其采取或者通知有关单位协助采取限制出境，在征信系统记录、通过媒体公布不履行义务信息以及法律规定的其他措施。

## 第二十二章 执行中止和终结

**第二百五十六条** 有下列情形之一的，人民法院应当裁定中止执行：

（一）申请人表示可以延期执行的；

（二）案外人对执行标的提出确有理由的异议的；

（三）作为一方当事人的公民死亡，需要等待继承人继承权利或者承担义务的；

（四）作为一方当事人的法人或者其他组织终止，尚未确定权利义务承受人的；

（五）人民法院认为应当中止执行的其他情形。

中止的情形消失后，恢复执行。

**第二百五十七条** 有下列情形之一的，人民法院裁定终结执行：

（一）申请人撤销申请的；

（二）据以执行的法律文书被撤销的；

（三）作为被执行人的公民死亡，无遗产可供执行，又无义务承担人的；

（四）追索赡养费、扶养费、抚育费案件的权利人死亡的；

（五）作为被执行人的公民因生活困难无力偿还借款，无收入来源，又丧失劳动能力的；

（六）人民法院认为应当终结执行的其他情形。

**第二百五十八条** 中止和终结执行的裁定，送达当事人后立即生效。

# 第四编 涉外民事诉讼程序的特别规定

## 第二十三章 一般原则

**第二百五十九条** 在中华人民共和国领域内进行涉外民事诉讼，适用本编规定。本编没有规定的，适用本法其他有关规定。

**第二百六十条** 中华人民共和国缔结或者参加的国际条约同本法有不同规定的，适用该国际条约的规定，但中华人民共和国声明保留的条款除外。

**第二百六十一条** 对享有外交特权与豁免的外国人、外国组织或者国际组织提起的民事诉讼，应当依照中华人民共和国有关法律和中华人民共和国缔结或者参加的国际条约的规定办理。

**第二百六十二条** 人民法院审理涉外民事案件，应当使用中华人民共和国通用的语言、文字。当事人要求提供翻译的，可以提供，费用由当事人承担。

**第二百六十三条** 外国人、无国籍人、外国企业和组织在人民法院起诉、应诉，需要委托律师代理诉讼的，必须委托中华人民共和国的律师。

**第二百六十四条** 在中华人民共和国领域内没有住所的外国人、无国籍人、外国企业和组织委托中华人民共和国律师或者其他人代理诉讼，从中华人民共和国领域外寄交或者托交的授权委托书，应当经所在国公证机关证明，并经中华人民共和国驻该国使领馆认证，或者履行中华人民共和国与该所在国订立的有关条约中规定的证明手续后，才具有效力。

## 第二十四章 管 辖

**第二百六十五条** 因合同纠纷或者其他财产权益纠纷，对在中华人民共和国领域内没有住所的被告提起的诉讼，如果合同在中华人民共和国领域内签订或者履行，或者诉讼标的物在中华人民共和国领域内，或者被告在中华人民共和国领域内有可供扣押的财产，或者被告在中华人民共和国领域内设有代表机构，可以由合同签订地、合同履行地、诉讼标的物所在地、可供扣押财产所在地、侵权行为地或者代表机构住所地人民法院管辖。

第二百六十六条 因在中华人民共和国履行中外合资经营企业合同、中外合作经营企业合同、中外合作勘探开发自然资源合同发生纠纷提起的诉讼，由中华人民共和国人民法院管辖。

## 第二十五章 送达、期间

第二百六十七条 人民法院对在中华人民共和国领域内没有住所的当事人送达诉讼文书，可以采用下列方式：

（一）依照受送达人所在国与中华人民共和国缔结或者共同参加的国际条约中规定的方式送达；

（二）通过外交途径送达；

（三）对具有中华人民共和国国籍的受送达人，可以委托中华人民共和国驻受送达人所在国的使领馆代为送达；

（四）向受送达人委托的有权代其接受送达的诉讼代理人送达；

（五）向受送达人在中华人民共和国领域内设立的代表机构或者有权接受送达的分支机构、业务代办人送达；

（六）受送达人所在国的法律允许邮寄送达的，可以邮寄送达，自邮寄之日起满三个月，送达回证没有退回，但根据各种情况足以认定已经送达的，期间届满之日视为送达；

（七）采用传真、电子邮件等能够确认受送达人收悉的方式送达；

（八）不能用上述方式送达的，公告送达，自公告之日起满三个月，即视为送达。

第二百六十八条 被告在中华人民共和国领域内没有住所的，人民法院应当将起诉状副本送达被告，并通知被告在收到起诉状副本后三十日内提出答辩状。被告申请延期的，是否准许，由人民法院决定。

第二百六十九条 在中华人民共和国领域内没有住所的当事人，不服第一审人民法院判决、裁定的，有权在判决书、裁定书送达之日起三十日内提起上诉。被上诉人在收到上诉状副本后，应当在三十日内提出答辩状。当事人不能在法定期间提起上诉或者提出答辩状，申请延期的，是否准许，由人民法院决定。

**第二百七十条** 人民法院审理涉外民事案件的期间，不受本法第一百四十九条、第一百七十六条规定的限制。

## 第二十六章 仲　裁

**第二百七十一条** 涉外经济贸易、运输和海事中发生的纠纷，当事人在合同中订有仲裁条款或者事后达成书面仲裁协议，提交中华人民共和国涉外仲裁机构或者其他仲裁机构仲裁的，当事人不得向人民法院起诉。

当事人在合同中没有订有仲裁条款或者事后没有达成书面仲裁协议的，可以向人民法院起诉。

**第二百七十二条** 当事人申请采取保全的，中华人民共和国的涉外仲裁机构应当将当事人的申请，提交被申请人住所地或者财产所在地的中级人民法院裁定。

**第二百七十三条** 经中华人民共和国涉外仲裁机构裁决的，当事人不得向人民法院起诉。一方当事人不履行仲裁裁决的，对方当事人可以向被申请人住所地或者财产所在地的中级人民法院申请执行。

**第二百七十四条** 对中华人民共和国涉外仲裁机构作出的裁决，被申请人提出证据证明仲裁裁决有下列情形之一的，经人民法院组成合议庭审查核实，裁定不予执行：

（一）当事人在合同中没有订有仲裁条款或者事后没有达成书面仲裁协议的；

（二）被申请人没有得到指定仲裁员或者进行仲裁程序的通知，或者由于其他不属于被申请人负责的原因未能陈述意见的；

（三）仲裁庭的组成或者仲裁的程序与仲裁规则不符的；

（四）裁决的事项不属于仲裁协议的范围或者仲裁机构无权仲裁的。

人民法院认定执行该裁决违背社会公共利益的，裁定不予执行。

**第二百七十五条** 仲裁裁决被人民法院裁定不予执行的，当事人可以根据双方达成的书面仲裁协议重新申请仲裁，也可以向人民法院起诉。

## 第二十七章 司法协助

**第二百七十六条** 根据中华人民共和国缔结或者参加的国际条约，或者按照互惠原则，人民法院和外国法院可以相互请求，代为送达文书、调查取证以及进行其他诉讼行为。

外国法院请求协助的事项有损于中华人民共和国的主权、安全或者社会公共利益的，人民法院不予执行。

第二百七十七条　请求和提供司法协助，应当依照中华人民共和国缔结或者参加的国际条约所规定的途径进行；没有条约关系的，通过外交途径进行。

外国驻中华人民共和国的使领馆可以向该国公民送达文书和调查取证，但不得违反中华人民共和国的法律，并不得采取强制措施。

除前款规定的情况外，未经中华人民共和国主管机关准许，任何外国机关或者个人不得在中华人民共和国领域内送达文书、调查取证。

第二百七十八条　外国法院请求人民法院提供司法协助的请求书及其所附文件，应当附有中文译本或者国际条约规定的其他文字文本。

人民法院请求外国法院提供司法协助的请求书及其所附文件，应当附有该国文字译本或者国际条约规定的其他文字文本。

第二百七十九条　人民法院提供司法协助，依照中华人民共和国法律规定的程序进行。外国法院请求采用特殊方式的，也可以按照其请求的特殊方式进行，但请求采用的特殊方式不得违反中华人民共和国法律。

第二百八十条　人民法院作出的发生法律效力的判决、裁定，如果被执行人或者其财产不在中华人民共和国领域内，当事人请求执行的，可以由当事人直接向有管辖权的外国法院申请承认和执行，也可以由人民法院依照中华人民共和国缔结或者参加的国际条约的规定，或者按照互惠原则，请求外国法院承认和执行。

中华人民共和国涉外仲裁机构作出的发生法律效力的仲裁裁决，当事人请求执行的，如果被执行人或者其财产不在中华人民共和国领域内，应当由当事人直接向有管辖权的外国法院申请承认和执行。

第二百八十一条　外国法院作出的发生法律效力的判决、裁定，需要中华人民共和国人民法院承认和执行的，可以由当事人直接向中华人民共和国有管辖权的中级人民法院申请承认和执行，也可以由外国法院依照该国与中华人民共和国缔结或者参加的国际条约的规定，或者按照互惠原则，请求人民法院承认和执行。

**第二百八十二条** 人民法院对申请或者请求承认和执行的外国法院作出的发生法律效力的判决、裁定，依照中华人民共和国缔结或者参加的国际条约，或者按照互惠原则进行审查后，认为不违反中华人民共和国法律的基本原则或者国家主权、安全、社会公共利益的，裁定承认其效力，需要执行的，发出执行令，依照本法的有关规定执行。违反中华人民共和国法律的基本原则或者国家主权、安全、社会公共利益的，不予承认和执行。

**第二百八十三条** 国外仲裁机构的裁决，需要中华人民共和国人民法院承认和执行的，应当由当事人直接向被执行人住所地或者其财产所在地的中级人民法院申请，人民法院应当依照中华人民共和国缔结或者参加的国际条约，或者按照互惠原则办理。

**第二百八十四条** 本法自公布之日起施行，《中华人民共和国民事诉讼法（试行）》同时废止。

# 中华人民共和国涉外民事关系法律适用法

（2010 年 10 月 28 日第十一届全国人民代表大会常务委员会第十七次会议通过）

## 目　　录

### 第一章　一般规定

**第一条** 为了明确涉外民事关系的法律适用，合理解决涉外民事争议，维护当事人的合法权益，制定本法。

**第二条** 涉外民事关系适用的法律，依照本法确定。其他法律对涉外民事关系法律适用另有特别规定的，依照其规定。

本法和其他法律对涉外民事关系法律适用没有规定的，适用与该涉外民事关系有最密切联系的法律。

**第三条** 当事人依照法律规定可以明示选择涉外民事关系适用的法律。

**第四条** 中华人民共和国法律对涉外民事关系有强制性规定的，直接适用该强制性规定。

**第五条** 外国法律的适用将损害中华人民共和国社会公共利益的，适用中华人民共和国法律。

**第六条** 涉外民事关系适用外国法律，该国不同区域实施不同法律的，适用与该涉外民事关系有最密切联系区域的法律。

**第七条** 诉讼时效，适用相关涉外民事关系应当适用的法律。

**第八条** 涉外民事关系的定性，适用法院地法律。

**第九条** 涉外民事关系适用的外国法律，不包括该国的法律适用法。

**第十条** 涉外民事关系适用的外国法律，由人民法院、仲裁机构或者行政机关查明。当事人选择适用外国法律的，应当提供该国法律。

不能查明外国法律或者该国法律没有规定的，适用中华人民共和国法律。

## 第二章　民事主体

**第十一条** 自然人的民事权利能力，适用经常居所地法律。

**第十二条** 自然人的民事行为能力，适用经常居所地法律。

自然人从事民事活动，依照经常居所地法律为无民事行为能力，依照行为地法律为有民事行为能力的，适用行为地法律，但涉及婚姻家庭、继承的除外。

**第十三条** 宣告失踪或者宣告死亡，适用自然人经常居所地法律。

**第十四条** 法人及其分支机构的民事权利能力、民事行为能力、组织机构、股东权利义务等事项，适用登记地法律。

法人的主营业地与登记地不一致的，可以适用主营业地法律。法人的经常居所地，为其主营业地。

第十五条　人格权的内容，适用权利人经常居所地法律。

第十六条　代理适用代理行为地法律，但被代理人与代理人的民事关系，适用代理关系发生地法律。

当事人可以协议选择委托代理适用的法律。

第十七条　当事人可以协议选择信托适用的法律。当事人没有选择的，适用信托财产所在地法律或者信托关系发生地法律。

第十八条　当事人可以协议选择仲裁协议适用的法律。当事人没有选择的，适用仲裁机构所在地法律或者仲裁地法律。

第十九条　依照本法适用国籍国法律，自然人具有两个以上国籍的，适用有经常居所的国籍国法律；在所有国籍国均无经常居所的，适用与其有最密切联系的国籍国法律。自然人无国籍或者国籍不明的，适用其经常居所地法律。

第二十条　依照本法适用经常居所地法律，自然人经常居所地不明的，适用其现在居所地法律。

## 第三章　婚姻家庭

第二十一条　结婚条件，适用当事人共同经常居所地法律；没有共同经常居所地的，适用共同国籍国法律；没有共同国籍，在一方当事人经常居所地或者国籍国缔结婚姻的，适用婚姻缔结地法律。

第二十二条　结婚手续，符合婚姻缔结地法律、一方当事人经常居所地法律或者国籍国法律的，均为有效。

第二十三条　夫妻人身关系，适用共同经常居所地法律；没有共同经常居所地的，适用共同国籍国法律。

第二十四条　夫妻财产关系，当事人可以协议选择适用一方当事人经常居所地法律、国籍国法律或者主要财产所在地法律。当事人没有选择的，适用共同经常居所地法律；没有共同经常居所地的，适用共同国籍国法律。

第二十五条　父母子女人身、财产关系，适用共同经常居所地法律；没有共同经常居所地的，适用一方当事人经常居所地法律或者国籍国法律中有利于保护弱者权益的法律。

第二十六条　协议离婚，当事人可以协议选择适用一方当事人经常居所地法律或者国籍国法律。当事人没有选择的，适用共同经常居所地法律；没有共同经常居所地的，适用共同国籍国法律；没有共同国籍的，适用办理离婚手续机构所在地法律。

**第二十七条** 诉讼离婚，适用法院地法律。

**第二十八条** 收养的条件和手续，适用收养人和被收养人经常居所地法律。收养的效力，适用收养时收养人经常居所地法律。收养关系的解除，适用收养时被收养人经常居所地法律或者法院地法律。

**第二十九条** 扶养，适用一方当事人经常居所地法律、国籍国法律或者主要财产所在地法律中有利于保护被扶养人权益的法律。

**第三十条** 监护，适用一方当事人经常居所地法律或者国籍国法律中有利于保护被监护人权益的法律。

## 第四章　继　　承

**第三十一条** 法定继承，适用被继承人死亡时经常居所地法律，但不动产法定继承，适用不动产所在地法律。

**第三十二条** 遗嘱方式，符合遗嘱人立遗嘱时或者死亡时经常居所地法律、国籍国法律或者遗嘱行为地法律的，遗嘱均为成立。

**第三十三条** 遗嘱效力，适用遗嘱人立遗嘱时或者死亡时经常居所地法律或者国籍国法律。

**第三十四条** 遗产管理等事项，适用遗产所在地法律。

**第三十五条** 无人继承遗产的归属，适用被继承人死亡时遗产所在地法律。

## 第五章　物　　权

**第三十六条** 不动产物权，适用不动产所在地法律。

**第三十七条** 当事人可以协议选择动产物权适用的法律。当事人没有选择的，适用法律事实发生时动产所在地法律。

**第三十八条** 当事人可以协议选择运输中动产物权发生变更适用的法律。当事人没有选择的，适用运输目的地法律。

**第三十九条** 有价证券，适用有价证券权利实现地法律或者其他与该有价证券有最密切联系的法律。

第四十条　权利质权，适用质权设立地法律。

## 第六章　债　权

第四十一条　当事人可以协议选择合同适用的法律。当事人没有选择的，适用履行义务最能体现该合同特征的一方当事人经常居所地法律或者其他与该合同有最密切联系的法律。

第四十二条　消费者合同，适用消费者经常居所地法律；消费者选择适用商品、服务提供地法律或者经营者在消费者经常居所地没有从事相关经营活动的，适用商品、服务提供地法律。

第四十三条　劳动合同，适用劳动者工作地法律；难以确定劳动者工作地的，适用用人单位主营业地法律。劳务派遣，可以适用劳务派出地法律。

第四十四条　侵权责任，适用侵权行为地法律，但当事人有共同经常居所地的，适用共同经常居所地法律。侵权行为发生后，当事人协议选择适用法律的，按照其协议。

第四十五条　产品责任，适用被侵权人经常居所地法律；被侵权人选择适用侵权人主营业地法律、损害发生地法律的，或者侵权人在被侵权人经常居所地没有从事相关经营活动的，适用侵权人主营业地法律或者损害发生地法律。

第四十六条　通过网络或者采用其他方式侵害姓名权、肖像权、名誉权、隐私权等人格权的，适用被侵权人经常居所地法律。

第四十七条　不当得利、无因管理，适用当事人协议选择适用的法律。当事人没有选择的，适用当事人共同经常居所地法律；没有共同经常居所地的，适用不当得利、无因管理发生地法律。

## 第七章　知识产权

第四十八条　知识产权的归属和内容，适用被请求保护地法律。

第四十九条　当事人可以协议选择知识产权转让和许可使用适用的法律。当事人没有选择的，适用本法对合同的有关规定。

第五十条　知识产权的侵权责任，适用被请求保护地法律，当事人也可以在侵权行为发生后协议选择适用法院地法律。

## 第八章 附　　则

**第五十一条**　《中华人民共和国民法通则》第一百四十六条、第一百四十七条，《中华人民共和国继承法》第三十六条，与本法的规定不一致的，适用本法。

**第五十二条**　本法自 2011 年 4 月 1 日起施行。

# 中华人民共和国海事诉讼特别程序法

（1999 年 12 月 25 日第九届全国人民代表大会常务委员会第十三次会议通过）

# 目　　录

# 第一章　总　　则

**第一条**　为维护海事诉讼当事人的诉讼权利，保证人民法院查明事实，分清责任，正确适用法律，及时审理海事案件，制定本法。

**第二条**　在中华人民共和国领域内进行海事诉讼，适用《中华人民共和国民事诉讼法》和本法。本法有规定的，依照其规定。

**第三条**　中华人民共和国缔结或者参加的国际条约与《中华人民共和国民事诉讼法》和本法对涉外海事诉讼有不同规定的，适用该国际条约的规定，但中华人民共和国声明保留的条款除外。

**第四条**　海事法院受理当事人因海事侵权纠纷、海商合同纠纷以及法律规定的其他海事纠纷提起的诉讼。

**第五条**　海事法院及其所在地的高级人民法院和最高人民法院审理海事案件的，适用本法。

# 第二章　管　　辖

**第六条**　海事诉讼的地域管辖，依照《中华人民共和国民事诉讼法》有关规定。

下列海事诉讼的地域管辖，依照以下规定：

（一）因海事侵权行为提起的诉讼，除依照《中华人民共和国民事诉讼法》第二十九条至第三十一条的规定以外，还可以由船籍港所在地海事法院管辖；

（二）因海上运输合同纠纷提起的诉讼，除依照《中华人民共和国民事诉讼法》第二十八条的规定以外，还可以由转运港所在地海事法院管辖；

（三）因海船租用合同纠纷提起的诉讼，由交船港、还船港、船籍港所在地、被告住所地海事法院管辖；

（四）因海上保赔合同纠纷提起的诉讼，由保赔标的物所在地、事故发生地、被告住所地海事法院管辖；

（五）因海船的船员劳务合同纠纷提起的诉讼，由原告住所地、合同签订地、船员登船港或者离船港所在地、被告住所地海事法院管辖；

（六）因海事担保纠纷提起的诉讼，由担保物所在地、被告住所地海事法院管辖；因船舶抵押纠纷提起的诉讼，还可以由船籍港所在地海事法院管辖；

（七）因海船的船舶所有权、占有权、使用权、优先权纠纷提起的诉讼，由船舶所在地、船籍港所在地、被告住所地海事法院管辖。

**第七条** 下列海事诉讼，由本条规定的海事法院专属管辖：

（一）因沿海港口作业纠纷提起的诉讼，由港口所在地海事法院管辖；

（二）因船舶排放、泄漏、倾倒油类或者其他有害物质，海上生产、作业或者拆船、修船作业造成海域污染损害提起的诉讼，由污染发生地、损害结果地或者采取预防污染措施地海事法院管辖；

（三）因在中华人民共和国领域和有管辖权的海域履行的海洋勘探开发合同纠纷提起的诉讼，由合同履行地海事法院管辖。

**第八条** 海事纠纷的当事人都是外国人、无国籍人、外国企业或者组织，当事人书面协议选择中华人民共和国海事法院管辖的，即使与纠纷有实际联系的地点不在中华人民共和国领域内，中华人民共和国海事法院对该纠纷也具有管辖权。

**第九条** 当事人申请认定海上财产无主的，向财产所在地海事法院提出；申请因海上事故宣告死亡的，向处理海事事故主管机关所在地或者受理相关海事案件的海事法院提出。

**第十条** 海事法院与地方人民法院之间因管辖权发生争议，由争议双方协商解决；协商解决不了的，报请他们的共同上级人民法院指定管辖。

**第十一条** 当事人申请执行海事仲裁裁决，申请承认和执行外国法院判决、裁定以及国外海事仲裁裁决的，向被执行的财产所在地或者被执行人住所地海事法院提出。被执行的财产所在地或者被执行人住所地没有海事法院的，向被执行的财产所在地或者被执行人住所地的中级人民法院提出。

## 第三章　海事请求保全

### 第一节　一般规定

**第十二条** 海事请求保全是指海事法院根据海事请求人的申请，为保障其海事请求的实现，对被请求人的财产所采取的强制措施。

第十三条 当事人在起诉前申请海事请求保全，应当向被保全的财产所在地海事法院提出。

第十四条 海事请求保全不受当事人之间关于该海事请求的诉讼管辖协议或者仲裁协议的约束。

第十五条 海事请求人申请海事请求保全，应当向海事法院提交书面申请。申请书应当载明海事请求事项、申请理由、保全的标的物以及要求提供担保的数额，并附有关证据。

第十六条 海事法院受理海事请求保全申请，可以责令海事请求人提供担保。海事请求人不提供的，驳回其申请。

第十七条 海事法院接受申请后，应当在四十八小时内作出裁定。裁定采取海事请求保全措施的，应当立即执行；对不符合海事请求保全条件的，裁定驳回其申请。

当事人对裁定不服的，可以在收到裁定书之日起五日内申请复议一次。海事法院应当在收到复议申请之日起五日内作出复议决定。复议期间不停止裁定的执行。

利害关系人对海事请求保全提出异议，海事法院经审查，认为理由成立的，应当解除对其财产的保全。

第十八条 被请求人提供担保，或者当事人有正当理由申请解除海事请求保全的，海事法院应当及时解除保全。

海事请求人在本法规定的期间内，未提起诉讼或者未按照仲裁协议申请仲裁的，海事法院应当及时解除保全或者返还担保。

第十九条 海事请求保全执行后，有关海事纠纷未进入诉讼或者仲裁程序的，当事人就该海事请求，可以向采取海事请求保全的海事法院或者其他有管辖权的海事法院提起诉讼，但当事人之间订有诉讼管辖协议或者仲裁协议的除外。

第二十条 海事请求人申请海事请求保全错误的，应当赔偿被请求人或者利害关系人因此所遭受的损失。

### 第二节 船舶的扣押与拍卖

第二十一条 下列海事请求，可以申请扣押船舶：

（一）船舶营运造成的财产灭失或者损坏；

（二）与船舶营运直接有关的人身伤亡；

（三）海难救助；

（四）船舶对环境、海岸或者有关利益方造成的损害或者损害威胁；为预防、减少或者消除此种损害而采取的措施；为此种损害而支付的赔偿；为恢复环境而实际采取或者准备采取的合理措施的费用；第三方因此种损害而蒙受或者可能蒙受的损失；以及与本项所指的性质类似的损害、费用或者损失；

（五）与起浮、清除、回收或者摧毁沉船、残骸、搁浅船、被弃船或者使其无害有关的费用，包括与起浮、清除、回收或者摧毁仍在或者曾在该船上的物件或者使其无害的费用，以及与维护放弃的船舶和维持其船员有关的费用；

（六）船舶的使用或者租用的协议；

（七）货物运输或者旅客运输的协议；

（八）船载货物（包括行李）或者与其有关的灭失或者损坏；

（九）共同海损；

（十）拖航；

（十一）引航；

（十二）为船舶营运、管理、维护、维修提供物资或者服务；

（十三）船舶的建造、改建、修理、改装或者装备；

（十四）港口、运河、码头、港湾以及其他水道规费和费用；

（十五）船员的工资和其他款项，包括应当为船员支付的遣返费和社会保险费；

（十六）为船舶或者船舶所有人支付的费用；

（十七）船舶所有人或者光船承租人应当支付或者他人为其支付的船舶保险费（包括互保会费）；

（十八）船舶所有人或者光船承租人应当支付的或者他人为其支付的与船舶有关的佣金、经纪费或者代理费；

（十九）有关船舶所有权或者占有的纠纷；

（二十）船舶共有人之间有关船舶的使用或者收益的纠纷；

（二十一）船舶抵押权或者同样性质的权利；

（二十二）因船舶买卖合同产生的纠纷。

**第二十二条** 非因本法第二十一条规定的海事请求不得申请扣押船舶，但为执行判决、仲裁裁决以及其他法律文书的除外。

**第二十三条** 有下列情形之一的，海事法院可以扣押当事船舶：

（一）船舶所有人对海事请求负有责任，并且在实施扣押时是该船的所有人；

（二）船舶的光船承租人对海事请求负有责任，并且在实施扣押时是该船的光船承租人或者所有人；

（三）具有船舶抵押权或者同样性质的权利的海事请求；

（四）有关船舶所有权或者占有的海事请求；

（五）具有船舶优先权的海事请求。

海事法院可以扣押对海事请求负有责任的船舶所有人、光船承租人、定期租船人或者航次租船人在实施扣押时所有的其他船舶，但与船舶所有权或者占有有关的请求除外。

从事军事、政府公务的船舶不得被扣押。

**第二十四条** 海事请求人不得因同一海事请求申请扣押已被扣押过的船舶，但有下列情形之一的除外：

（一）被请求人未提供充分的担保；

（二）担保人有可能不能全部或者部分履行担保义务；

（三）海事请求人因合理的原因同意释放被扣押的船舶或者返还已提供的担保；或者不能通过合理措施阻止释放被扣押的船舶或者返还已提供的担保。

**第二十五条** 海事请求人申请扣押当事船舶，不能立即查明被请求人名称的，不影响申请的提出。

**第二十六条** 海事法院在发布或者解除扣押船舶命令的同时，可以向有关部门发出协助执行通知书，通知书应当载明协助执行的范围和内容，有关部门有义务协助执行。海事法院认为必要，可以直接派员登轮监护。

**第二十七条** 海事法院裁定对船舶实施保全后，经海事请求人同意，可以采取限制船舶处分或者抵押等方式允许该船舶继续营运。

**第二十八条** 海事请求保全扣押船舶的期限为三十日。

海事请求人在三十日内提起诉讼或者申请仲裁以及在诉讼或者仲裁过

程中申请扣押船舶的，扣押船舶不受前款规定期限的限制。

**第二十九条** 船舶扣押期间届满，被请求人不提供担保，而且船舶不宜继续扣押的，海事请求人可以在提起诉讼或者申请仲裁后，向扣押船舶的海事法院申请拍卖船舶。

**第三十条** 海事法院收到拍卖船舶的申请后，应当进行审查，作出准予或者不准予拍卖船舶的裁定。

当事人对裁定不服的，可以在收到裁定书之日起五日内申请复议一次。海事法院应当在收到复议申请之日起五日内作出复议决定。复议期间停止裁定的执行。

**第三十一条** 海事请求人提交拍卖船舶申请后，又申请终止拍卖的，是否准许由海事法院裁定。海事法院裁定终止拍卖船舶的，为准备拍卖船舶所发生的费用由海事请求人承担。

**第三十二条** 海事法院裁定拍卖船舶，应当通过报纸或者其他新闻媒体发布公告。拍卖外籍船舶的，应当通过对外发行的报纸或者其他新闻媒体发布公告。

公告包括以下内容：

（一）被拍卖船舶的名称和国籍；

（二）拍卖船舶的理由和依据；

（三）拍卖船舶委员会的组成；

（四）拍卖船舶的时间和地点；

（五）被拍卖船舶的展示时间和地点；

（六）参加竞买应当办理的手续；

（七）办理债权登记事项；

（八）需要公告的其他事项。

拍卖船舶的公告期间不少于三十日。

**第三十三条** 海事法院应当在拍卖船舶三十日前，向被拍卖船舶登记国的登记机关和已知的船舶优先权人、抵押权人和船舶所有人发出通知。

通知内容包括被拍卖船舶的名称、拍卖船舶的时间和地点、拍卖船舶的理由和依据以及债权登记等。

通知方式包括书面方式和能够确认收悉的其他适当方式。

第三十四条　拍卖船舶由拍卖船舶委员会实施。拍卖船舶委员会由海事法院指定的本院执行人员和聘请的拍卖师、验船师三人或者五人组成。

拍卖船舶委员会组织对船舶鉴定、估价；组织和主持拍卖；与竞买人签订拍卖成交确认书；办理船舶移交手续。

拍卖船舶委员会对海事法院负责，受海事法院监督。

第三十五条　竞买人应当在规定的期限内向拍卖船舶委员会登记。登记时应当交验本人、企业法定代表人或者其他组织负责人身份证明和委托代理人的授权委托书，并交纳一定数额的买船保证金。

第三十六条　拍卖船舶委员会应当在拍卖船舶前，展示被拍卖船舶，并提供察看被拍卖船舶的条件和有关资料。

第三十七条　买受人在签署拍卖成交确认书后，应当立即交付不低于百分之二十的船舶价款，其余价款在成交之日起七日内付清，但拍卖船舶委员会与买受人另有约定的除外。

第三十八条　买受人付清全部价款后，原船舶所有人应当在指定的期限内于船舶停泊地以船舶现状向买受人移交船舶。拍卖船舶委员会组织和监督船舶的移交，并在船舶移交后与买受人签署船舶移交完毕确认书。

移交船舶完毕，海事法院发布解除扣押船舶命令。

第三十九条　船舶移交后，海事法院应当通过报纸或者其他新闻媒体发布公告，公布船舶已经公开拍卖并移交给买受人。

第四十条　买受人接收船舶后，应当持拍卖成交确认书和有关材料，向船舶登记机关办理船舶所有权登记手续。原船舶所有人应当向原船舶登记机关办理船舶所有权注销登记。原船舶所有人不办理船舶所有权注销登记的，不影响船舶所有权的转让。

第四十一条　竞买人之间恶意串通的，拍卖无效。参与恶意串通的竞买人应当承担拍卖船舶费用并赔偿有关损失。海事法院可以对参与恶意串通的竞买人处最高应价百分之十以上百分之三十以下的罚款。

第四十二条　除本节规定的以外，拍卖适用《中华人民共和国拍卖法》的有关规定。

第四十三条　执行程序中拍卖被扣押船舶清偿债务的，可以参照本节有关规定。

### 第三节　船载货物的扣押与拍卖

**第四十四条**　海事请求人为保障其海事请求的实现，可以申请扣押船载货物。

申请扣押的船载货物，应当属于被请求人所有。

**第四十五条**　海事请求人申请扣押船载货物的价值，应当与其债权数额相当。

**第四十六条**　海事请求保全扣押船载货物的期限为十五日。

海事请求人在十五日内提起诉讼或者申请仲裁以及在诉讼或者仲裁过程中申请扣押船载货物的，扣押船载货物不受前款规定期限的限制。

**第四十七条**　船载货物扣押期间届满，被请求人不提供担保，而且货物不宜继续扣押的，海事请求人可以在提起诉讼或者申请仲裁后，向扣押船载货物的海事法院申请拍卖货物。

对无法保管、不易保管或者保管费用可能超过其价值的物品，海事请求人可以申请提前拍卖。

**第四十八条**　海事法院收到拍卖船载货物的申请后，应当进行审查，在七日内作出准予或者不准予拍卖船载货物的裁定。

当事人对裁定不服的，可以在收到裁定书之日起五日内申请复议一次。海事法院应当在收到复议申请之日起五日内作出复议决定。复议期间停止裁定的执行。

**第四十九条**　拍卖船载货物由海事法院指定的本院执行人员和聘请的拍卖师组成的拍卖组织实施，或者由海事法院委托的机构实施。

拍卖船载货物，本节没有规定的，参照本章第二节拍卖船舶的有关规定。

**第五十条**　海事请求人对与海事请求有关的船用燃油、船用物料申请海事请求保全，适用本节规定。

## 第四章　海事强制令

**第五十一条**　海事强制令是指海事法院根据海事请求人的申请，为使其合法权益免受侵害，责令被请求人作为或者不作为的强制措施。

**第五十二条**　当事人在起诉前申请海事强制令，应当向海事纠纷发生地海事法院提出。

**第五十三条** 海事强制令不受当事人之间关于该海事请求的诉讼管辖协议或者仲裁协议的约束。

**第五十四条** 海事请求人申请海事强制令，应当向海事法院提交书面申请。申请书应当载明申请理由，并附有关证据。

**第五十五条** 海事法院受理海事强制令申请，可以责令海事请求人提供担保。海事请求人不提供的，驳回其申请。

**第五十六条** 作出海事强制令，应当具备下列条件：

（一）请求人有具体的海事请求；

（二）需要纠正被请求人违反法律规定或者合同约定的行为；

（三）情况紧急，不立即作出海事强制令将造成损害或者使损害扩大。

**第五十七条** 海事法院接受申请后，应当在四十八小时内作出裁定。裁定作出海事强制令的，应当立即执行；对不符合海事强制令条件的，裁定驳回其申请。

**第五十八条** 当事人对裁定不服的，可以在收到裁定书之日起五日内申请复议一次。海事法院应当在收到复议申请之日起五日内作出复议决定。复议期间不停止裁定的执行。

利害关系人对海事强制令提出异议，海事法院经审查，认为理由成立的，应当裁定撤销海事强制令。

**第五十九条** 被请求人拒不执行海事强制令的，海事法院可以根据情节轻重处以罚款、拘留；构成犯罪的，依法追究刑事责任。

对个人的罚款金额，为一千元以上三万元以下。对单位的罚款金额，为三万元以上十万元以下。

拘留的期限，为十五日以下。

**第六十条** 海事请求人申请海事强制令错误的，应当赔偿被请求人或者利害关系人因此所遭受的损失。

**第六十一条** 海事强制令执行后，有关海事纠纷未进入诉讼或者仲裁程序的，当事人就该海事请求，可以向作出海事强制令的海事法院或者其他有管辖权的海事法院提起诉讼，但当事人之间订有诉讼管辖协议或者仲裁协议的除外。

## 第五章　海事证据保全

**第六十二条**　海事证据保全是指海事法院根据海事请求人的申请，对有关海事请求的证据予以提取、保存或者封存的强制措施。

**第六十三条**　当事人在起诉前申请海事证据保全，应当向被保全的证据所在地海事法院提出。

**第六十四条**　海事证据保全不受当事人之间关于该海事请求的诉讼管辖协议或者仲裁协议的约束。

**第六十五条**　海事请求人申请海事证据保全，应当向海事法院提交书面申请。申请书应当载明请求保全的证据、该证据与海事请求的联系、申请理由。

**第六十六条**　海事法院受理海事证据保全申请，可以责令海事请求人提供担保。海事请求人不提供的，驳回其申请。

**第六十七条**　采取海事证据保全，应当具备下列条件：

（一）请求人是海事请求的当事人；

（二）请求保全的证据对该海事请求具有证明作用；

（三）被请求人是与请求保全的证据有关的人；

（四）情况紧急，不立即采取证据保全就会使该海事请求的证据灭失或者难以取得。

**第六十八条**　海事法院接受申请后，应当在四十八小时内作出裁定。裁定采取海事证据保全措施的，应当立即执行；对不符合海事证据保全条件的，裁定驳回其申请。

**第六十九条**　当事人对裁定不服的，可以在收到裁定书之日起五日内申请复议一次。海事法院应当在收到复议申请之日起五日内作出复议决定。复议期间不停止裁定的执行。被请求人申请复议的理由成立的，应当将保全的证据返还被请求人。

利害关系人对海事证据保全提出异议，海事法院经审查，认为理由成立的，应当裁定撤销海事证据保全；已经执行的，应当将与利害关系人有关的证据返还利害关系人。

**第七十条**　海事法院进行海事证据保全，根据具体情况，可以对证据予以封存，也可以提取复制件、副本，或者进行拍照、录相，制作节录本、调查笔录等。确有必要的，也可以提取证据原件。

第七十一条 海事请求人申请海事证据保全错误的，应当赔偿被请求人或者利害关系人因此所遭受的损失。

第七十二条 海事证据保全后，有关海事纠纷未进入诉讼或者仲裁程序的，当事人就该海事请求，可以向采取证据保全的海事法院或者其他有管辖权的海事法院提起诉讼，但当事人之间订有诉讼管辖协议或者仲裁协议的除外。

## 第六章 海事担保

第七十三条 海事担保包括本法规定的海事请求保全、海事强制令、海事证据保全等程序中所涉及的担保。

担保的方式为提供现金或者保证、设置抵押或者质押。

第七十四条 海事请求人的担保应当提交给海事法院；被请求人的担保可以提交给海事法院，也可以提供给海事请求人。

第七十五条 海事请求人提供的担保，其方式、数额由海事法院决定。被请求人提供的担保，其方式、数额由海事请求人和被请求人协商；协商不成的，由海事法院决定。

第七十六条 海事请求人要求被请求人就海事请求保全提供担保的数额，应当与其债权数额相当，但不得超过被保全的财产价值。

海事请求人提供担保的数额，应当相当于因其申请可能给被请求人造成的损失。具体数额由海事法院决定。

第七十七条 担保提供后，提供担保的人有正当理由的，可以向海事法院申请减少、变更或者取消该担保。

第七十八条 海事请求人请求担保的数额过高，造成被请求人损失的，应当承担赔偿责任。

第七十九条 设立海事赔偿责任限制基金和先予执行等程序所涉及的担保，可以参照本章规定。

## 第七章 送 达

第八十条 海事诉讼法律文书的送达，适用《中华人民共和国民事诉讼法》的有关规定，还可以采用下列方式：

（一）向受送达人委托的诉讼代理人送达；

（二）向受送达人在中华人民共和国领域内设立的代表机构、分支机构或者业务代办人送达；

（三）通过能够确认收悉的其他适当方式送达。

有关扣押船舶的法律文书也可以向当事船舶的船长送达。

第八十一条 有义务接受法律文书的人拒绝签收，送达人在送达回证上记明情况，经送达人、见证人签名或者盖章，将法律文书留在其住所或者办公处所的，视为送达。

## 第八章 审判程序

### 第一节 审理船舶碰撞案件的规定

第八十二条 原告在起诉时、被告在答辩时，应当如实填写《海事事故调查表》。

第八十三条 海事法院向当事人送达起诉状或者答辩状时，不附送有关证据材料。

第八十四条 当事人应当在开庭审理前完成举证。当事人完成举证并向海事法院出具完成举证说明书后，可以申请查阅有关船舶碰撞的事实证据材料。

第八十五条 当事人不能推翻其在《海事事故调查表》中的陈述和已经完成的举证，但有新的证据，并有充分的理由说明该证据不能在举证期间内提交的除外。

第八十六条 船舶检验、估价应当由国家授权或者其他具有专业资格的机构或者个人承担。非经国家授权或者未取得专业资格的机构或者个人所作的检验或者估价结论，海事法院不予采纳。

第八十七条 海事法院审理船舶碰撞案件，应当在立案后一年内审结。有特殊情况需要延长的，由本院院长批准。

### 第二节 审理共同海损案件的规定

第八十八条 当事人就共同海损的纠纷，可以协议委托理算机构理算，也可以直接向海事法院提起诉讼。海事法院受理未经理算的共同海损纠纷，可以委托理算机构理算。

第八十九条 理算机构作出的共同海损理算报告，当事人没有提出异议的，可以作为分摊责任的依据；当事人提出异议的，由海事法院决定是否采纳。

第九十条　当事人可以不受因同一海损事故提起的共同海损诉讼程序的影响，就非共同海损损失向责任人提起诉讼。

第九十一条　当事人就同一海损事故向受理共同海损案件的海事法院提起非共同海损的诉讼，以及对共同海损分摊向责任人提起追偿诉讼的，海事法院可以合并审理。

第九十二条　海事法院审理共同海损案件，应当在立案后一年内审结。有特殊情况需要延长的，由本院院长批准。

### 第三节　海上保险人行使代位请求赔偿权利的规定

第九十三条　因第三人造成保险事故，保险人向被保险人支付保险赔偿后，在保险赔偿范围内可以代位行使被保险人对第三人请求赔偿的权利。

第九十四条　保险人行使代位请求赔偿权利时，被保险人未向造成保险事故的第三人提起诉讼的，保险人应当以自己的名义向该第三人提起诉讼。

第九十五条　保险人行使代位请求赔偿权利时，被保险人已经向造成保险事故的第三人提起诉讼的，保险人可以向受理该案的法院提出变更当事人的请求，代位行使被保险人对第三人请求赔偿的权利。

被保险人取得的保险赔偿不能弥补第三人造成的全部损失的，保险人和被保险人可以作为共同原告向第三人请求赔偿。

第九十六条　保险人依照本法第九十四条、第九十五条的规定提起诉讼或者申请参加诉讼的，应当向受理该案的海事法院提交保险人支付保险赔偿的凭证，以及参加诉讼应当提交的其他文件。

第九十七条　对船舶造成油污损害的赔偿请求，受损害人可以向造成油污损害的船舶所有人提出，也可以直接向承担船舶所有人油污损害责任的保险人或者提供财务保证的其他人提出。

油污损害责任的保险人或者提供财务保证的其他人被起诉的，有权要求造成油污损害的船舶所有人参加诉讼。

### 第四节　简易程序、督促程序和公示催告程序

第九十八条　海事法院审理事实清楚、权利义务关系明确、争议不大

的简单的海事案件，可以适用《中华人民共和国民事诉讼法》简易程序的规定。

**第九十九条** 债权人基于海事事由请求债务人给付金钱或者有价证券，符合《中华人民共和国民事诉讼法》有关规定的，可以向有管辖权的海事法院申请支付令。

债务人是外国人、无国籍人、外国企业或者组织，但在中华人民共和国领域内有住所、代表机构或者分支机构并能够送达支付令的，债权人可以向有管辖权的海事法院申请支付令。

**第一百条** 提单等提货凭证持有人，因提货凭证失控或者灭失，可以向货物所在地海事法院申请公示催告。

## 第九章　设立海事赔偿责任限制基金程序

**第一百零一条** 船舶所有人、承租人、经营人、救助人、保险人在发生海事事故后，依法申请责任限制的，可以向海事法院申请设立海事赔偿责任限制基金。

船舶造成油污损害的，船舶所有人及其责任保险人或者提供财务保证的其他人为取得法律规定的责任限制的权利，应当向海事法院设立油污损害的海事赔偿责任限制基金。

设立责任限制基金的申请可以在起诉前或者诉讼中提出，但最迟应当在一审判决作出前提出。

**第一百零二条** 当事人在起诉前申请设立海事赔偿责任限制基金的，应当向事故发生地、合同履行地或者船舶扣押地海事法院提出。

**第一百零三条** 设立海事赔偿责任限制基金，不受当事人之间关于诉讼管辖协议或者仲裁协议的约束。

**第一百零四条** 申请人向海事法院申请设立海事赔偿责任限制基金，应当提交书面申请。申请书应当载明申请设立海事赔偿责任限制基金的数额、理由，以及已知的利害关系人的名称、地址和通讯方法，并附有关证据。

**第一百零五条** 海事法院受理设立海事赔偿责任限制基金申请后，应当在七日内向已知的利害关系人发出通知，同时通过报纸或者其他新闻媒体发布公告。

通知和公告包括下列内容：

（一）申请人的名称；

（二）申请的事实和理由；

（三）设立海事赔偿责任限制基金事项；

（四）办理债权登记事项；

（五）需要告知的其他事项。

**第一百零六条** 利害关系人对申请人申请设立海事赔偿责任限制基金有异议的，应当在收到通知之日起七日内或者未收到通知的在公告之日起三十日内，以书面形式向海事法院提出。

海事法院收到利害关系人提出的书面异议后，应当进行审查，在十五日内作出裁定。异议成立的，裁定驳回申请人的申请；异议不成立的，裁定准予申请人设立海事赔偿责任限制基金。

当事人对裁定不服的，可以在收到裁定书之日起七日内提起上诉。第二审人民法院应当在收到上诉状之日起十五日内作出裁定。

**第一百零七条** 利害关系人在规定的期间内没有提出异议的，海事法院裁定准予申请人设立海事赔偿责任限制基金。

**第一百零八条** 准予申请人设立海事赔偿责任限制基金的裁定生效后，申请人应当在海事法院设立海事赔偿责任限制基金。

设立海事赔偿责任限制基金可以提供现金，也可以提供经海事法院认可的担保。

海事赔偿责任限制基金的数额，为海事赔偿责任限额和自事故发生之日起至基金设立之日止的利息。以担保方式设立基金的，担保数额为基金数额及其在基金设立期间的利息。

以现金设立基金的，基金到达海事法院指定帐户之日为基金设立之日。以担保设立基金的，海事法院接受担保之日为基金设立之日。

**第一百零九条** 设立海事赔偿责任限制基金以后，当事人就有关海事纠纷应当向设立海事赔偿责任限制基金的海事法院提起诉讼，但当事人之间订有诉讼管辖协议或者仲裁协议的除外。

**第一百一十条** 申请人申请设立海事赔偿责任限制基金错误的，应当赔偿利害关系人因此所遭受的损失。

## 第十章　债权登记与受偿程序

**第一百一十一条**　海事法院裁定强制拍卖船舶的公告发布后，债权人应当在公告期间，就与被拍卖船舶有关的债权申请登记。公告期间届满不登记的，视为放弃在本次拍卖船舶价款中受偿的权利。

**第一百一十二条**　海事法院受理设立海事赔偿责任限制基金的公告发布后，债权人应当在公告期间就与特定场合发生的海事事故有关的债权申请登记。公告期间届满不登记的，视为放弃债权。

**第一百一十三条**　债权人向海事法院申请登记债权的，应当提交书面申请，并提供有关债权证据。

债权证据，包括证明债权的具有法律效力的判决书、裁定书、调解书、仲裁裁决书和公证债权文书，以及其他证明具有海事请求的证据材料。

**第一百一十四条**　海事法院应当对债权人的申请进行审查，对提供债权证据的，裁定准予登记；对不提供债权证据的，裁定驳回申请。

**第一百一十五条**　债权人提供证明债权的判决书、裁定书、调解书、仲裁裁决书或者公证债权文书的，海事法院经审查认定上述文书真实合法的，裁定予以确认。

**第一百一十六条**　债权人提供其他海事请求证据的，应当在办理债权登记以后，在受理债权登记的海事法院提起确权诉讼。当事人之间有仲裁协议的，应当及时申请仲裁。

海事法院对确权诉讼作出的判决、裁定具有法律效力，当事人不得提起上诉。

**第一百一十七条**　海事法院审理并确认债权后，应当向债权人发出债权人会议通知书，组织召开债权人会议。

**第一百一十八条**　债权人会议可以协商提出船舶价款或者海事赔偿责任限制基金的分配方案，签订受偿协议。

受偿协议经海事法院裁定认可，具有法律效力。

债权人会议协商不成的，由海事法院依照《中华人民共和国海商法》以及其他有关法律规定的受偿顺序，裁定船舶价款或者海事赔偿责任限制基金的分配方案。

**第一百一十九条** 拍卖船舶所得价款及其利息，或者海事赔偿责任限制基金及其利息，应当一并予以分配。

分配船舶价款时，应当由责任人承担的诉讼费用，为保存、拍卖船舶和分配船舶价款产生的费用，以及为债权人的共同利益支付的其他费用，应当从船舶价款中先行拨付。

清偿债务后的余款，应当退还船舶原所有人或者海事赔偿责任限制基金设立人。

## 第十一章　船舶优先权催告程序

**第一百二十条** 船舶转让时，受让人可以向海事法院申请船舶优先权催告，催促船舶优先权人及时主张权利，消灭该船舶附有的船舶优先权。

**第一百二十一条** 受让人申请船舶优先权催告的，应当向转让船舶交付地或者受让人住所地海事法院提出。

**第一百二十二条** 申请船舶优先权催告，应当向海事法院提交申请书、船舶转让合同、船舶技术资料等文件。申请书应当载明船舶的名称、申请船舶优先权催告的事实和理由。

**第一百二十三条** 海事法院在收到申请书以及有关文件后，应当进行审查，在七日内作出准予或者不准予申请的裁定。

受让人对裁定不服的，可以申请复议一次。

**第一百二十四条** 海事法院在准予申请的裁定生效后，应当通过报纸或者其他新闻媒体发布公告，催促船舶优先权人在催告期间主张船舶优先权。

船舶优先权催告期间为六十日。

**第一百二十五条** 船舶优先权催告期间，船舶优先权人主张权利的，应当在海事法院办理登记；不主张权利的，视为放弃船舶优先权。

**第一百二十六条** 船舶优先权催告期间届满，无人主张船舶优先权的，海事法院应当根据当事人的申请作出判决，宣告该转让船舶不附有船舶优先权。判决内容应当公告。

## 第十二章　附　　则

**第一百二十七条** 本法自 2000 年 7 月 1 日起施行。

# 中华人民共和国仲裁法

（1994 年 8 月 31 日第八届全国人民代表大会常务委员会第九次会议通过 根据 2009 年 8 月 27 日第十一届全国人民代表大会常务委员会第十次会议《关于修改部分法律的决定》第一次修正 根据 2017 年 9 月 1 日第十二届全国人民代表大会常务委员会第二十九次会议《关于修改〈中华人民共和国法官法〉等八部法律的决定》第二次修正）

## 目　　录

## 第一章　总　　则

**第一条**　为保证公正、及时地仲裁经济纠纷，保护当事人的合法权益，保障社会主义市场经济健康发展，制定本法。

**第二条**　平等主体的公民、法人和其他组织之间发生的合同纠纷和其他财产权益纠纷，可以仲裁。

**第三条**　下列纠纷不能仲裁：

（一）婚姻、收养、监护、扶养、继承纠纷；

（二）依法应当由行政机关处理的行政争议。

**第四条** 当事人采用仲裁方式解决纠纷，应当双方自愿，达成仲裁协议。没有仲裁协议，一方申请仲裁的，仲裁委员会不予受理。

**第五条** 当事人达成仲裁协议，一方向人民法院起诉的，人民法院不予受理，但仲裁协议无效的除外。

**第六条** 仲裁委员会应当由当事人协议选定。

仲裁不实行级别管辖和地域管辖。

**第七条** 仲裁应当根据事实，符合法律规定，公平合理地解决纠纷。

**第八条** 仲裁依法独立进行，不受行政机关、社会团体和个人的干涉。

**第九条** 仲裁实行一裁终局的制度。裁决作出后，当事人就同一纠纷再申请仲裁或者向人民法院起诉的，仲裁委员会或者人民法院不予受理。

裁决被人民法院依法裁定撤销或者不予执行的，当事人就该纠纷可以根据双方重新达成的仲裁协议申请仲裁，也可以向人民法院起诉。

## 第二章　仲裁委员会和仲裁协会

**第十条** 仲裁委员会可以在直辖市和省、自治区人民政府所在地的市设立，也可以根据需要在其他设区的市设立，不按行政区划层层设立。

仲裁委员会由前款规定的市的人民政府组织有关部门和商会统一组建。

设立仲裁委员会，应当经省、自治区、直辖市的司法行政部门登记。

**第十一条** 仲裁委员会应当具备下列条件：

（一）有自己的名称、住所和章程；

（二）有必要的财产；

（三）有该委员会的组成人员；

（四）有聘任的仲裁员。

仲裁委员会的章程应当依照本法制定。

**第十二条** 仲裁委员会由主任一人、副主任二至四人和委员七至十一人组成。

仲裁委员会的主任、副主任和委员由法律、经济贸易专家和有实际工作经验的人员担任。仲裁委员会的组成人员中，法律、经济贸易专家不得少于三分之二。

**第十三条** 仲裁委员会应当从公道正派的人员中聘任仲裁员。

仲裁员应当符合下列条件之一：

（一）通过国家统一法律职业资格考试取得法律职业资格，从事仲裁工作满八年的；

（二）从事律师工作满八年的；

（三）曾任法官满八年的；

（四）从事法律研究、教学工作并具有高级职称的；

（五）具有法律知识、从事经济贸易等专业工作并具有高级职称或者具有同等专业水平的。

仲裁委员会按照不同专业设仲裁员名册。

**第十四条** 仲裁委员会独立于行政机关，与行政机关没有隶属关系。仲裁委员会之间也没有隶属关系。

**第十五条** 中国仲裁协会是社会团体法人。仲裁委员会是中国仲裁协会的会员。中国仲裁协会的章程由全国会员大会制定。

中国仲裁协会是仲裁委员会的自律性组织，根据章程对仲裁委员会及其组成人员、仲裁员的违纪行为进行监督。

中国仲裁协会依照本法和民事诉讼法的有关规定制定仲裁规则。

# 第三章　仲裁协议

**第十六条** 仲裁协议包括合同中订立的仲裁条款和以其他书面方式在纠纷发生前或者纠纷发生后达成的请求仲裁的协议。

仲裁协议应当具有下列内容：

（一）请求仲裁的意思表示；

（二）仲裁事项；

（三）选定的仲裁委员会。

**第十七条** 有下列情形之一的，仲裁协议无效：

（一）约定的仲裁事项超出法律规定的仲裁范围的；

（二）无民事行为能力人或者限制民事行为能力人订立的仲裁协议；

（三）一方采取胁迫手段，迫使对方订立仲裁协议的。

**第十八条** 仲裁协议对仲裁事项或者仲裁委员会没有约定或者约定不明确的，当事人可以补充协议；达不成补充协议的，仲裁协议无效。

**第十九条** 仲裁协议独立存在，合同的变更、解除、终止或者无效，不影响仲裁协议的效力。

仲裁庭有权确认合同的效力。

**第二十条** 当事人对仲裁协议的效力有异议的，可以请求仲裁委员会作出决定或者请求人民法院作出裁定。一方请求仲裁委员会作出决定，另一方请求人民法院作出裁定的，由人民法院裁定。

当事人对仲裁协议的效力有异议，应当在仲裁庭首次开庭前提出。

## 第四章　仲裁程序

### 第一节　申请和受理

**第二十一条** 当事人申请仲裁应当符合下列条件：

（一）有仲裁协议；

（二）有具体的仲裁请求和事实、理由；

（三）属于仲裁委员会的受理范围。

**第二十二条** 当事人申请仲裁，应当向仲裁委员会递交仲裁协议、仲裁申请书及副本。

**第二十三条** 仲裁申请书应当载明下列事项：

（一）当事人的姓名、性别、年龄、职业、工作单位和住所，法人或者其他组织的名称、住所和法定代表人或者主要负责人的姓名、职务；

（二）仲裁请求和所根据的事实、理由；

（三）证据和证据来源、证人姓名和住所。

**第二十四条** 仲裁委员会收到仲裁申请书之日起五日内，认为符合受理条件的，应当受理，并通知当事人；认为不符合受理条件的，应当书面通知当事人不予受理，并说明理由。

**第二十五条** 仲裁委员会受理仲裁申请后，应当在仲裁规则规定的期限内将仲裁规则和仲裁员名册送达申请人，并将仲裁申请书副本和仲裁规则、仲裁员名册送达被申请人。

被申请人收到仲裁申请书副本后，应当在仲裁规则规定的期限内向仲裁委员会提交答辩书。仲裁委员会收到答辩书后，应当在仲裁规则规定的期限内将答辩书副本送达申请人。被申请人未提交答辩书的，不影响仲裁程序的进行。

第二十六条　当事人达成仲裁协议，一方向人民法院起诉未声明有仲裁协议，人民法院受理后，另一方在首次开庭前提交仲裁协议的，人民法院应当驳回起诉，但仲裁协议无效的除外；另一方在首次开庭前未对人民法院受理该案提出异议的，视为放弃仲裁协议，人民法院应当继续审理。

第二十七条　申请人可以放弃或者变更仲裁请求。被申请人可以承认或者反驳仲裁请求，有权提出反请求。

第二十八条　一方当事人因另一方当事人的行为或者其他原因，可能使裁决不能执行或者难以执行的，可以申请财产保全。

当事人申请财产保全的，仲裁委员会应当将当事人的申请依照民事诉讼法的有关规定提交人民法院。

申请有错误的，申请人应当赔偿被申请人因财产保全所遭受的损失。

第二十九条　当事人、法定代理人可以委托律师和其他代理人进行仲裁活动。委托律师和其他代理人进行仲裁活动的，应当向仲裁委员会提交授权委托书。

## 第二节　仲裁庭的组成

第三十条　仲裁庭可以由三名仲裁员或者一名仲裁员组成。由三名仲裁员组成的，设首席仲裁员。

第三十一条　当事人约定由三名仲裁员组成仲裁庭的，应当各自选定或者各自委托仲裁委员会主任指定一名仲裁员，第三名仲裁员由当事人共同选定或者共同委托仲裁委员会主任指定。第三名仲裁员是首席仲裁员。

当事人约定由一名仲裁员成立仲裁庭的，应当由当事人共同选定或者共同委托仲裁委员会主任指定仲裁员。

第三十二条　当事人没有在仲裁规则规定的期限内约定仲裁庭的组成方式或者选定仲裁员的，由仲裁委员会主任指定。

第三十三条　仲裁庭组成后，仲裁委员会应当将仲裁庭的组成情况书面通知当事人。

第三十四条　仲裁员有下列情形之一的，必须回避，当事人也有权提出回避申请：

（一）是本案当事人或者当事人、代理人的近亲属；

（二）与本案有利害关系；

（三）与本案当事人、代理人有其他关系，可能影响公正仲裁的；

（四）私自会见当事人、代理人，或者接受当事人、代理人的请客送礼的。

**第三十五条** 当事人提出回避申请，应当说明理由，在首次开庭前提出。回避事由在首次开庭后知道的，可以在最后一次开庭终结前提出。

**第三十六条** 仲裁员是否回避，由仲裁委员会主任决定；仲裁委员会主任担任仲裁员时，由仲裁委员会集体决定。

**第三十七条** 仲裁员因回避或者其他原因不能履行职责的，应当依照本法规定重新选定或者指定仲裁员。

因回避而重新选定或者指定仲裁员后，当事人可以请求已进行的仲裁程序重新进行，是否准许，由仲裁庭决定；仲裁庭也可以自行决定已进行的仲裁程序是否重新进行。

**第三十八条** 仲裁员有本法第三十四条第四项规定的情形，情节严重的，或者有本法第五十八条第六项规定的情形，应当依法承担法律责任，仲裁委员会应当将其除名。

### 第三节　开庭和裁决

**第三十九条** 仲裁应当开庭进行。当事人协议不开庭的，仲裁庭可以根据仲裁申请书、答辩书以及其他材料作出裁决。

**第四十条** 仲裁不公开进行。当事人协议公开的，可以公开进行，但涉及国家秘密的除外。

**第四十一条** 仲裁委员会应当在仲裁规则规定的期限内将开庭日期通知双方当事人。当事人有正当理由的，可以在仲裁规则规定的期限内请求延期开庭。是否延期，由仲裁庭决定。

**第四十二条** 申请人经书面通知，无正当理由不到庭或者未经仲裁庭许可中途退庭的，可以视为撤回仲裁申请。

被申请人经书面通知，无正当理由不到庭或者未经仲裁庭许可中途退庭的，可以缺席裁决。

**第四十三条** 当事人应当对自己的主张提供证据。

仲裁庭认为有必要收集的证据，可以自行收集。

**第四十四条** 仲裁庭对专门性问题认为需要鉴定的，可以交由当事人约定的鉴定部门鉴定，也可以由仲裁庭指定的鉴定部门鉴定。

根据当事人的请求或者仲裁庭的要求，鉴定部门应当派鉴定人参加开庭。当事人经仲裁庭许可，可以向鉴定人提问。

**第四十五条** 证据应当在开庭时出示，当事人可以质证。

**第四十六条** 在证据可能灭失或者以后难以取得的情况下，当事人可以申请证据保全。当事人申请证据保全的，仲裁委员会应当将当事人的申请提交证据所在地的基层人民法院。

**第四十七条** 当事人在仲裁过程中有权进行辩论。辩论终结时，首席仲裁员或者独任仲裁员应当征询当事人的最后意见。

**第四十八条** 仲裁庭应当将开庭情况记入笔录。当事人和其他仲裁参与人认为对自己陈述的记录有遗漏或者差错的，有权申请补正。如果不予补正，应当记录该申请。

笔录由仲裁员、记录人员、当事人和其他仲裁参与人签名或者盖章。

**第四十九条** 当事人申请仲裁后，可以自行和解。达成和解协议的，可以请求仲裁庭根据和解协议作出裁决书，也可以撤回仲裁申请。

**第五十条** 当事人达成和解协议，撤回仲裁申请后反悔的，可以根据仲裁协议申请仲裁。

**第五十一条** 仲裁庭在作出裁决前，可以先行调解。当事人自愿调解的，仲裁庭应当调解。调解不成的，应当及时作出裁决。

调解达成协议的，仲裁庭应当制作调解书或者根据协议的结果制作裁决书。调解书与裁决书具有同等法律效力。

**第五十二条** 调解书应当写明仲裁请求和当事人协议的结果。调解书由仲裁员签名，加盖仲裁委员会印章，送达双方当事人。

调解书经双方当事人签收后，即发生法律效力。

在调解书签收前当事人反悔的，仲裁庭应当及时作出裁决。

**第五十三条** 裁决应当按照多数仲裁员的意见作出，少数仲裁员的不同意见可以记入笔录。仲裁庭不能形成多数意见时，裁决应当按照首席仲裁员的意见作出。

**第五十四条** 裁决书应当写明仲裁请求、争议事实、裁决理由、裁决结果、仲裁费用的负担和裁决日期。当事人协议不愿写明争议事实和裁决理由的，可以不写。裁决书由仲裁员签名，加盖仲裁委员会印章。对裁决持不同意见的仲裁员，可以签名，也可以不签名。

第五十五条　仲裁庭仲裁纠纷时，其中一部分事实已经清楚，可以就该部分先行裁决。

第五十六条　对裁决书中的文字、计算错误或者仲裁庭已经裁决但在裁决书中遗漏的事项，仲裁庭应当补正；当事人自收到裁决书之日起三十日内，可以请求仲裁庭补正。

第五十七条　裁决书自作出之日起发生法律效力。

## 第五章　申请撤销裁决

第五十八条　当事人提出证据证明裁决有下列情形之一的，可以向仲裁委员会所在地的中级人民法院申请撤销裁决：

（一）没有仲裁协议的；

（二）裁决的事项不属于仲裁协议的范围或者仲裁委员会无权仲裁的；

（三）仲裁庭的组成或者仲裁的程序违反法定程序的；

（四）裁决所根据的证据是伪造的；

（五）对方当事人隐瞒了足以影响公正裁决的证据的；

（六）仲裁员在仲裁该案时有索贿受贿，徇私舞弊，枉法裁决行为的。

人民法院经组成合议庭审查核实裁决有前款规定情形之一的，应当裁定撤销。

人民法院认定该裁决违背社会公共利益的，应当裁定撤销。

第五十九条　当事人申请撤销裁决的，应当自收到裁决书之日起六个月内提出。

第六十条　人民法院应当在受理撤销裁决申请之日起两个月内作出撤销裁决或者驳回申请的裁定。

第六十一条　人民法院受理撤销裁决的申请后，认为可以由仲裁庭重新仲裁的，通知仲裁庭在一定期限内重新仲裁，并裁定中止撤销程序。仲裁庭拒绝重新仲裁的，人民法院应当裁定恢复撤销程序。

## 第六章　执　　行

第六十二条　当事人应当履行裁决。一方当事人不履行的，另一方当事人可以依照民事诉讼法的有关规定向人民法院申请执行。受申请的人民法院应当执行。

**第六十三条** 被申请人提出证据证明裁决有民事诉讼法第二百一十三条第二款规定的情形之一的，经人民法院组成合议庭审查核实，裁定不予执行。

**第六十四条** 一方当事人申请执行裁决，另一方当事人申请撤销裁决的，人民法院应当裁定中止执行。

人民法院裁定撤销裁决的，应当裁定终结执行。撤销裁决的申请被裁定驳回的，人民法院应当裁定恢复执行。

## 第七章 涉外仲裁的特别规定

**第六十五条** 涉外经济贸易、运输和海事中发生的纠纷的仲裁，适用本章规定。本章没有规定的，适用本法其他有关规定。

**第六十六条** 涉外仲裁委员会可以由中国国际商会组织设立。

涉外仲裁委员会由主任一人、副主任若干人和委员若干人组成。

涉外仲裁委员会的主任、副主任和委员可以由中国国际商会聘任。

**第六十七条** 涉外仲裁委员会可以从具有法律、经济贸易、科学技术等专门知识的外籍人士中聘任仲裁员。

**第六十八条** 涉外仲裁的当事人申请证据保全的，涉外仲裁委员会应当将当事人的申请提交证据所在地的中级人民法院。

**第六十九条** 涉外仲裁的仲裁庭可以将开庭情况记入笔录，或者作出笔录要点，笔录要点可以由当事人和其他仲裁参与人签字或者盖章。

**第七十条** 当事人提出证据证明涉外仲裁裁决有民事诉讼法第二百五十八条第一款规定的情形之一的，经人民法院组成合议庭审查核实，裁定撤销。

**第七十一条** 被申请人提出证据证明涉外仲裁裁决有民事诉讼法第二百五十八条第一款规定的情形之一的，经人民法院组成合议庭审查核实，裁定不予执行。

**第七十二条** 涉外仲裁委员会作出的发生法律效力的仲裁裁决，当事人请求执行的，如果被执行人或者其财产不在中华人民共和国领域内，应当由当事人直接向有管辖权的外国法院申请承认和执行。

第七十三条　涉外仲裁规则可以由中国国际商会依照本法和民事诉讼法的有关规定制定。

## 第八章　附　　则

第七十四条　法律对仲裁时效有规定的，适用该规定。法律对仲裁时效没有规定的，适用诉讼时效的规定。

第七十五条　中国仲裁协会制定仲裁规则前，仲裁委员会依照本法和民事诉讼法的有关规定可以制定仲裁暂行规则。

第七十六条　当事人应当按照规定交纳仲裁费用。

收取仲裁费用的办法，应当报物价管理部门核准。

第七十七条　劳动争议和农业集体经济组织内部的农业承包合同纠纷的仲裁，另行规定。

第七十八条　本法施行前制定的有关仲裁的规定与本法的规定相抵触的，以本法为准。

第七十九条　本法施行前在直辖市、省、自治区人民政府所在地的市和其他设区的市设立的仲裁机构，应当依照本法的有关规定重新组建；未重新组建的，自本法施行之日起届满一年时终止。

本法施行前设立的不符合本法规定的其他仲裁机构，自本法施行之日起终止。

第八十条　本法自 1995 年 9 月 1 日起施行。

# 外国企业或者个人在中国境内设立
# 合伙企业管理办法

(2009 年 8 月 19 日国务院第 77 次常务会议通过)

**第一条** 为了规范外国企业或者个人在中国境内设立合伙企业的行为，便于外国企业或者个人以设立合伙企业的方式在中国境内投资，扩大对外经济合作和技术交流，根据《中华人民共和国合伙企业法》（以下称《合伙企业法》），制定本办法。

**第二条** 本办法所称外国企业或者个人在中国境内设立合伙企业，是指 2 个以上外国企业或者个人在中国境内设立合伙企业，以及外国企业或者个人与中国的自然人、法人和其他组织在中国境内设立合伙企业。

**第三条** 外国企业或者个人在中国境内设立合伙企业，应当遵守《合伙企业法》以及其他有关法律、行政法规、规章的规定，符合有关外商投资的产业政策。

外国企业或者个人在中国境内设立合伙企业，其合法权益受法律保护。

国家鼓励具有先进技术和管理经验的外国企业或者个人在中国境内设立合伙企业，促进现代服务业等产业的发展。

**第四条** 外国企业或者个人用于出资的货币应当是可自由兑换的外币，也可以是依法获得的人民币。

**第五条** 外国企业或者个人在中国境内设立合伙企业，应当由全体合伙人指定的代表或者共同委托的代理人向国务院工商行政管理部门授权的地方工商行政管理部门（以下称企业登记机关）申请设立登记。

申请设立登记，应当向企业登记机关提交《中华人民共和国合伙企业登记管理办法》规定的文件以及符合外商投资产业政策的说明。

企业登记机关予以登记的，应当同时将有关登记信息向同级商务主管部门通报。

**第六条** 外国企业或者个人在中国境内设立的合伙企业（以下称外商投资合伙企业）的登记事项发生变更的，应当依法向企业登记机关申请变更登记。

**第七条** 外商投资合伙企业解散的，应当依照《合伙企业法》的规定进行清算。清算人应当自清算结束之日起15日内，依法向企业登记机关办理注销登记。

**第八条** 外商投资合伙企业的外国合伙人全部退伙，该合伙企业继续存续的，应当依法向企业登记机关申请变更登记。

**第九条** 外商投资合伙企业变更登记或者注销登记的，企业登记机关应当同时将有关变更登记或者注销登记的信息向同级商务主管部门通报。

**第十条** 外商投资合伙企业的登记管理事宜，本办法未作规定的，依照《中华人民共和国合伙企业登记管理办法》和国家有关规定执行。

**第十一条** 外国企业或者个人在中国境内设立合伙企业涉及的财务会计、税务、外汇以及海关、人员出入境等事宜，依照有关法律、行政法规和国家有关规定办理。

**第十二条** 中国的自然人、法人和其他组织在中国境内设立的合伙企业，外国企业或者个人入伙的，应当符合本办法的有关规定，并依法向企业登记机关申请变更登记。

**第十三条** 外国企业或者个人在中国境内设立合伙企业涉及须经政府核准的投资项目的，依照国家有关规定办理投资项目核准手续。

**第十四条** 国家对外国企业或者个人在中国境内设立以投资为主要业务的合伙企业另有规定的，依照其规定。

**第十五条** 香港特别行政区、澳门特别行政区和台湾地区的企业或者个人在内地设立合伙企业，参照本办法的规定执行。

**第十六条** 本办法自2010年3月1日起施行。

# 中华人民共和国外资保险公司管理条例

（2001 年 12 月 12 日中华人民共和国国务院令第 336 号公布 根据 2013 年 5 月 30 日《国务院关于修改〈中华人民共和国外资保险公司管理条例〉的决定》第一次修订 根据 2016 年 2 月 6 日《国务院关于修改部分行政法规的决定》第二次修订 根据 2019 年 9 月 30 日《国务院关于修改〈中华人民共和国外资保险公司管理条例〉和〈中华人民共和国外资银行管理条例〉的决定》第三次修订）

## 第一章 总 则

**第一条** 为了适应对外开放和经济发展的需要，加强和完善对外资保险公司的监督管理，促进保险业的健康发展，制定本条例。

**第二条** 本条例所称外资保险公司，是指依照中华人民共和国有关法律、行政法规的规定，经批准在中国境内设立和营业的下列保险公司：

（一）外国保险公司同中国的公司、企业在中国境内合资经营的保险公司（以下简称合资保险公司）；

（二）外国保险公司在中国境内投资经营的外国资本保险公司（以下简称独资保险公司）；

（三）外国保险公司在中国境内的分公司（以下简称外国保险公司分公司）。

**第三条** 外资保险公司必须遵守中国法律、法规，不得损害中国的社会公共利益。

外资保险公司的正当业务活动和合法权益受中国法律保护。

**第四条** 国务院保险监督管理机构负责对外资保险公司实施监督管理。国务院保险监督管理机构的派出机构根据国务院保险监督管理机构的授权，对本辖区的外资保险公司进行日常监督管理。

## 第二章 设立与登记

**第五条** 设立外资保险公司，应当经国务院保险监督管理机构批准。

设立外资保险公司的地区，由国务院保险监督管理机构按照有关规定确定。

**第六条** 设立经营人身保险业务的外资保险公司和经营财产保险业务的外资保险公司，其设立形式、外资比例由国务院保险监督管理机构按照有关规定确定。

**第七条** 合资保险公司、独资保险公司的注册资本最低限额为2亿元人民币或者等值的自由兑换货币；其注册资本最低限额必须为实缴货币资本。

外国保险公司分公司应当由其总公司无偿拨给不少于2亿元人民币或者等值的自由兑换货币的营运资金。

国务院保险监督管理机构根据外资保险公司业务范围、经营规模，可以提高前两款规定的外资保险公司注册资本或者营运资金的最低限额。

**第八条** 申请设立外资保险公司的外国保险公司，应当具备下列条件：

（一）提出设立申请前1年年末总资产不少于50亿美元；

（二）所在国家或者地区有完善的保险监管制度，并且该外国保险公司已经受到所在国家或者地区有关主管当局的有效监管；

（三）符合所在国家或者地区偿付能力标准；

（四）所在国家或者地区有关主管当局同意其申请；

（五）国务院保险监督管理机构规定的其他审慎性条件。

**第九条** 设立外资保险公司，申请人应当向国务院保险监督管理机构提出书面申请，并提交下列资料：

（一）申请人法定代表人签署的申请书，其中设立合资保险公司的，申请书由合资各方法定代表人共同签署；

（二）外国申请人所在国家或者地区有关主管当局核发的营业执照（副本）、对其符合偿付能力标准的证明及对其申请的意见书；

（三）外国申请人的公司章程、最近3年的年报；

（四）设立合资保险公司的，中国申请人的有关资料；

（五）拟设公司的可行性研究报告及筹建方案；

（六）拟设公司的筹建负责人员名单、简历和任职资格证明；

（七）国务院保险监督管理机构规定提供的其他资料。

第十条　国务院保险监督管理机构应当对设立外资保险公司的申请进行初步审查，自收到完整的申请文件之日起 6 个月内作出受理或者不受理的决定。决定受理的，发给正式申请表；决定不受理的，应当书面通知申请人并说明理由。

第十一条　申请人应当自接到正式申请表之日起 1 年内完成筹建工作；在规定的期限内未完成筹建工作，有正当理由的，经国务院保险监督管理机构批准，可以延长 3 个月。在延长期内仍未完成筹建工作的，国务院保险监督管理机构作出的受理决定自动失效。筹建工作完成后，申请人应当将填写好的申请表连同下列文件报国务院保险监督管理机构审批：

（一）筹建报告；

（二）拟设公司的章程；

（三）拟设公司的出资人及其出资额；

（四）法定验资机构出具的验资证明；

（五）对拟任该公司主要负责人的授权书；

（六）拟设公司的高级管理人员名单、简历和任职资格证明；

（七）拟设公司未来 3 年的经营规划和分保方案；

（八）拟在中国境内开办保险险种的保险条款、保险费率及责任准备金的计算说明书；

（九）拟设公司的营业场所和与业务有关的其他设施的资料；

（十）设立外国保险公司分公司的，其总公司对该分公司承担税务、债务的责任担保书；

（十一）设立合资保险公司的，其合资经营合同；

（十二）国务院保险监督管理机构规定提供的其他文件。

第十二条　国务院保险监督管理机构应当自收到设立外资保险公司完整的正式申请文件之日起 60 日内，作出批准或者不批准的决定。决定批准的，颁发经营保险业务许可证；决定不批准的，应当书面通知申请人并说明理由。

经批准设立外资保险公司的，申请人凭经营保险业务许可证向市场监督管理部门办理登记，领取营业执照。

第十三条　外资保险公司成立后，应当按照其注册资本或者营运资金总额的 20% 提取保证金，存入国务院保险监督管理机构指定的银行；保证金除外资保险公司清算时用于清偿债务外，不得动用。

第十四条 外资保险公司在中国境内设立分支机构，由国务院保险监督管理机构按照有关规定审核批准。

## 第三章 业务范围

第十五条 外资保险公司按照国务院保险监督管理机构核定的业务范围，可以全部或者部分依法经营下列种类的保险业务：

（一）财产保险业务，包括财产损失保险、责任保险、信用保险等保险业务；

（二）人身保险业务，包括人寿保险、健康保险、意外伤害保险等保险业务。

外资保险公司经国务院保险监督管理机构按照有关规定核定，可以在核定的范围内经营大型商业风险保险业务、统括保单保险业务。

第十六条 同一外资保险公司不得同时兼营财产保险业务和人身保险业务。

第十七条 外资保险公司可以依法经营本条例第十五条规定的保险业务的下列再保险业务：

（一）分出保险；

（二）分入保险。

第十八条 外资保险公司的具体业务范围、业务地域范围和服务对象范围，由国务院保险监督管理机构按照有关规定核定。外资保险公司只能在核定的范围内从事保险业务活动。

## 第四章 监督管理

第十九条 国务院保险监督管理机构有权检查外资保险公司的业务状况、财务状况及资金运用状况，有权要求外资保险公司在规定的期限内提供有关文件、资料和书面报告，有权对违法违规行为依法进行处罚、处理。

外资保险公司应当接受国务院保险监督管理机构依法进行的监督检查，如实提供有关文件、资料和书面报告，不得拒绝、阻碍、隐瞒。

第二十条 除经国务院保险监督管理机构批准外，外资保险公司不得与其关联企业进行资产买卖或者其他交易。

前款所称关联企业，是指与外资保险公司有下列关系之一的企业：

（一）在股份、出资方面存在控制关系；

（二）在股份、出资方面同为第三人所控制；

（三）在利益上具有其他相关联的关系。

**第二十一条** 外国保险公司分公司应当于每一会计年度终了后 3 个月内，将该分公司及其总公司上一年度的财务会计报告报送国务院保险监督管理机构，并予公布。

**第二十二条** 外国保险公司分公司的总公司有下列情形之一的，该分公司应当自各该情形发生之日起 10 日内，将有关情况向国务院保险监督管理机构提交书面报告：

（一）变更名称、主要负责人或者注册地；

（二）变更资本金；

（三）变更持有资本总额或者股份总额 10% 以上的股东；

（四）调整业务范围；

（五）受到所在国家或者地区有关主管当局处罚；

（六）发生重大亏损；

（七）分立、合并、解散、依法被撤销或者被宣告破产；

（八）国务院保险监督管理机构规定的其他情形。

**第二十三条** 外国保险公司分公司的总公司解散、依法被撤销或者被宣告破产的，国务院保险监督管理机构应当停止该分公司开展新业务。

**第二十四条** 外资保险公司经营外汇保险业务的，应当遵守国家有关外汇管理的规定。

除经国家外汇管理机关批准外，外资保险公司在中国境内经营保险业务的，应当以人民币计价结算。

**第二十五条** 本条例规定向国务院保险监督管理机构提交、报送文件、资料和书面报告的，应当提供中文本。

## 第五章　终止与清算

**第二十六条** 外资保险公司因分立、合并或者公司章程规定的解散事由出现，经国务院保险监督管理机构批准后解散。外资保险公司解散的，应当依法成立清算组，进行清算。

经营人寿保险业务的外资保险公司，除分立、合并外，不得解散。

**第二十七条** 外资保险公司违反法律、行政法规，被国务院保险监督管理机构吊销经营保险业务许可证的，依法撤销，由国务院保险监督管理机构依法及时组织成立清算组进行清算。

**第二十八条** 外资保险公司因解散、依法被撤销而清算的，应当自清算组成立之日起 60 日内在报纸上至少公告 3 次。公告内容应当经国务院保险监督管理机构核准。

**第二十九条** 外资保险公司不能支付到期债务，经国务院保险监督管理机构同意，由人民法院依法宣告破产。外资保险公司被宣告破产的，由人民法院组织国务院保险监督管理机构等有关部门和有关人员成立清算组，进行清算。

**第三十条** 外资保险公司解散、依法被撤销或者被宣告破产的，未清偿债务前，不得将其财产转移至中国境外。

## 第六章 法律责任

**第三十一条** 违反本条例规定，擅自设立外资保险公司或者非法从事保险业务活动的，由国务院保险监督管理机构予以取缔；依照刑法关于擅自设立金融机构罪、非法经营罪或者其他罪的规定，依法追究刑事责任；尚不够刑事处罚的，由国务院保险监督管理机构没收违法所得，并处违法所得 1 倍以上 5 倍以下的罚款，没有违法所得或者违法所得不足 20 万元的，处 20 万元以上 100 万元以下的罚款。

**第三十二条** 外资保险公司违反本条例规定，超出核定的业务范围、业务地域范围或者服务对象范围从事保险业务活动的，依照刑法关于非法经营罪或者其他罪的规定，依法追究刑事责任；尚不够刑事处罚的，由国务院保险监督管理机构责令改正，责令退还收取的保险费，没收违法所得，并处违法所得 1 倍以上 5 倍以下的罚款，没有违法所得或者违法所得不足 10 万元的，处 10 万元以上 50 万元以下的罚款；逾期不改正或者造成严重后果的，责令限期停业或者吊销经营保险业务许可证。

**第三十三条** 外资保险公司违反本条例规定，有下列行为之一的，由国务院保险监督管理机构责令改正，处 5 万元以上 30 万元以下的罚款；情节严重的，可以责令停止接受新业务或者吊销经营保险业务许可证：

（一）未按照规定提存保证金或者违反规定动用保证金的；

（二）违反规定与其关联企业从事交易活动的；

（三）未按照规定补足注册资本或者营运资金的。

第三十四条　外资保险公司违反本条例规定，有下列行为之一的，由国务院保险监督管理机构责令限期改正；逾期不改正的，处 1 万元以上 10 万元以下的罚款：

（一）未按照规定提交、报送有关文件、资料和书面报告的；

（二）未按照规定公告的。

第三十五条　外资保险公司违反本条例规定，有下列行为之一的，由国务院保险监督管理机构处 10 万元以上 50 万元以下的罚款：

（一）提供虚假的文件、资料和书面报告的；

（二）拒绝或者阻碍依法监督检查的。

第三十六条　外资保险公司违反本条例规定，将其财产转移至中国境外的，由国务院保险监督管理机构责令转回转移的财产，处转移财产金额 20% 以上等值以下的罚款。

第三十七条　外资保险公司违反中国有关法律、行政法规和本条例规定的，国务院保险监督管理机构可以取消该外资保险公司高级管理人员一定期限直至终身在中国的任职资格。

## 第七章　附　　则

第三十八条　对外资保险公司的管理，本条例未作规定的，适用《中华人民共和国保险法》和其他有关法律、行政法规和国家其他有关规定。

第三十九条　香港特别行政区、澳门特别行政区和台湾地区的保险公司在内地（大陆）设立和营业的保险公司，比照适用本条例。

第四十条　外国保险集团公司可以在中国境内设立外资保险公司，具体管理办法由国务院保险监督管理机构依照本条例的原则制定。

第四十一条　境外金融机构可以入股外资保险公司，具体管理办法由国务院保险监督管理机构制定。

第四十二条　本条例自 2002 年 2 月 1 日起施行。

# 中华人民共和国外资银行管理条例

（2006 年 11 月 11 日中华人民共和国国务院令第 478 号公布　根据 2014 年 7 月 29 日《国务院关于修改部分行政法规的决定》第一次修订　根据 2014 年 11 月 27 日《国务院关于修改〈中华人民共和国外资银行管理条例〉的决定》第二次修订　根据 2019 年 9 月 30 日《国务院关于修改〈中华人民共和国外资保险公司管理条例〉和〈中华人民共和国外资银行管理条例〉的决定》第三次修订）

## 第一章　总　　则

**第一条**　为了适应对外开放和经济发展的需要，加强和完善对外资银行的监督管理，促进银行业的稳健运行，制定本条例。

**第二条**　本条例所称外资银行，是指依照中华人民共和国有关法律、法规，经批准在中华人民共和国境内设立的下列机构：

（一）1 家外国银行单独出资或者 1 家外国银行与其他外国金融机构共同出资设立的外商独资银行；

（二）外国金融机构与中国的公司、企业共同出资设立的中外合资银行；

（三）外国银行分行；

（四）外国银行代表处。

前款第一项至第三项所列机构，以下统称外资银行营业性机构。

**第三条**　本条例所称外国金融机构，是指在中华人民共和国境外注册并经所在国家或者地区金融监管当局批准或者许可的金融机构。

本条例所称外国银行，是指在中华人民共和国境外注册并经所在国家或者地区金融监管当局批准或者许可的商业银行。

**第四条**　外资银行必须遵守中华人民共和国法律、法规，不得损害中华人民共和国的国家利益、社会公共利益。

外资银行的正当活动和合法权益受中华人民共和国法律保护。

第五条　国务院银行业监督管理机构及其派出机构（以下统称银行业监督管理机构）负责对外资银行及其活动实施监督管理。法律、行政法规规定其他监督管理部门或者机构对外资银行及其活动实施监督管理的，依照其规定。

第六条　国务院银行业监督管理机构根据国家区域经济发展战略及相关政策制定有关鼓励和引导的措施，报国务院批准后实施。

## 第二章　设立与登记

第七条　设立外资银行及其分支机构，应当经银行业监督管理机构审查批准。

第八条　外商独资银行、中外合资银行的注册资本最低限额为 10 亿元人民币或者等值的自由兑换货币。注册资本应当是实缴资本。

外商独资银行、中外合资银行在中华人民共和国境内设立的分行，应当由其总行无偿拨给人民币或者自由兑换货币的营运资金。外商独资银行、中外合资银行拨给各分支机构营运资金的总和，不得超过总行资本金总额的 60%。

外国银行分行应当由其总行无偿拨给不少于 2 亿元人民币或者等值的自由兑换货币的营运资金。

国务院银行业监督管理机构根据外资银行营业性机构的业务范围和审慎监管的需要，可以提高注册资本或者营运资金的最低限额，并规定其中的人民币份额。

第九条　拟设外商独资银行、中外合资银行的股东或者拟设分行、代表处的外国银行应当具备下列条件：

（一）具有持续盈利能力，信誉良好，无重大违法违规记录；

（二）拟设外商独资银行的股东、中外合资银行的外方股东或者拟设分行、代表处的外国银行具有从事国际金融活动的经验；

（三）具有有效的反洗钱制度；

（四）拟设外商独资银行的股东、中外合资银行的外方股东或者拟设分行、代表处的外国银行受到所在国家或者地区金融监管当局的有效监管，并且其申请经所在国家或者地区金融监管当局同意；

（五）国务院银行业监督管理机构规定的其他审慎性条件。

拟设外商独资银行的股东、中外合资银行的外方股东或者拟设分行、代表处的外国银行所在国家或者地区应当具有完善的金融监督管理制度，并且其金融监管当局已经与国务院银行业监督管理机构建立良好的监督管理合作机制。

**第十条** 拟设外商独资银行的股东应当为金融机构，除应当具备本条例第九条规定的条件外，其中唯一或者控股股东还应当具备下列条件：

（一）为商业银行；

（二）资本充足率符合所在国家或者地区金融监管当局以及国务院银行业监督管理机构的规定。

**第十一条** 拟设中外合资银行的股东除应当具备本条例第九条规定的条件外，其中外方股东应当为金融机构，且外方唯一或者主要股东还应当具备下列条件：

（一）为商业银行；

（二）资本充足率符合所在国家或者地区金融监管当局以及国务院银行业监督管理机构的规定。

**第十二条** 拟设分行的外国银行除应当具备本条例第九条规定的条件外，其资本充足率还应当符合所在国家或者地区金融监管当局以及国务院银行业监督管理机构的规定。

**第十三条** 外国银行在中华人民共和国境内设立营业性机构的，除已设立的代表处外，不得增设代表处，但符合国家区域经济发展战略及相关政策的地区除外。

代表处经批准改制为营业性机构的，应当依法办理原代表处的注销登记手续。

**第十四条** 设立外资银行营业性机构，应当先申请筹建，并将下列申请资料报送拟设机构所在地的银行业监督管理机构：

（一）申请书，内容包括拟设机构的名称、所在地、注册资本或者营运资金、申请经营的业务种类等；

（二）可行性研究报告；

（三）拟设外商独资银行、中外合资银行的章程草案；

（四）拟设外商独资银行、中外合资银行各方股东签署的经营合同；

（五）拟设外商独资银行、中外合资银行的股东或者拟设分行的外国银行的章程；

（六）拟设外商独资银行、中外合资银行的股东或者拟设分行的外国银行及其所在集团的组织结构图、主要股东名单、海外分支机构和关联企业名单；

（七）拟设外商独资银行、中外合资银行的股东或者拟设分行的外国银行最近 3 年的年报；

（八）拟设外商独资银行、中外合资银行的股东或者拟设分行的外国银行的反洗钱制度；

（九）拟设外商独资银行的股东、中外合资银行的外方股东或者拟设分行的外国银行所在国家或者地区金融监管当局核发的营业执照或者经营金融业务许可文件的复印件及对其申请的意见书；

（十）国务院银行业监督管理机构规定的其他资料。

拟设机构所在地的银行业监督管理机构应当将申请资料连同审核意见，及时报送国务院银行业监督管理机构。

**第十五条** 国务院银行业监督管理机构应当自收到设立外资银行营业性机构完整的申请资料之日起 6 个月内作出批准或者不批准筹建的决定，并书面通知申请人。决定不批准的，应当说明理由。

特殊情况下，国务院银行业监督管理机构不能在前款规定期限内完成审查并作出批准或者不批准筹建决定的，可以适当延长审查期限，并书面通知申请人，但延长期限不得超过 3 个月。

申请人凭批准筹建文件到拟设机构所在地的银行业监督管理机构领取开业申请表。

**第十六条** 申请人应当自获准筹建之日起 6 个月内完成筹建工作。在规定期限内未完成筹建工作的，应当说明理由，经拟设机构所在地的银行业监督管理机构批准，可以延长 3 个月。在延长期内仍未完成筹建工作的，国务院银行业监督管理机构作出的批准筹建决定自动失效。

**第十七条** 经验收合格完成筹建工作的，申请人应当将填写好的开业申请表连同下列资料报送拟设机构所在地的银行业监督管理机构：

（一）拟设机构的主要负责人名单及简历；

（二）对拟任该机构主要负责人的授权书；

（三）法定验资机构出具的验资证明；

（四）安全防范措施和与业务有关的其他设施的资料；

（五）设立分行的外国银行对该分行承担税务、债务的责任保证书；

（六）国务院银行业监督管理机构规定的其他资料。

拟设机构所在地的银行业监督管理机构应当将申请资料连同审核意见，及时报送国务院银行业监督管理机构。

**第十八条**　国务院银行业监督管理机构应当自收到完整的开业申请资料之日起2个月内，作出批准或者不批准开业的决定，并书面通知申请人。决定批准的，应当颁发金融许可证；决定不批准的，应当说明理由。

**第十九条**　经批准设立的外资银行营业性机构，应当凭金融许可证向市场监督管理部门办理登记，领取营业执照。

**第二十条**　设立外国银行代表处，应当将下列申请资料报送拟设代表处所在地的银行业监督管理机构：

（一）申请书，内容包括拟设代表处的名称、所在地等；

（二）可行性研究报告；

（三）申请人的章程；

（四）申请人及其所在集团的组织结构图、主要股东名单、海外分支机构和关联企业名单；

（五）申请人最近3年的年报；

（六）申请人的反洗钱制度；

（七）拟任该代表处首席代表的身份证明和学历证明的复印件、简历以及拟任人有无不良记录的陈述书；

（八）对拟任该代表处首席代表的授权书；

（九）申请人所在国家或者地区金融监管当局核发的营业执照或者经营金融业务许可文件的复印件及对其申请的意见书；

（十）国务院银行业监督管理机构规定的其他资料。

拟设代表处所在地的银行业监督管理机构应当将申请资料连同审核意见，及时报送国务院银行业监督管理机构。

**第二十一条**　国务院银行业监督管理机构应当自收到设立外国银行代表处完整的申请资料之日起6个月内作出批准或者不批准设立的决定，并书面通知申请人。决定不批准的，应当说明理由。

**第二十二条**　经批准设立的外国银行代表处，应当凭批准文件向市场监督管理部门办理登记，领取外国企业常驻代表机构登记证。

**第二十三条** 本条例第十四条、第十七条、第二十条所列资料，除年报外，凡用外文书写的，应当附有中文译本。

**第二十四条** 按照合法性、审慎性和持续经营原则，经国务院银行业监督管理机构批准，外国银行可以将其在中华人民共和国境内设立的分行改制为由其单独出资的外商独资银行。申请人应当按照国务院银行业监督管理机构规定的审批条件、程序、申请资料提出设立外商独资银行的申请。

**第二十五条** 外国银行可以在中华人民共和国境内同时设立外商独资银行和外国银行分行，或者同时设立中外合资银行和外国银行分行。

**第二十六条** 外资银行董事、高级管理人员、首席代表的任职资格应当符合国务院银行业监督管理机构规定的条件，并经国务院银行业监督管理机构核准。

**第二十七条** 外资银行有下列情形之一的，应当经国务院银行业监督管理机构批准，并按照规定提交申请资料，依法向市场监督管理部门办理有关登记：

（一）变更注册资本或者营运资金；

（二）变更机构名称、营业场所或者办公场所；

（三）调整业务范围；

（四）变更股东或者调整股东持股比例；

（五）修改章程；

（六）国务院银行业监督管理机构规定的其他情形。

外资银行更换董事、高级管理人员、首席代表，应当报经国务院银行业监督管理机构核准其任职资格。

**第二十八条** 外商独资银行、中外合资银行变更股东的，变更后的股东应当符合本条例第九条、第十条或者第十一条关于股东的条件。

## 第三章 业务范围

**第二十九条** 外商独资银行、中外合资银行按照国务院银行业监督管理机构批准的业务范围，可以经营下列部分或者全部外汇业务和人民币业务：

（一）吸收公众存款；

（二）发放短期、中期和长期贷款；

（三）办理票据承兑与贴现；

（四）代理发行、代理兑付、承销政府债券；

（五）买卖政府债券、金融债券，买卖股票以外的其他外币有价证券；

（六）提供信用证服务及担保；

（七）办理国内外结算；

（八）买卖、代理买卖外汇；

（九）代理收付款项及代理保险业务；

（十）从事同业拆借；

（十一）从事银行卡业务；

（十二）提供保管箱服务；

（十三）提供资信调查和咨询服务；

（十四）经国务院银行业监督管理机构批准的其他业务。

外商独资银行、中外合资银行经中国人民银行批准，可以经营结汇、售汇业务。

**第三十条** 外商独资银行、中外合资银行的分支机构在总行授权范围内开展业务，其民事责任由总行承担。

**第三十一条** 外国银行分行按照国务院银行业监督管理机构批准的业务范围，可以经营下列部分或者全部外汇业务以及对除中国境内公民以外客户的人民币业务：

（一）吸收公众存款；

（二）发放短期、中期和长期贷款；

（三）办理票据承兑与贴现；

（四）代理发行、代理兑付、承销政府债券

（五）买卖政府债券、金融债券，买卖股票以外的其他外币有价证券；

（六）提供信用证服务及担保；

（七）办理国内外结算；

（八）买卖、代理买卖外汇；

（九）代理收付款项及代理保险业务；

（十）从事同业拆借；

（十一）提供保管箱服务；

（十二）提供资信调查和咨询服务；

（十三）经国务院银行业监督管理机构批准的其他业务。

外国银行分行可以吸收中国境内公民每笔不少于 50 万元人民币的定期存款。

外国银行分行经中国人民银行批准，可以经营结汇、售汇业务。

**第三十二条** 外国银行分行及其分支机构的民事责任由其总行承担。

**第三十三条** 外国银行代表处可以从事与其代表的外国银行业务相关的联络、市场调查、咨询等非经营性活动。

外国银行代表处的行为所产生的民事责任，由其所代表的外国银行承担。

**第三十四条** 外资银行营业性机构经营本条例第二十九条或者第三十一条规定业务范围内的人民币业务的，应当符合国务院银行业监督管理机构规定的审慎性要求。

## 第四章 监督管理

**第三十五条** 外资银行营业性机构应当按照有关规定，制定本行的业务规则，建立、健全风险管理和内部控制制度，并遵照执行。

**第三十六条** 外资银行营业性机构应当遵守国家统一的会计制度和国务院银行业监督管理机构有关信息披露的规定。

**第三十七条** 外资银行营业性机构举借外债，应当按照国家有关规定执行。

**第三十八条** 外资银行营业性机构应当按照有关规定确定存款、贷款利率及各种手续费率。

**第三十九条** 外资银行营业性机构经营存款业务，应当按照中国人民银行的规定交存存款准备金。

**第四十条** 外商独资银行、中外合资银行应当遵守《中华人民共和国商业银行法》关于资产负债比例管理的规定。外国银行分行变更的由其总行单独出资的外商独资银行以及本条例施行前设立的外商独资银行、中外合资银行，其资产负债比例不符合规定的，应当在国务院银行业监督管理机构规定的期限内达到规定要求。

国务院银行业监督管理机构可以要求风险较高、风险管理能力较弱的外商独资银行、中外合资银行提高资本充足率。

**第四十一条** 外资银行营业性机构应当按照规定计提呆账准备金。

**第四十二条** 外商独资银行、中外合资银行应当遵守国务院银行业监督管理机构有关公司治理的规定。

**第四十三条** 外商独资银行、中外合资银行应当遵守国务院银行业监督管理机构有关关联交易的规定。

**第四十四条** 外国银行分行应当按照国务院银行业监督管理机构的规定，持有一定比例的生息资产。

**第四十五条** 外国银行分行营运资金加准备金等项之和中的人民币份额与其人民币风险资产的比例不得低于8%。

资本充足率持续符合所在国家或者地区金融监管当局以及国务院银行业监督管理机构规定的外国银行，其分行不受前款规定的限制。

国务院银行业监督管理机构可以要求风险较高、风险管理能力较弱的外国银行分行提高本条第一款规定的比例。

**第四十六条** 外国银行分行应当确保其资产的流动性。流动性资产余额与流动性负债余额的比例不得低于25%。

**第四十七条** 外国银行分行境内本外币资产余额不得低于境内本外币负债余额。

**第四十八条** 在中华人民共和国境内设立2家及2家以上分行的外国银行，应当授权其中1家分行对其他分行实施统一管理。

国务院银行业监督管理机构对外国银行在中华人民共和国境内设立的分行实行合并监管。

**第四十九条** 外资银行营业性机构应当按照国务院银行业监督管理机构的有关规定，向其所在地的银行业监督管理机构报告跨境大额资金流动和资产转移情况。

**第五十条** 国务院银行业监督管理机构根据外资银行营业性机构的风险状况，可以依法采取责令暂停部分业务、责令撤换高级管理人员等特别监管措施。

**第五十一条** 外资银行营业性机构应当聘请在中华人民共和国境内依法设立的会计师事务所对其财务会计报告进行审计，并应当向其所在地的银行业监督管理机构报告。解聘会计师事务所的，应当说明理由。

**第五十二条** 外资银行营业性机构应当按照规定向银行业监督管理机构报送财务会计报告、报表和有关资料。

外国银行代表处应当按照规定向银行业监督管理机构报送资料。

**第五十三条** 外资银行应当接受银行业监督管理机构依法进行的监督检查，不得拒绝、阻碍。

**第五十四条** 外商独资银行、中外合资银行应当设置独立的内部控制系统、风险管理系统、财务会计系统、计算机信息管理系统。

**第五十五条** 外国银行在中华人民共和国境内设立的外商独资银行、中外合资银行的董事长、高级管理人员和外国银行分行的高级管理人员不得相互兼职。

**第五十六条** 外国银行在中华人民共和国境内设立的外商独资银行、中外合资银行与外国银行分行之间进行的交易必须符合商业原则，交易条件不得优于与非关联方进行交易的条件。外国银行对其在中华人民共和国境内设立的外商独资银行与外国银行分行之间的资金交易，应当提供全额担保。

**第五十七条** 外国银行代表处及其工作人员，不得从事任何形式的经营性活动。

## 第五章　终止与清算

**第五十八条** 外资银行营业性机构自行终止业务活动的，应当在终止业务活动 30 日前以书面形式向国务院银行业监督管理机构提出申请，经审查批准予以解散或者关闭并进行清算。

**第五十九条** 外资银行营业性机构已经或者可能发生信用危机，严重影响存款人和其他客户合法权益的，国务院银行业监督管理机构可以依法对该外资银行营业性机构实行接管或者促成机构重组。

**第六十条** 外资银行营业性机构因解散、关闭、依法被撤销或者宣告破产而终止的，其清算的具体事宜，依照中华人民共和国有关法律、法规的规定办理。

**第六十一条** 外资银行营业性机构清算终结，应当在法定期限内向原登记机关办理注销登记。

第六十二条　外国银行代表处自行终止活动的，应当经国务院银行业监督管理机构批准予以关闭，并在法定期限内向原登记机关办理注销登记。

## 第六章　法律责任

第六十三条　未经国务院银行业监督管理机构审查批准，擅自设立外资银行或者非法从事银行业金融机构的业务活动的，由国务院银行业监督管理机构予以取缔，自被取缔之日起 5 年内，国务院银行业监督管理机构不受理该当事人设立外资银行的申请；构成犯罪的，依法追究刑事责任；尚不构成犯罪的，由国务院银行业监督管理机构没收违法所得，违法所得50 万元以上的，并处违法所得 1 倍以上 5 倍以下罚款；没有违法所得或者违法所得不足 50 万元的，处 50 万元以上 200 万元以下罚款。

第六十四条　外资银行营业性机构有下列情形之一的，由国务院银行业监督管理机构责令改正，没收违法所得，违法所得 50 万元以上的，并处违法所得 1 倍以上 5 倍以下罚款；没有违法所得或者违法所得不足 50 万元的，处 50 万元以上 200 万元以下罚款；情节特别严重或者逾期不改正的，可以责令停业整顿或者吊销其金融许可证；构成犯罪的，依法追究刑事责任：

（一）未经批准设立分支机构的；

（二）未经批准变更、终止的；

（三）违反规定从事未经批准的业务活动的；

（四）违反规定提高或者降低存款利率、贷款利率的。

第六十五条　外资银行有下列情形之一的，由国务院银行业监督管理机构责令改正，处 20 万元以上 50 万元以下罚款；情节特别严重或者逾期不改正的，可以责令停业整顿、吊销其金融许可证、撤销代表处；构成犯罪的，依法追究刑事责任：

（一）未按照有关规定进行信息披露的；

（二）拒绝或者阻碍银行业监督管理机构依法进行的监督检查的；

（三）提供虚假的或者隐瞒重要事实的财务会计报告、报表或者有关资料的；

（四）隐匿、损毁监督检查所需的文件、证件、账簿、电子数据或者其他资料的；

（五）未经任职资格核准任命董事、高级管理人员、首席代表的；

（六）拒绝执行本条例第五十条规定的特别监管措施的。

**第六十六条** 外资银行营业性机构违反本条例有关规定，未按期报送财务会计报告、报表或者有关资料，或者未按照规定制定有关业务规则、建立健全有关管理制度的，由国务院银行业监督管理机构责令限期改正；逾期不改正的，处 10 万元以上 30 万元以下罚款。

**第六十七条** 外资银行营业性机构违反本条例第四章有关规定从事经营或者严重违反其他审慎经营规则的，由国务院银行业监督管理机构责令改正，处 20 万元以上 50 万元以下罚款；情节特别严重或者逾期不改正的，可以责令停业整顿或者吊销其金融许可证。

**第六十八条** 外资银行营业性机构违反本条例规定，国务院银行业监督管理机构除依照本条例第六十三条至第六十七条规定处罚外，还可以区别不同情形，采取下列措施：

（一）责令外资银行营业性机构撤换直接负责的董事、高级管理人员和其他直接责任人员；

（二）外资银行营业性机构的行为尚不构成犯罪的，对直接负责的董事、高级管理人员和其他直接责任人员给予警告，并处 5 万元以上 50 万元以下罚款；

（三）取消直接负责的董事、高级管理人员一定期限直至终身在中华人民共和国境内的任职资格，禁止直接负责的董事、高级管理人员和其他直接责任人员一定期限直至终身在中华人民共和国境内从事银行业工作。

**第六十九条** 外国银行代表处违反本条例规定，从事经营性活动的，由国务院银行业监督管理机构责令改正，给予警告，没收违法所得，违法所得 50 万元以上的，并处违法所得 1 倍以上 5 倍以下罚款；没有违法所得或者违法所得不足 50 万元的，处 50 万元以上 200 万元以下罚款；情节严重的，由国务院银行业监督管理机构予以撤销；构成犯罪的，依法追究刑事责任。

**第七十条** 外国银行代表处有下列情形之一的，由国务院银行业监督管理机构责令改正，给予警告，并处 10 万元以上 30 万元以下罚款；情节严重的，取消首席代表一定期限在中华人民共和国境内的任职资格或者要求其代表的外国银行撤换首席代表；情节特别严重的，由国务院银行业监督管理机构予以撤销：

（一）未经批准变更办公场所的；

（二）未按照规定向国务院银行业监督管理机构报送资料的；

（三）违反本条例或者国务院银行业监督管理机构的其他规定的。

**第七十一条** 外资银行违反中华人民共和国其他法律、法规的，由有关主管机关依法处理。

## 第七章 附 则

**第七十二条** 香港特别行政区、澳门特别行政区和台湾地区的金融机构在内地（大陆）设立的银行机构，比照适用本条例。国务院另有规定的，依照其规定。

**第七十三条** 本条例自 2006 年 12 月 11 日起施行。2001 年 12 月 20 日国务院公布的《中华人民共和国外资金融机构管理条例》同时废止。

# 外商投资电信企业管理规定

（2001 年 12 月 11 日中华人民共和国国务院令第 333 号公布 根据 2008 年 9 月 10 日《国务院关于修改〈外商投资电信企业管理规定〉的决定》第一次修订 根据 2016 年 2 月 6 日《国务院关于修改部分行政法规的决定》第二次修订）

**第一条** 为了适应电信业对外开放的需要，促进电信业的发展，根据有关外商投资的法律、行政法规和《中华人民共和国电信条例》（以下简称电信条例），制定本规定。

**第二条** 外商投资电信企业，是指外国投资者同中国投资者在中华人民共和国境内依法以中外合资经营形式，共同投资设立的经营电信业务的企业。

**第三条** 外商投资电信企业从事电信业务经营活动，除必须遵守本规定外，还必须遵守电信条例和其他有关法律、行政法规的规定。

第四条　外商投资电信企业可以经营基础电信业务、增值电信业务，具体业务分类依照电信条例的规定执行。

外商投资电信企业经营业务的地域范围，由国务院工业和信息化主管部门按照有关规定确定。

第五条　外商投资电信企业的注册资本应当符合下列规定：

（一）经营全国的或者跨省、自治区、直辖市范围的基础电信业务的，其注册资本最低限额为 10 亿元人民币；经营增值电信业务的，其注册资本最低限额为 1000 万元人民币；

（二）经营省、自治区、直辖市范围内的基础电信业务的，其注册资本最低限额为 1 亿元人民币；经营增值电信业务的，其注册资本最低限额为 100 万元人民币。

第六条　经营基础电信业务（无线寻呼业务除外）的外商投资电信企业的外方投资者在企业中的出资比例，最终不得超过 49%。

经营增值电信业务（包括基础电信业务中的无线寻呼业务）的外商投资电信企业的外方投资者在企业中的出资比例，最终不得超过 50%。

外商投资电信企业的中方投资者和外方投资者在不同时期的出资比例，由国务院工业和信息化主管部门按照有关规定确定。

第七条　外商投资电信企业经营电信业务，除应当符合本规定第四条、第五条、第六条规定的条件外，还应当符合电信条例规定的经营基础电信业务或者经营增值电信业务应当具备的条件。

第八条　经营基础电信业务的外商投资电信企业的中方主要投资者应当符合下列条件：

（一）是依法设立的公司；

（二）有与从事经营活动相适应的资金和专业人员；

（三）符合国务院工业和信息化主管部门规定的审慎的和特定行业的要求。

前款所称外商投资电信企业的中方主要投资者，是指在全体中方投资者中出资数额最多且占中方全体投资者出资总额的 30% 以上的出资者。

第九条　经营基础电信业务的外商投资电信企业的外方主要投资者应当符合下列条件：

（一）具有企业法人资格；

（二）在注册的国家或者地区取得基础电信业务经营许可证；

（三）有与从事经营活动相适应的资金和专业人员；

（四）有从事基础电信业务的良好业绩和运营经验。

前款所称外商投资电信企业的外方主要投资者，是指在外方全体投资者中出资数额最多且占全体外方投资者出资总额的30%以上的出资者。

**第十条** 经营增值电信业务的外商投资电信企业的外方主要投资者应当具有经营增值电信业务的良好业绩和运营经验。

**第十一条** 设立经营基础电信业务或者跨省、自治区、直辖市范围增值电信业务的外商投资电信企业，由中方主要投资者向国务院工业和信息化主管部门提出申请并报送下列文件：

（一）项目申请报告；

（二）本规定第八条、第九条、第十条规定的合营各方投资者的资格证明或者有关确认文件；

（三）电信条例规定的经营基础电信业务或者增值电信业务应当具备的其他条件的证明或者确认文件。

国务院工业和信息化主管部门应当自收到申请之日起对前款规定的有关文件进行审查。属于基础电信业务的，应当在180日内审查完毕，作出批准或者不予批准的决定；属于增值电信业务的，应当在90日内审查完毕，作出批准或者不予批准的决定。予以批准的，颁发《外商投资经营电信业务审定意见书》；不予批准的，应当书面通知申请人并说明理由。

**第十二条** 设立外商投资电信企业经营省、自治区、直辖市范围内增值电信业务，由中方主要投资者向省、自治区、直辖市电信管理机构提出申请并报送下列文件：

（一）本规定第十条规定的资格证明或者有关确认文件；

（二）电信条例规定的经营增值电信业务应当具备的其他条件的证明或者确认文件。

省、自治区、直辖市电信管理机构应当自收到申请之日起60日内签署意见。同意的，转报国务院工业和信息化主管部门；不同意的，应当书面通知申请人并说明理由。

国务院工业和信息化主管部门应当自收到省、自治区、直辖市电信管理机构签署同意的申请文件之日起30日内审查完毕，作出批准或者不予批准的决定。予以批准的，颁发《外商投资经营电信业务审定意见书》；不予批准的，应当书面通知申请人并说明理由。

**第十三条** 外商投资电信企业项目申请报告的主要内容包括：合营各方的名称和基本情况、拟设立企业的投资总额、注册资本、各方出资比例、申请经营的业务种类、合营期限等。

**第十四条** 设立外商投资电信企业，按照国家有关规定，其投资项目需要经国务院发展改革部门核准的，国务院工业和信息化主管部门应当在颁发《外商投资经营电信业务审定意见书》前，将申请材料转送国务院发展改革部门核准。转送国务院发展改革部门核准的，本规定第十一条、第十二条规定的审批期限可以延长 30 日。

**第十五条** 设立外商投资电信企业，属于经营基础电信业务或者跨省、自治区、直辖市范围增值电信业务的，由中方主要投资者凭《外商投资经营电信业务审定意见书》向国务院商务主管部门报送拟设立外商投资电信企业的合同、章程；属于经营省、自治区、直辖市范围内增值电信业务的，由中方主要投资者凭《外商投资经营电信业务审定意见书》向省、自治区、直辖市人民政府商务主管部门报送拟设立外商投资电信企业的合同、章程。

国务院商务主管部门和省、自治区、直辖市人民政府商务主管部门应当自收到报送的拟设立外商投资电信企业的合同、章程之日起 90 日内审查完毕，作出批准或者不予批准的决定。予以批准的，颁发《外商投资企业批准证书》；不予批准的，应当书面通知申请人并说明理由。

**第十六条** 外商投资电信企业的中方主要投资者凭《外商投资企业批准证书》向工商行政管理机关申请企业注册登记后，凭《外商投资企业批准证书》和营业执照向国务院工业和信息化主管部门申请电信业务经营许可。

**第十七条** 外商投资电信企业经营跨境电信业务，必须经国务院工业和信息化主管部门批准，并通过国务院工业和信息化主管部门批准设立的国际电信出入口局进行。

**第十八条** 违反本规定第六条规定的，由国务院工业和信息化主管部门责令限期改正，并处 10 万元以上 50 万元以下的罚款；逾期不改正的，由国务院工业和信息化主管部门吊销《电信业务经营许可证》，并由原颁发《外商投资企业批准证书》的商务主管部门撤销其《外商投资企业批准证书》。

**第十九条** 违反本规定第十七条规定的，由国务院工业和信息化主管部门责令限期改正，并处 20 万元以上 100 万元以下的罚款；逾期不改正的，由国务院工业和信息化主管部门吊销《电信业务经营许可证》，并由原颁发《外商投资企业批准证书》的商务主管部门撤销其《外商投资企业批准证书》。

**第二十条** 申请设立外商投资电信企业，提供虚假、伪造的资格证明或者确认文件骗取批准的，批准无效，由国务院工业和信息化主管部门处 20 万元以上 100 万元以下的罚款，吊销《电信业务经营许可证》，并由原颁发《外商投资企业批准证书》的商务主管部门撤销其《外商投资企业批准证书》。

**第二十一条** 外商投资电信企业经营电信业务，违反电信条例和其他有关法律、行政法规规定的，由有关机关依法给予处罚。

**第二十二条** 香港特别行政区、澳门特别行政区和台湾地区的公司、企业在内地投资经营电信业务，比照适用本规定。

**第二十三条** 本规定自 2002 年 1 月 1 日起施行。

# 外国商会管理暂行规定

（1989 年 6 月 14 日中华人民共和国国务院令第 36 号发布 根据 2013 年 12 月 7 日《国务院关于修改部分行政法规的决定》修订）

**第一条** 为了促进国际贸易和经济技术交往，加强对外国商会的管理，保障其合法权益，制定本规定。

**第二条** 外国商会是指外国在中国境内的商业机构及人员依照本规定在中国境内成立，不从事任何商业活动的非营利性团体。

外国商会的活动应当以促进其会员同中国发展贸易和经济技术交往为宗旨，为其会员在研究和讨论促进国际贸易和经济技术交往方面提供便利。

**第三条** 外国商会必须遵守中华人民共和国法律、法规的规定，不得损害中国的国家安全和社会公共利益。

**第四条** 成立外国商会，应当具备下列条件：

（一）有反映其会员共同意志的章程；

（二）有一定数量的发起会员和负责人；

（三）有固定的办公地点；

（四）有合法的经费来源。

**第五条** 外国商会应当按照国别成立，可以有团体会员和个人会员。

团体会员是以商业机构名义加入的会员。商业机构是指外国公司、企业以及其他经济组织依法在中国境内设立的代表机构和分支机构。

个人会员是商业机构和外商投资企业的非中国籍任职人员以本人名义加入的会员。

**第六条** 外国商会的名称应当冠其本国国名加上"中国"二字。

**第七条** 成立外国商会，应当向中华人民共和国民政部（以下称登记管理机关）提出书面申请，依法办理登记。登记管理机关应当自收到本规定第八条规定的全部文件之日起60日内作出是否准予登记的决定，准予登记的，签发登记证书；不予登记的，书面说明理由。外国商会经核准登记并签发登记证书，即为成立。

**第八条** 成立外国商会的书面申请，应当由外国商会主要筹办人签署，并附具下列文件：

（一）外国商会章程一式五份。章程应当包括下列内容：

1. 名称和地址；

2. 组织机构；

3. 会长、副会长以及常务干事的姓名、身份；

4. 会员的入会手续及会员的权利和义务；

5. 活动内容；

6. 财务情况。

（二）发起会员名册一式五份。团体会员和个人会员，应当分别列册。团体会员名册应当分别载明商业机构的名称、地址、业务范围和负责人姓名；个人会员名册应当分别载明本人所属商业机构或者外商投资企业、职务、本人简历或者在中国境内从事商业活动的简历。

（三）外国商会会长、副会长以及常务干事的姓名及其简历一式五份。

**第九条** 外国商会应当在其办公地点设置会计账簿。会员缴纳的会费及按照外国商会章程规定取得的其他经费，应当用于该外国商会章程规定的各项开支，不得以任何名义付给会员或者汇出中国境外。

**第十条** 外国商会应当于每年1月向登记管理机关提交上一年度的活动情况报告。

中国国际贸易促进委员会应当为外国商会设立、开展活动和联系中国有关主管机关提供咨询和服务。

**第十一条** 外国商会需要修改其章程，更换会长、副会长以及常务干事或者改变办公地址时，应当依照本规定第七条、第八条规定的程序办理变更登记。

**第十二条** 外国商会应当接受中国有关主管机关的监督。

外国商会违反本规定的，登记管理机关有权予以警告、罚款、限期停止活动、撤销登记、明令取缔的处罚。

**第十三条** 外国商会解散，应当持该外国商会会长签署的申请注销登记报告和清理债务完结的证明，向登记管理机关办理注销登记。

外国商会自缴回登记证书之日起，即应停止活动。

**第十四条** 本规定自1989年7月1日起施行。


# 外国企业常驻代表机构登记管理条例

（2010年11月19日中华人民共和国国务院令第584号公布根据2013年7月18日《国务院关于废止和修改部分行政法规的决定》修订 根据2018年9月18日《国务院关于修改部分行政法规的决定》修正）

## 第一章 总 则

**第一条** 为了规范外国企业常驻代表机构的设立及其业务活动，制定本条例。

第二条　本条例所称外国企业常驻代表机构（以下简称代表机构），是指外国企业依照本条例规定，在中国境内设立的从事与该外国企业业务有关的非营利性活动的办事机构。代表机构不具有法人资格。

第三条　代表机构应当遵守中国法律，不得损害中国国家安全和社会公共利益。

第四条　代表机构设立、变更、终止，应当依照本条例规定办理登记。

外国企业申请办理代表机构登记，应当对申请文件、材料的真实性负责。

第五条　省、自治区、直辖市人民政府市场监督管理部门是代表机构的登记和管理机关（以下简称登记机关）。

登记机关应当与其他有关部门建立信息共享机制，相互提供有关代表机构的信息。

第六条　代表机构应当于每年 3 月 1 日至 6 月 30 日向登记机关提交年度报告。年度报告的内容包括外国企业的合法存续情况、代表机构的业务活动开展情况及其经会计师事务所审计的费用收支情况等相关情况。

第七条　代表机构应当依法设置会计账簿，真实记载外国企业经费拨付和代表机构费用收支情况，并置于代表机构驻在场所。

代表机构不得使用其他企业、组织或者个人的账户。

第八条　外国企业委派的首席代表、代表以及代表机构的工作人员应当遵守法律、行政法规关于出入境、居留、就业、纳税、外汇登记等规定；违反规定的，由有关部门依照法律、行政法规的相关规定予以处理。

## 第二章　登记事项

第九条　代表机构的登记事项包括：代表机构名称、首席代表姓名、业务范围、驻在场所、驻在期限、外国企业名称及其住所。

第十条　代表机构名称应当由以下部分依次组成：外国企业国籍、外国企业中文名称、驻在城市名称以及"代表处"字样，并不得含有下列内容和文字：

（一）有损于中国国家安全或者社会公共利益的；

（二）国际组织名称；

（三）法律、行政法规或者国务院规定禁止的。

代表机构应当以登记机关登记的名称从事业务活动。

**第十一条**　外国企业应当委派一名首席代表。首席代表在外国企业书面授权范围内，可以代表外国企业签署代表机构登记申请文件。

外国企业可以根据业务需要，委派 1 至 3 名代表。

**第十二条**　有下列情形之一的，不得担任首席代表、代表：

（一）因损害中国国家安全或者社会公共利益，被判处刑罚的；

（二）因从事损害中国国家安全或者社会公共利益等违法活动，依法被撤销设立登记、吊销登记证或者被有关部门依法责令关闭的代表机构的首席代表、代表，自被撤销、吊销或者责令关闭之日起未逾 5 年的；

（三）国务院市场监督管理部门规定的其他情形。

**第十三条**　代表机构不得从事营利性活动。

中国缔结或者参加的国际条约、协定另有规定的，从其规定，但是中国声明保留的条款除外。

**第十四条**　代表机构可以从事与外国企业业务有关的下列活动：

（一）与外国企业产品或者服务有关的市场调查、展示、宣传活动；

（二）与外国企业产品销售、服务提供、境内采购、境内投资有关的联络活动。

法律、行政法规或者国务院规定代表机构从事前款规定的业务活动须经批准的，应当取得批准。

**第十五条**　代表机构的驻在场所由外国企业自行选择。

根据国家安全和社会公共利益需要，有关部门可以要求代表机构调整驻在场所，并及时通知登记机关。

**第十六条**　代表机构的驻在期限不得超过外国企业的存续期限。

**第十七条**　登记机关应当将代表机构登记事项记载于代表机构登记簿，供社会公众查阅、复制。

**第十八条**　代表机构应当将登记机关颁发的外国企业常驻代表机构登记证（以下简称登记证）置于代表机构驻在场所的显著位置。

**第十九条**　任何单位和个人不得伪造、涂改、出租、出借、转让登记证和首席代表、代表的代表证（以下简称代表证）。

登记证和代表证遗失或者毁坏的，代表机构应当在指定的媒体上声明作废，申请补领。

登记机关依法作出准予变更登记、准予注销登记、撤销变更登记、吊销登记证决定的，代表机构原登记证和原首席代表、代表的代表证自动失效。

第二十条　代表机构设立、变更，外国企业应当在登记机关指定的媒体上向社会公告。

代表机构注销或者被依法撤销设立登记、吊销登记证的，由登记机关进行公告。

第二十一条　登记机关对代表机构涉嫌违反本条例的行为进行查处，可以依法行使下列职权：

（一）向有关的单位和个人调查、了解情况；

（二）查阅、复制、查封、扣押与违法行为有关的合同、票据、账簿以及其他资料；

（三）查封、扣押专门用于从事违法行为的工具、设备、原材料、产品（商品）等财物；

（四）查询从事违法行为的代表机构的账户以及与存款有关的会计凭证、账簿、对账单等。

## 第三章　设立登记

第二十二条　设立代表机构应当向登记机关申请设立登记。

第二十三条　外国企业申请设立代表机构，应当向登记机关提交下列文件、材料：

（一）代表机构设立登记申请书；

（二）外国企业住所证明和存续 2 年以上的合法营业证明；

（三）外国企业章程或者组织协议；

（四）外国企业对首席代表、代表的任命文件；

（五）首席代表、代表的身份证明和简历；

（六）同外国企业有业务往来的金融机构出具的资金信用证明；

（七）代表机构驻在场所的合法使用证明。

法律、行政法规或者国务院规定设立代表机构须经批准的，外国企业应当自批准之日起 90 日内向登记机关申请设立登记，并提交有关批准文件。

中国缔结或者参加的国际条约、协定规定可以设立从事营利性活动的代表机构的，还应当依照法律、行政法规或者国务院规定提交相应文件。

**第二十四条** 登记机关应当自受理申请之日起15日内作出是否准予登记的决定，作出决定前可以根据需要征求有关部门的意见。作出准予登记决定的，应当自作出决定之日起5日内向申请人颁发登记证和代表证；作出不予登记决定的，应当自作出决定之日起5日内向申请人出具登记驳回通知书，说明不予登记的理由。

登记证签发日期为代表机构成立日期。

**第二十五条** 代表机构、首席代表和代表凭登记证、代表证申请办理居留、就业、纳税、外汇登记等有关手续。

## 第四章　变更登记

**第二十六条** 代表机构登记事项发生变更，外国企业应当向登记机关申请变更登记。

**第二十七条** 变更登记事项的，应当自登记事项发生变更之日起60日内申请变更登记。

变更登记事项依照法律、行政法规或者国务院规定在登记前须经批准的，应当自批准之日起30日内申请变更登记。

**第二十八条** 代表机构驻在期限届满后继续从事业务活动的，外国企业应当在驻在期限届满前60日内向登记机关申请变更登记。

**第二十九条** 申请代表机构变更登记，应当提交代表机构变更登记申请书以及国务院市场监督管理部门规定提交的相关文件。

变更登记事项依照法律、行政法规或者国务院规定在登记前须经批准的，还应当提交有关批准文件。

**第三十条** 登记机关应当自受理申请之日起10日内作出是否准予变更登记的决定。作出准予变更登记决定的，应当自作出决定之日起5日内换发登记证和代表证；作出不予变更登记决定的，应当自作出决定之日起5日内向申请人出具变更登记驳回通知书，说明不予变更登记的理由。

**第三十一条** 外国企业的有权签字人、企业责任形式、资本（资产）、经营范围以及代表发生变更的，外国企业应当自上述事项发生变更之日起60日内向登记机关备案。

## 第五章　注销登记

**第三十二条**　有下列情形之一的，外国企业应当在下列事项发生之日起 60 日内向登记机关申请注销登记：

（一）外国企业撤销代表机构；

（二）代表机构驻在期限届满不再继续从事业务活动；

（三）外国企业终止；

（四）代表机构依法被撤销批准或者责令关闭。

**第三十三条**　外国企业申请代表机构注销登记，应当向登记机关提交下列文件：

（一）代表机构注销登记申请书；

（二）代表机构税务登记注销证明；

（三）海关、外汇部门出具的相关事宜已清理完结或者该代表机构未办理相关手续的证明；

（四）国务院市场监督管理部门规定提交的其他文件。

法律、行政法规或者国务院规定代表机构终止活动须经批准的，还应当提交有关批准文件。

**第三十四条**　登记机关应当自受理申请之日起 10 日内作出是否准予注销登记的决定。作出准予注销决定的，应当自作出决定之日起 5 日内出具准予注销通知书，收缴登记证和代表证；作出不予注销登记决定的，应当自作出决定之日起 5 日内向申请人出具注销登记驳回通知书，说明不予注销登记的理由。

## 第六章　法律责任

**第三十五条**　未经登记，擅自设立代表机构或者从事代表机构业务活动的，由登记机关责令停止活动，处以 5 万元以上 20 万元以下的罚款。

代表机构违反本条例规定从事营利性活动的，由登记机关责令改正，没收违法所得，没收专门用于从事营利性活动的工具、设备、原材料、产品（商品）等财物，处以 5 万元以上 50 万元以下罚款；情节严重的，吊销登记证。

**第三十六条**　提交虚假材料或者采取其他欺诈手段隐瞒真实情况，取得代表机构登记或者备案的，由登记机关责令改正，对代表机构处以 2 万元以上 20 万元以下的罚款，对直接负责的主管人员和其他直接责任人员处以 1000 元以上 1 万元以下的罚款；情节严重的，由登记机关撤销登记或者吊销登记证，缴销代表证。

代表机构提交的年度报告隐瞒真实情况、弄虚作假的，由登记机关责令改正，对代表机构处以 2 万元以上 20 万元以下的罚款；情节严重的，吊销登记证。

伪造、涂改、出租、出借、转让登记证、代表证的，由登记机关对代表机构处以 1 万元以上 10 万元以下的罚款；对直接负责的主管人员和其他直接责任人员处以 1000 元以上 1 万元以下的罚款；情节严重的，吊销登记证，缴销代表证。

**第三十七条** 代表机构违反本条例第十四条规定从事业务活动以外活动的，由登记机关责令限期改正；逾期未改正的，处以 1 万元以上 10 万元以下的罚款；情节严重的，吊销登记证。

**第三十八条** 有下列情形之一的，由登记机关责令限期改正，处以 1 万元以上 3 万元以下的罚款；逾期未改正的，吊销登记证：

（一）未依照本条例规定提交年度报告的；

（二）未按照登记机关登记的名称从事业务活动的；

（三）未按照中国政府有关部门要求调整驻在场所的；

（四）未依照本条例规定公告其设立、变更情况的；

（五）未依照本条例规定办理有关变更登记、注销登记或者备案的。

**第三十九条** 代表机构从事危害中国国家安全或者社会公共利益等严重违法活动的，由登记机关吊销登记证。

代表机构违反本条例规定被撤销设立登记、吊销登记证，或者被中国政府有关部门依法责令关闭的，自被撤销、吊销或者责令关闭之日起 5 年内，设立该代表机构的外国企业不得在中国境内设立代表机构。

**第四十条** 登记机关及其工作人员滥用职权、玩忽职守、徇私舞弊，未依照本条例规定办理登记、查处违法行为，或者支持、包庇、纵容违法行为的，依法给予处分。

**第四十一条** 违反本条例规定，构成违反治安管理行为的，依照《中华人民共和国治安管理处罚法》的规定予以处罚；构成犯罪的，依法追究刑事责任。

## 第七章　附　　则

**第四十二条**　本条例所称外国企业，是指依照外国法律在中国境外设立的营利性组织。

**第四十三条**　代表机构登记的收费项目依照国务院财政部门、价格主管部门的有关规定执行，代表机构登记的收费标准依照国务院价格主管部门、财政部门的有关规定执行。

**第四十四条**　香港特别行政区、澳门特别行政区和台湾地区企业在中国境内设立代表机构的，参照本条例规定进行登记管理。

**第四十五条**　本条例自 2011 年 3 月 1 日起施行。1983 年 3 月 5 日经国务院批准，1983 年 3 月 15 日原国家工商行政管理局发布的《关于外国企业常驻代表机构登记管理办法》同时废止。

# 外国律师事务所驻华代表机构管理条例

（2001 年 12 月 19 日国务院第 51 次常务会议通过　2001 年 12 月 22 日公布　自 2002 年 1 月 1 日起施行）

## 第一章　总　　则

**第一条**　为了规范外国律师事务所驻华代表机构的设立及其法律服务活动，根据《中华人民共和国律师法》的规定，制定本条例。

**第二条**　外国律师事务所设立驻华代表机构（以下简称代表机构），从事法律服务活动，适用本条例。

**第三条**　代表机构及其代表从事法律服务活动，应当遵守中国的法律、法规和规章，恪守中国律师职业道德和执业纪律，不得损害中国国家安全和社会公共利益。

**第四条**　代表机构及其代表依照本条例规定从事法律服务活动，受中国法律保护。

**第五条**　外国律师事务所对其代表机构及其代表在中国境内从事的法

律服务活动承担民事责任。

## 第二章　代表机构的设立、变更和注销

**第六条**　外国律师事务所在华设立代表机构、派驻代表，应当经国务院司法行政部门许可。

外国律师事务所、外国其他组织或者个人不得以咨询公司或者其他名义在中国境内从事法律服务活动。

**第七条**　外国律师事务所申请在华设立代表机构、派驻代表，应当具备下列条件：

（一）该外国律师事务所已在其本国合法执业，并且没有因违反律师职业道德、执业纪律受到处罚；

（二）代表机构的代表应当是执业律师和执业资格取得国律师协会会员，并且已在中国境外执业不少于2年，没有受过刑事处罚或者没有因违反律师职业道德、执业纪律受过处罚；其中，首席代表已在中国境外执业不少于3年，并且是该外国律师事务所的合伙人或者是相同职位的人员；

（三）有在华设立代表机构开展法律服务业务的实际需要。

**第八条**　外国律师事务所申请在华设立代表机构，应当向拟设立的代表机构住所地的省、自治区、直辖市人民政府司法行政部门提交下列文件材料：

（一）该外国律师事务所主要负责人签署的设立代表机构、派驻代表的申请书。拟设立的代表机构的名称应当为"××律师事务所（该律师事务所的中文译名）驻××（中国城市名）代表处"；

（二）该外国律师事务所在其本国已经合法设立的证明文件；

（三）该外国律师事务所的合伙协议或者成立章程以及负责人、合伙人名单；

（四）该外国律师事务所给代表机构各拟任代表的授权书，以及拟任首席代表系该律师事务所合伙人或者相同职位人员的确认书；

（五）代表机构各拟任代表的律师执业资格以及拟任首席代表已在中国境外执业不少于3年、其他拟任代表已在中国境外执业不少于2年的证明文件；

（六）该外国律师事务所所在国的律师协会出具的该代表机构各拟任

代表为本国律师协会会员的证明文件；

（七）该外国律师事务所所在国的律师管理机构出具的该律师事务所以及各拟任代表没有受过刑事处罚和没有因违反律师职业道德、执业纪律受过处罚的证明文件。

前款所列文件材料，应当经申请人本国公证机构或者公证人的公证、其本国外交主管机关或者外交主管机关授权的机关认证，并经中国驻该国使（领）馆认证。

外国律师事务所提交的文件材料应当一式三份，外文材料应当附中文译文。

第九条　省、自治区、直辖市人民政府司法行政部门应当自收到申请文件材料之日起 3 个月内审查完毕，并将审查意见连同文件材料报送国务院司法行政部门审核。国务院司法行政部门应当在 6 个月内作出决定，对许可设立的代表机构发给执业执照，并对其代表发给执业证书；对不予许可的，应当书面告知其理由。

第十条　代表机构及其代表，应当持执业执照、执业证书在代表机构住所地的省、自治区、直辖市司法行政部门办理注册手续后，方可开展本条例规定的法律服务活动。代表机构及其代表每年应当注册一次。

省、自治区、直辖市人民政府司法行政部门应当自接到注册申请之日起 2 日内办理注册手续。

第十一条　代表机构应当按照有关法律、行政法规的规定，办理有关的税务、银行、外汇等手续。

第十二条　外国律师事务所需要变更代表机构名称、减少代表的，应当事先向代表机构住所地的省、自治区、直辖市人民政府司法行政部门提交其主要负责人签署的申请书和有关的文件材料，经国务院司法行政部门核准，并收回不再担任代表的人员的执业证书。

代表机构合并、分立或者增加新任代表的，应当依照本条例有关代表机构设立程序的规定办理许可手续。

第十三条　代表机构的代表有下列情形之一的，由国务院司法行政部门撤销其执业许可并收回其执业证书，由省、自治区、直辖市人民政府司法行政部门相应注销其执业注册：

（一）在其本国的律师执业执照已经失效的；

（二）被所属的外国律师事务所取消代表资格的；

（三）执业证书或者所在的代表机构的执业执照被依法吊销的。

**第十四条** 代表机构有下列情形之一的，由国务院司法行政部门撤销其执业许可并收回其执业执照，由省、自治区、直辖市人民政府司法行政部门相应注销其执业注册：

（一）所属的外国律师事务所已经解散或者被注销的；

（二）所属的外国律师事务所申请将其注销的；

（三）已经丧失本条例第七条规定条件的；

（四）执业执照被依法吊销的。

依照前款规定注销的代表机构，应当依法进行清算；债务清偿完毕前，其财产不得转移至中国境外。

## 第三章　业务范围和规则

**第十五条** 代表机构及其代表，只能从事不包括中国法律事务的下列活动：

（一）向当事人提供该外国律师事务所律师已获准从事律师执业业务的国家法律的咨询，以及有关国际条约、国际惯例的咨询；

（二）接受当事人或者中国律师事务所的委托，办理在该外国律师事务所律师已获准从事律师执业业务的国家的法律事务；

（三）代表外国当事人，委托中国律师事务所办理中国法律事务；

（四）通过订立合同与中国律师事务所保持长期的委托关系办理法律事务；

（五）提供有关中国法律环境影响的信息。

代表机构按照与中国律师事务所达成的协议约定，可以直接向受委托的中国律师事务所的律师提出要求。

代表机构及其代表不得从事本条第一款、第二款规定以外的其他法律服务活动或者其他营利活动。

**第十六条** 代表机构不得聘用中国执业律师；聘用的辅助人员不得为当事人提供法律服务。

**第十七条** 代表机构及其代表在执业活动中，不得有下列行为：

（一）提供虚假证据、隐瞒事实或者威胁、利诱他人提供虚假证据、隐瞒事实以及妨碍对方当事人合法取得证据；

（二）利用法律服务的便利，收受当事人的财物或者其他好处；

（三）泄露当事人的商业秘密或者个人隐私。

**第十八条** 代表机构的代表不得同时在两个以上代表机构担任或者兼任代表。

**第十九条** 代表机构的代表每年在中国境内居留的时间不得少于 6 个月；少于 6 个月的，下一年度不予注册。

**第二十条** 代表机构从事本条例规定的法律服务，可以向当事人收取费用。收取的费用必须在中国境内结算。

## 第四章 监督管理

**第二十一条** 国务院司法行政部门和省、自治区、直辖市人民政府司法行政部门依据职责，负责对代表机构及其代表的监督管理。

**第二十二条** 代表机构应当于每年 3 月 31 日前向住所地的省、自治区、直辖市人民政府司法行政部门提交执业执照和代表执业证书的副本以及下列上一年度检验材料，接受年度检验：

（一）开展法律服务活动的情况，包括委托中国律师事务所办理法律事务的情况；

（二）经会计师事务所审计的代表机构年度财务报表，以及在中国境内结算和依法纳税凭证；

（三）代表机构的代表变动情况和雇用中国辅助人员情况；

（四）代表机构的代表在中国境内的居留情况；

（五）代表机构及其代表的注册情况；

（六）履行本条例规定义务的其他情况。

省、自治区、直辖市人民政府司法行政部门对设在本行政区域内的代表机构进行年度检验后，应当将检验意见报送国务院司法行政部门备案。

**第二十三条** 省、自治区、直辖市人民政府司法行政部门依法办理代表机构及其代表注册收取费用，以及对代表机构进行年度检验收取费用，必须严格执行国务院物价行政部门核定的同对中国律师事务所、执业律师相同的收费标准，所收取的费用必须全部上缴国库。

省、自治区、直辖市人民政府司法行政部门依法实施罚款的行政处罚，应当按照有关法律、行政法规的规定，实行罚款决定与罚款收缴分离；收缴的罚款以及依法没收的违法所得，必须全部上缴国库。

## 第五章　法律责任

**第二十四条**　代表机构或者代表危害中国国家安全、公共安全或者社会管理秩序的，依照刑法关于危害国家安全罪、危害公共安全罪或者妨害社会管理秩序罪的规定，依法追究刑事责任，并由国务院司法行政部门吊销该代表机构的执业执照或者该代表的执业证书；尚不够刑事处罚的，依法给予治安管理处罚，并由国务院司法行政部门吊销该代表机构的执业执照或者该代表的执业证书。

**第二十五条**　代表机构或者代表违反本条例第十五条的规定，非法从事法律服务活动或者其他营利活动的，由省、自治区、直辖市人民政府司法行政部门责令限期停业；情节严重的，由国务院司法行政部门吊销该代表机构的执业执照或者该代表的执业证书。

有前款所列违法行为的，由省、自治区、直辖市人民政府司法行政部门没收违法所得，对首席代表和其他负有直接责任的代表各处5万元以上20万元以下的罚款。

**第二十六条**　代表机构有下列情形之一的，由省、自治区、直辖市人民政府司法行政部门给予警告，责令限期改正；情节严重的，由省、自治区、直辖市人民政府司法行政部门责令限期停业；逾期仍不改正的，由国务院司法行政部门吊销其执业执照：

（一）聘用中国执业律师，或者聘用的辅助人员从事法律服务的；

（二）开展法律服务收取费用未在中国境内结算的；

（三）未按时报送年度检验材料接受年度检验，或者未通过年度检验的。

有前款第（二）项所列违法行为的，由省、自治区、直辖市人民政府司法行政部门对其处以应当在中国境内结算的金额1倍以上3倍以下的罚款。

**第二十七条**　代表机构或者代表有下列情形之一的，由省、自治区、直辖市人民政府司法行政部门给予警告，没收违法所得；情节严重的，责令限期停业，并处2万元以上10万元以下的罚款：

（一）同时在两个以上代表机构担任或者兼任代表的；

（二）泄露当事人的商业秘密或者个人隐私的；

（三）利用法律服务的便利，收受当事人财物或者其他好处的。

**第二十八条**　代表机构注销，在债务清偿完毕前将财产转移至中国境外的，由省、自治区、直辖市人民政府司法行政部门责令退回已转移的财产，用于清偿债务；严重损害他人利益的，对其首席代表和其他直接责任人员依照刑法关于藏匿财产罪的规定，依法追究刑事责任；尚不够刑事处罚的，由省、自治区、直辖市人民政府司法行政部门对代表机构处 5 万元以上 30 万元以下的罚款，对首席代表和其他直接责任人员各处 2 万元以上 10 万元以下的罚款。

**第二十九条**　代表机构的代表提供虚假证据、隐瞒事实或者威胁、利诱他人提供虚假证据、隐瞒事实的，依照刑法关于妨害作证罪的规定，依法追究刑事责任，并由国务院司法行政部门吊销其执业证书。

**第三十条**　外国律师事务所、外国律师或者外国其他组织、个人擅自在中国境内从事法律服务活动，或者已被撤销执业许可的代表机构或者代表继续在中国境内从事法律服务活动的，由省、自治区、直辖市人民政府司法行政部门予以取缔，没收违法所得，并处 5 万元以上 30 万元以下的罚款。

**第三十一条**　代表机构被依法吊销执业执照的，该代表机构所属的外国律师事务所 5 年内不得申请在华设立代表机构；代表机构的代表被依法吊销执业证书的，该代表 5 年内不得在华担任代表机构的代表。

代表机构的代表因危害中国国家安全、公共安全或者社会管理秩序，被依法判处刑罚的，该代表所在的代表机构所属的律师事务所不得再申请在华设立代表机构，该代表终身不得在华担任代表机构的代表。

**第三十二条**　司法行政部门工作人员有下列违法行为之一的，对负有责任的主管人员和其他直接责任人员依法给予记过、记大过或者降级的行政处分：

（一）不按照本条例规定的条件对拟设代表机构、拟任代表的证明文件、材料进行审查、审核的；

（二）不按照本条例的规定对代表机构进行注册或者年度检验的；

（三）不按照国家规定收费项目、收费标准收取费用的。

**第三十三条**　司法行政部门工作人员有下列违法行为之一的，对负有责任的主管人员和其他直接责任人员依法给予降级、撤职或者开除的行政处分：

（一）对不符合本条例规定条件的拟设代表机构或者拟任代表决定发给执业执照、执业证书的；

（二）利用职务上的便利收受财物、谋取私利的；

（三）违反本条例的规定，对应当撤销代表机构或者代表执业许可，收回执业执照、执业证书的不予撤销、收回，或者对应当注销的执业注册不予注销的；

（四）依法收缴罚款不开具罚款收据或者不如实填写罚款数额的；

（五）不执行罚款收缴分离制度或者不按照规定将依法收取的费用、收缴的罚款及没收的违法所得全部上缴国库的；

（六）对代表机构及其代表违反本条例规定的行为不及时查处的；

（七）有不严格执法或者滥用职权的其他行为，造成严重后果的。

有前款所列违法行为之一，致使公共财产、国家和人民利益遭受严重损失的，依照刑法关于滥用职权罪、玩忽职守罪或者受贿罪的规定，依法追究刑事责任。

## 第六章　附　　则

**第三十四条**　中国的单独关税区的律师事务所在内地设立代表机构的管理办法，由国务院司法行政部门根据本条例的原则另行制定。

**第三十五条**　本条例自 2002 年 1 月 1 日起施行。本条例施行前经国务院司法行政部门许可已经试开业的外国律师事务所驻华办事处以及试执业的代表，应当自本条例施行之日起 90 日内依照本条例的规定重新申请办理审批手续。

# 中华人民共和国外国人入境出境管理条例

（2013 年 7 月 3 日国务院第 15 次常务会议通过　2013 年 7 月 12 日公布　自 2013 年 9 月 1 日起施行）

## 第一章　总　　则

**第一条**　为了规范签证的签发和外国人在中国境内停留居留的服务和

管理，根据《中华人民共和国出境入境管理法》（以下简称出境入境管理法）制定本条例。

第二条　国家建立外国人入境出境服务和管理工作协调机制，加强外国人入境出境服务和管理工作的统筹、协调与配合。

省、自治区、直辖市人民政府可以根据需要建立外国人入境出境服务和管理工作协调机制，加强信息交流与协调配合，做好本行政区域的外国人入境出境服务和管理工作。

第三条　公安部应当会同国务院有关部门建立外国人入境出境服务和管理信息平台，实现有关信息的共享。

第四条　在签证签发管理和外国人在中国境内停留居留管理工作中，外交部、公安部等国务院部门应当在部门门户网站、受理出境入境证件申请的地点等场所，提供外国人入境出境管理法律法规和其他需要外国人知悉的信息。

## 第二章　签证的类别和签发

第五条　外交签证、礼遇签证、公务签证的签发范围和签发办法由外交部规定。

第六条　普通签证分为以下类别，并在签证上标明相应的汉语拼音字母：

（一）C 字签证，发给执行乘务、航空、航运任务的国际列车乘务员、国际航空器机组人员、国际航行船舶的船员及船员随行家属和从事国际道路运输的汽车驾驶员。

（二）D 字签证，发给入境永久居留的人员。

（三）F 字签证，发给入境从事交流、访问、考察等活动的人员。

（四）G 字签证，发给经中国过境的人员。

（五）J1 字签证，发给外国常驻中国新闻机构的外国常驻记者；J2 字签证，发给入境进行短期采访报道的外国记者。

（六）L 字签证，发给入境旅游的人员；以团体形式入境旅游的，可以签发团体 L 字签证。

（七）M 字签证，发给入境进行商业贸易活动的人员。

（八）Q1 字签证，发给因家庭团聚申请入境居留的中国公民的家庭成员和具有中国永久居留资格的外国人的家庭成员，以及因寄养等原因申请入境居留的人员；Q2 字签证，发给申请入境短期探亲的居住在中国境内的中国公民的亲属和具有中国永久居留资格的外国人的亲属。

（九）R 字签证，发给国家需要的外国高层次人才和急需紧缺专门人才。

（十）S1 字签证，发给申请入境长期探亲的因工作、学习等事由在中国境内居留的外国人的配偶、父母、未满 18 周岁的子女、配偶的父母，以及因其他私人事务需要在中国境内居留的人员；S2 字签证，发给申请入境短期探亲的因工作、学习等事由在中国境内停留居留的外国人的家庭成员，以及因其他私人事务需要在中国境内停留的人员。

（十一）X1 字签证，发给申请在中国境内长期学习的人员；X2 字签证，发给申请在中国境内短期学习的人员。

（十二）Z 字签证，发给申请在中国境内工作的人员。

**第七条** 外国人申请办理签证，应当填写申请表，提交本人的护照或者其他国际旅行证件以及符合规定的照片和申请事由的相关材料。

（一）申请 C 字签证，应当提交外国运输公司出具的担保函件或者中国境内有关单位出具的邀请函件。

（二）申请 D 字签证，应当提交公安部签发的外国人永久居留身份确认表。

（三）申请 F 字签证，应当提交中国境内的邀请方出具的邀请函件。

（四）申请 G 字签证，应当提交前往国家（地区）的已确定日期、座位的联程机（车、船）票。

（五）申请 J1 字及 J2 字签证，应当按照中国有关外国常驻新闻机构和外国记者采访的规定履行审批手续并提交相应的申请材料。

（六）申请 L 字签证，应当按照要求提交旅行计划行程安排等材料；以团体形式入境旅游的，还应当提交旅行社出具的邀请函件。

（七）申请 M 字签证，应当按照要求提交中国境内商业贸易合作方出具的邀请函件。

（八）申请 Q1 字签证，因家庭团聚申请入境居留的，应当提交居住在中国境内的中国公民、具有永久居留资格的外国人出具的邀请函件和家庭成员关系证明，因寄养等原因申请入境的，应当提交委托书等证明材料；

申请 Q2 字签证，应当提交居住在中国境内的中国公民、具有永久居留资格的外国人出具的邀请函件等证明材料。

（九）申请 R 字签证，应当符合中国政府有关主管部门确定的外国高层次人才和急需紧缺专门人才的引进条件和要求，并按照规定提交相应的证明材料。

（十）申请 S1 字及 S2 字签证，应当按照要求提交因工作、学习等事由在中国境内停留居留的外国人出具的邀请函件、家庭成员关系证明，或者入境处理私人事务所需的证明材料。

（十一）申请 X1 字签证应当按照规定提交招收单位出具的录取通知书和主管部门出具的证明材料；申请 X2 字签证，应当按照规定提交招收单位出具的录取通知书等证明材料。

（十二）申请 Z 字签证，应当按照规定提交工作许可等证明材料。

签证机关可以根据具体情况要求外国人提交其他申请材料。

**第八条** 外国人有下列情形之一的，应当按照驻外签证机关要求接受面谈：

（一）申请入境居留的；

（二）个人身份信息、入境事由需要进一步核实的；

（三）曾有不准入境、被限期出境记录的；

（四）有必要进行面谈的其他情形。

驻外签证机关签发签证需要向中国境内有关部门、单位核实有关信息的，中国境内有关部门、单位应当予以配合。

**第九条** 签证机关经审查认为符合签发条件的，签发相应类别签证。对入境后需要办理居留证件的，签证机关应当在签证上注明入境后办理居留证件的时限。

## 第三章 停留居留管理

**第十条** 外国人持签证入境后，按照国家规定可以变更停留事由、给予入境便利的，或者因使用新护照、持团体签证入境后由于客观原因需要分团停留的，可以向停留地县级以上地方人民政府公安机关出入境管理机构申请换发签证。

**第十一条** 在中国境内的外国人所持签证遗失、损毁、被盗抢的，应当及时向停留地县级以上地方人民政府公安机关出入境管理机构申请补发签证。

第十二条　外国人申请签证的延期、换发、补发和申请办理停留证件，应当填写申请表，提交本人的护照或者其他国际旅行证件以及符合规定的照片和申请事由的相关材料。

第十三条　外国人申请签证延期、换发、补发和申请办理停留证件符合受理规定的，公安机关出入境管理机构应当出具有效期不超过 7 日的受理回执，并在受理回执有效期内作出是否签发的决定。

外国人申请签证延期、换发、补发和申请办理停留证件的手续或者材料不符合规定的，公安机关出入境管理机构应当一次性告知申请人需要履行的手续和补正的申请材料。

申请人所持护照或者其他国际旅行证件因办理证件被收存期间，可以凭受理回执在中国境内合法停留。

第十四条　公安机关出入境管理机构作出的延长签证停留期限决定，仅对本次入境有效，不影响签证的入境次数和入境有效期，并且累计延长的停留期限不得超过原签证注明的停留期限。

签证停留期限延长后，外国人应当按照原签证规定的事由和延长的期限停留。

第十五条　居留证件分为以下种类：

（一）工作类居留证件，发给在中国境内工作的人员；

（二）学习类居留证件，发给在中国境内长期学习的人员；

（三）记者类居留证件，发给外国常驻中国新闻机构的外国常驻记者；

（四）团聚类居留证件，发给因家庭团聚需要在中国境内居留的中国公民的家庭成员和具有中国永久居留资格的外国人的家庭成员，以及因寄养等原因需要在中国境内居留的人员；

（五）私人事务类居留证件，发给入境长期探亲的因工作、学习等事由在中国境内居留的外国人的配偶、父母、未满 18 周岁的子女、配偶的父母，以及因其他私人事务需要在中国境内居留的人员。

第十六条　外国人申请办理外国人居留证件，应当提交本人护照或者其他国际旅行证件以及符合规定的照片和申请事由的相关材料，本人到居留地县级以上地方人民政府公安机关出入境管理机构办理相关手续，并留存指纹等人体生物识别信息。

（一）工作类居留证件，应当提交工作许可等证明材料；属于国家需要的外国高层次人才和急需紧缺专门人才的，应当按照规定提交有关证明材料。

（二）学习类居留证件，应当按照规定提交招收单位出具的注明学习期限的函件等证明材料。

（三）记者类居留证件，应当提交有关主管部门出具的函件和核发的记者证。

（四）团聚类居留证件，因家庭团聚需要在中国境内居留的，应当提交家庭成员关系证明和与申请事由相关的证明材料；因寄养等原因需要在中国境内居留的，应当提交委托书等证明材料。

（五）私人事务类居留证件，长期探亲的，应当按照要求提交亲属关系证明、被探望人的居留证件等证明材料；入境处理私人事务的，应当提交因处理私人事务需要在中国境内居留的相关证明材料。

外国人申请有效期1年以上的居留证件的，应当按照规定提交健康证明。健康证明自开具之日起6个月内有效。

**第十七条** 外国人申请办理居留证件的延期、换发、补发，应当填写申请表，提交本人的护照或者其他国际旅行证件以及符合规定的照片和申请事由的相关材料。

**第十八条** 外国人申请居留证件或者申请居留证件的延期、换发、补发符合受理规定的，公安机关出入境管理机构应当出具有效期不超过15日的受理回执，并在受理回执有效期内作出是否签发的决定。

外国人申请居留证件或者申请居留证件的延期、换发、补发的手续或者材料不符合规定的，公安机关出入境管理机构应当一次性告知申请人需要履行的手续和补正的申请材料。

申请人所持护照或者其他国际旅行证件因办理证件被收存期间，可以凭受理回执在中国境内合法居留。

**第十九条** 外国人申请签证和居留证件的延期、换发、补发，申请办理停留证件，有下列情形之一的，可以由邀请单位或者个人、申请人的亲属、有关专门服务机构代为申请：

（一）未满16周岁或者已满60周岁以及因疾病等原因行动不便的；

（二）非首次入境且在中国境内停留居留记录良好的；

（三）邀请单位或者个人对外国人在中国境内期间所需费用提供保证措施的。

外国人申请居留证件，属于国家需要的外国高层次人才和急需紧缺专门人才以及前款第一项规定情形的，可以由邀请单位或者个人、申请人的亲属、有关专门服务机构代为申请。

第二十条　公安机关出入境管理机构可以通过面谈、电话询问、实地调查等方式核实申请事由的真实性，申请人以及出具邀请函件、证明材料的单位或者个人应当予以配合。

第二十一条　公安机关出入境管理机构对有下列情形之一的外国人，不予批准签证和居留证件的延期、换发、补发，不予签发停留证件：

（一）不能按照规定提供申请材料的；

（二）在申请过程中弄虚作假的；

（三）违反中国有关法律、行政法规规定，不适合在中国境内停留居留的；

（四）不宜批准签证和居留证件的延期、换发、补发或者签发停留证件的其他情形。

第二十二条　持学习类居留证件的外国人需要在校外勤工助学或者实习的，应当经所在学校同意后，向公安机关出入境管理机构申请居留证件加注勤工助学或者实习地点、期限等信息。

持学习类居留证件的外国人所持居留证件未加注前款规定信息的，不得在校外勤工助学或者实习。

第二十三条　在中国境内的外国人因证件遗失、损毁、被盗抢等原因未持有效护照或者国际旅行证件，无法在本国驻中国有关机构补办的，可以向停留居留地县级以上地方人民政府公安机关出入境管理机构申请办理出境手续。

第二十四条　所持出境入境证件注明停留区域的外国人、出入境边防检查机关批准临时入境且限定停留区域的外国人，应当在限定的区域内停留。

第二十五条　外国人在中国境内有下列情形之一的，属于非法居留：

（一）超过签证、停留居留证件规定的停留居留期限停留居留的；

（二）免办签证入境的外国人超过免签期限停留且未办理停留居留证件的；

（三）外国人超出限定的停留居留区域活动的；

（四）其他非法居留的情形。

**第二十六条** 聘用外国人工作或者招收外国留学生的单位，发现有下列情形之一的，应当及时向所在地县级以上地方人民政府公安机关出入境管理机构报告：

（一）聘用的外国人离职或者变更工作地域的；

（二）招收的外国留学生毕业、结业、肄业、退学，离开原招收单位的；

（三）聘用的外国人、招收的外国留学生违反出境入境管理规定的；

（四）聘用的外国人、招收的外国留学生出现死亡、失踪等情形的。

**第二十七条** 金融、教育、医疗、电信等单位在办理业务时需要核实外国人身份信息的，可以向公安机关出入境管理机构申请核实。

**第二十八条** 外国人因外交、公务事由在中国境内停留居留证件的签发管理，按照外交部的规定执行。

## 第四章 调查和遣返

**第二十九条** 公安机关根据实际需要可以设置遣返场所。

依照出境入境管理法第六十条的规定对外国人实施拘留审查的，应当在 24 小时内将被拘留审查的外国人送到拘留所或者遣返场所。

由于天气、当事人健康状况等原因无法立即执行遣送出境、驱逐出境的，应当凭相关法律文书将外国人羁押在拘留所或者遣返场所。

**第三十条** 依照出境入境管理法第六十一条的规定，对外国人限制活动范围的，应当出具限制活动范围决定书。被限制活动范围的外国人，应当在指定的时间到公安机关报到；未经决定机关批准，不得变更生活居所或者离开限定的区域。

**第三十一条** 依照出境入境管理法第六十二条的规定，对外国人实施遣送出境的，作出遣送出境决定的机关应当依法确定被遣送出境的外国人不准入境的具体期限。

**第三十二条** 外国人被遣送出境所需的费用由本人承担。本人无力承担的，属于非法就业的，由非法聘用的单位、个人承担；属于其他情形的，由对外国人在中国境内停留居留提供保证措施的单位或者个人承担。

遣送外国人出境，由县级以上地方人民政府公安机关或者出入境边防检查机关实施。

**第三十三条** 外国人被决定限期出境的，作出决定的机关应当在注销或者收缴其原出境入境证件后，为其补办停留手续并限定出境的期限。限定出境期限最长不得超过 15 日。

**第三十四条** 外国人有下列情形之一的，其所持签证、停留居留证件由签发机关宣布作废：

（一）签证、停留居留证件损毁、遗失、被盗抢的；

（二）被决定限期出境、遣送出境、驱逐出境，其所持签证、停留居留证件未被收缴或者注销的；

（三）原居留事由变更，未在规定期限内向公安机关出入境管理机构申报，经公安机关公告后仍未申报的；

（四）有出境入境管理法第二十一条、第三十一条规定的不予签发签证、居留证件情形的。

签发机关对签证、停留居留证件依法宣布作废的，可以当场宣布作废或者公告宣布作废。

**第三十五条** 外国人所持签证、停留居留证件有下列情形之一的，由公安机关注销或者收缴：

（一）被签发机关宣布作废或者被他人冒用的；

（二）通过伪造、变造、骗取或者其他方式非法获取的；

（三）持有人被决定限期出境、遣送出境、驱逐出境的。

作出注销或者收缴决定的机关应当及时通知签发机关。

## 第五章　附　　则

**第三十六条** 本条例下列用语的含义：

（一）签证的入境次数，是指持证人在签证入境有效期内可以入境的次数。

（二）签证的入境有效期，是指持证人所持签证入境的有效时间范围。非经签发机关注明，签证自签发之日起生效，于有效期满当日北京时间 24 时失效。

（三）签证的停留期限，是指持证人每次入境后被准许停留的时限，自入境次日开始计算。

（四）短期，是指在中国境内停留不超过 180 日（含 180 日）。

（五）长期、常驻，是指在中国境内居留超过 180 日。

本条例规定的公安机关出入境管理机构审批期限和受理回执有效期以工作日计算，不含法定节假日。

**第三十七条** 经外交部批准，驻外签证机关可以委托当地有关机构承办外国人签证申请的接件、录入、咨询等服务性事务。

**第三十八条** 签证的式样由外交部会同公安部规定。停留居留证件的式样由公安部规定。

**第三十九条** 本条例自 2013 年 9 月 1 日起施行。1986 年 12 月 3 日国务院批准，1986 年 12 月 27 日公安部、外交部公布，1994 年 7 月 13 日、2010 年 4 月 24 日国务院修订的《中华人民共和国外国人入境出境管理法实施细则》同时废止。

# 外国公司船舶运输收入征税办法

（1996 年 9 月 18 日国务院批准　1996 年 10 月 24 日财政部、国家税务总局发布　根据 2011 年 1 月 8 日《国务院关于废止和修改部分行政法规的决定》修订）

**第一条** 为了加强对外国公司以船舶从事国际海运业务从中国取得运输收入的税收管理，根据《中华人民共和国税收征收管理法》、《中华人民共和国营业税暂行条例》以及企业所得税相关法律的规定，制定本办法。

**第二条** 外国公司以船舶从中国港口运载旅客、货物或者邮件出境的，所取得的运输收入、所得，依照本办法缴纳营业税、企业所得税。

**第三条** 外国公司以船舶从中国港口运载旅客、货物或者邮件出境的，取得运输收入的承运人为纳税人。纳税人包括：

（一）买方派船的期租船，以外国租船公司为纳税人；

（二）程租船，以外国船东为纳税人；

（三）中国租用的外国籍船舶再以期租方式转租给外国公司的，以外国公司为纳税人；

（四）外国公司期租的中国籍船舶，以外国公司为纳税人；

（五）其他外国籍船舶，以其船公司为纳税人。

依法经批准经营外轮代理业务的公司（以下简称外轮代理人）为应纳税款的扣缴义务人。

第四条　纳税人的应纳税额，按照每次从中国港口运载旅客、货物或者邮件出境取得的收入总额，依照4.65%的综合计征率计征，其中营业税为3%，企业所得税为1.65%。

第五条　本办法第四条所称收入总额，是指纳税人经营的船舶每次运载从中国港口始发旅客、货物或者邮件到达目的地的客运收入和货运收入的总和，不得扣除任何费用或者支出。客运收入包括船票收入以及逾重行李运费、餐费、保险费、服务费和娱乐费等。货运收入包括基本运费以及各项附加费等收入。

第六条　外国公司以船舶到中国港口运载旅客、货物或者邮件出境的，在将承运人的地址、船舶悬挂的国旗、客运情况、运货种类、运量以及到港日期通知外轮代理人的同时，应当将运费率等通知外轮代理人。

第七条　外国公司以船舶到中国港口运载旅客、货物或者邮件出境，委托外轮代理人计算并代收运费的，外轮代理人应当在收取运费后，按照本办法第四条规定的综合计征率，直接从纳税人的收入总额中代扣应纳税款。

第八条　外国公司以船舶到中国港口运载旅客、货物或者邮件出境，不通过外轮代理人代收运费的，外轮代理人应当根据本办法第四条规定的综合计征率计算预计税款，并通知纳税人在船舶抵港前将预计税款与港口使用费备用金一并汇达，由外轮代理人代收税款。

外国公司以船舶运载旅客、货物或者邮件出境后，外轮代理人应当在电告纳税人该船舶实际运载的出境旅客人数、货物或者邮件数量的同时，通知其向税务机关报告运输收入总额和应纳税额，并附运费结算凭证。纳税人向税务机关报告和缴纳税款的期限不得超过船舶离港之日起60日。

第九条 外轮代理人应当将按照本办法第七条、第八条规定代扣、代收的税款，自代扣代收之日起 10 日内，将实收税款缴入国库，并在次月 15 日前向港口所在地税务机关报送上月外轮代理业务情况一览表、运费结算情况统计报表、《代扣代缴、代收代缴外轮运输收入税收报告表》等资料。

第十条 纳税人不能完整、准确地提供本办法第六条、第八条规定的资料，不能正确计算收入总额的，外轮代理人应当及时报告港口所在地税务机关。港口所在地税务机关可以会同外轮代理人，参照国际间相同或者类似情况下运载旅客或者货物的通常价格，或者根据我国有关部门制订的运费率表，核定纳税人的收入总额，并据以征税。

第十一条 外国公司以同一艘船舶在中国几个港口运载旅客、货物或者邮件出境的，应当按照其在各港口运载旅客、货物或者邮件的运输收入，分别在各起运港征税。但是，同一艘程租船连续在中国几个港口运载货物或者邮件出境，其运费收入采取净包干方法的，全部运输收入应当在运载货物或者邮件的第一港口征税；采取包干运费并加收增港附加费方法的，其包干运费收入应当在运载货物或者邮件的第一港口征税，增港附加费收入应当分别在货物或者邮件起运港征税。

第十二条 在中国港口运载旅客、货物或者邮件出境，经由另一国或者地区转运到目的地的，营业税按照纳税人全程运费减去付给后续运输企业运费后的余额计征，企业所得税按照提单全程运输收入总额计征。

第十三条 外轮代理人按照本办法代扣、代收税款时，税务机关应当按照有关规定付给扣缴义务人代扣、代收手续费。

第十四条 纳税人、扣缴义务人未按照本办法履行义务的，依照《中华人民共和国税收征收管理法》及其实施细则的有关规定处罚。

第十五条 外轮代理人填报的《代扣代缴、代收代缴外轮运输收入税收报告表》由国家税务总局统一印制。

第十六条 香港、澳门、台湾的公司以船舶从境内港口运载旅客、货物或者邮件出境的，所取得的运输收入、所得，除另有规定外，比照本办法征税。

第十七条 中华人民共和国同外国缔结的有关协定规定减税或者免税的，按照协定规定执行。

前款所称协定，是指关于对所得（和财产）避免双重征税和防止偷漏税的协定、互免海运企业运输业务收入税收协定、海运协定以及其他有关协定或者换文。

**第十八条** 外国公司以船舶到中国港口运载旅客、货物或者邮件出境，所取得的运输收入、所得，按照本办法第十七条规定的协定可以享受减税或者免税的，应当按照本办法第六条的规定提供有关情况，税务机关分别情况查验下列证明文件：

（一）按照协定规定，船舶运输收入、所得仅由企业的实际管理机构或者总机构所在缔约国征税的，或者收入来源国应对缔约国对方居民公司经营国际运输业务取得的收入、所得减税或者免税的，外国公司应当提供缔约国税务主管当局出具的该公司实际管理机构、总机构或者居民公司所在地的证明文件；

（二）按照协定规定，收入来源国应当对悬挂缔约国对方国旗的商船或者由缔约国对方航运企业经营悬挂第三国国旗的商船取得的运输收入、所得减税或者免税的，外国公司应当提供缔约国对方航运主管部门出具的证明文件。

不能提供有关证明文件的，不得享受减税或者免税待遇。

**第十九条** 本办法自发布之日起施行。经国务院批准、财政部 1974 年 6 月发布的《关于对外国籍轮船运输收入的征税规定》同时废止。

# 外国在华常住人员携带进境物品
# 进口税收暂行规定

（1999 年 1 月 3 日经国务院批准　1999 年 3 月 10 日海关总署发布）

**第一条** 为了贯彻对外开放政策、加强对外交流、促进对外经济贸易的发展，特制定本规定。

**第二条** 经中华人民共和国主管部门批准的境外企业、新闻、经贸机构、文化团体及境外法人在我国境内设立的常驻机构（以下简称"常驻机构"），其获准进境并在我国境内居留一年以上的外国公民、华侨和港、澳、台居民（包括与其共同生活的配偶及未成年子女）等常驻人员（以下简称"常住人员"），进口的自用物品，适用于本规定。这些人员具体是指：

（一）外国企业和其他经济贸易及文化等组织在华常驻机构的常住人员；

（二）外国民间经济贸易和文化团体在华常驻机构的常住人员；

（三）外国在华常驻新闻机构的常驻记者；

（四）在华的中外合资、合作企业及外方独资企业的外方常住人员；

（五）长期来华工作的外籍专家（含港、澳、台地区专家）和华侨专家；

（六）长期来华学习的外国留学生和华侨留学生。

**第三条** 上述六类常住人员在华居住一年以上者（即：工作或留学签证有效期超过一年的），在签证有效期内初次来华携带进境的个人自用的家用摄像机、照相机、便携式收录机、便携式激光唱机、便携式计算机，报经所在地主管海关审核，在每个品种一台的数量限制内，予以免征进口税，超出部分照章征税。

**第四条** 对符合第二条规定的外籍专家（含港、澳、台地区专家）或华侨专家携运进境的图书资料、科研仪器、工具、样品、试剂等教学、科研物品，在自用合理数量范围内，免征进口税。

**第五条** 以上外国人员在华生活、学习、工作期间携带进境的第三条、第四条规定以外的行李物品，按《中华人民共和国海关对进出境旅客行李物品监管办法》执行。

**第六条** 以上规定进口的免税物品，按海关对免税进口物品的有关规定接受海关监管。

**第七条** 外国（包括地区）驻华使（领）馆、联合国专门机构及国际组织常驻（代表）机构的常驻人员（包括与其同行来华居驻的配偶及未成年子女）携带进境的物品，仍按现行有关规定执行。

**第八条** 此前的有关政策、规定，凡与本规定不符的，按本规定执行。

**第九条** 中华人民共和国海关总署依据本规定，制定实施细则。

**第十条** 本规定自 1999 年 4 月 1 日起执行。

# 自由贸易试验区外商投资国家安全审查试行办法

(2015 年 4 月 8 日 国办发〔2015〕24 号)

为做好中国(上海)自由贸易试验区、中国(广东)自由贸易试验区、中国(天津)自由贸易试验区、中国(福建)自由贸易试验区等自由贸易试验区(以下统称自贸试验区)对外开放工作,试点实施与负面清单管理模式相适应的外商投资国家安全审查(以下简称安全审查)措施,引导外商投资有序发展,维护国家安全,制定本办法。

**一、审查范围**

总的原则是,对影响或可能影响国家安全、国家安全保障能力,涉及敏感投资主体、敏感并购对象、敏感行业、敏感技术、敏感地域的外商投资进行安全审查。

(一)安全审查范围为:外国投资者在自贸试验区内投资军工、军工配套和其他关系国防安全的领域,以及重点、敏感军事设施周边地域;外国投资者在自贸试验区内投资关系国家安全的重要农产品、重要能源和资源、重要基础设施、重要运输服务、重要文化、重要信息技术产品和服务、关键技术、重大装备制造等领域,并取得所投资企业的实际控制权。

(二)外国投资者在自贸试验区内投资,包括下列情形:

1. 外国投资者单独或与其他投资者共同投资新建项目或设立企业。

2. 外国投资者通过并购方式取得已设立企业的股权或资产。

3. 外国投资者通过协议控制、代持、信托、再投资、境外交易、租赁、认购可转换债券等方式投资。

(三)外国投资者取得所投资企业的实际控制权,包括下列情形:

1. 外国投资者及其关联投资者持有企业股份总额在 50% 以上。

2. 数个外国投资者持有企业股份总额合计在 50% 以上。

3. 外国投资者及其关联投资者、数个外国投资者持有企业股份总额不超过 50%,但所享有的表决权已足以对股东会或股东大会、董事会的决议产生重大影响。

4. 其他导致外国投资者对企业的经营决策、人事、财务、技术等产生重大影响的情形。

**二、审查内容**

（一）外商投资对国防安全，包括对国防需要的国内产品生产能力、国内服务提供能力和有关设施的影响。

（二）外商投资对国家经济稳定运行的影响。

（三）外商投资对社会基本生活秩序的影响。

（四）外商投资对国家文化安全、公共道德的影响。

（五）外商投资对国家网络安全的影响。

（六）外商投资对涉及国家安全关键技术研发能力的影响。

**三、安全审查工作机制和程序**

（一）自贸试验区外商投资安全审查工作，由外国投资者并购境内企业安全审查部际联席会议（以下简称联席会议）具体承担。在联席会议机制下，国家发展改革委、商务部根据外商投资涉及的领域，会同相关部门开展安全审查。

（二）自贸试验区安全审查程序依照《国务院办公厅关于建立外国投资者并购境内企业安全审查制度的通知》（国办发〔2011〕6号）第四条办理。

（三）对影响或可能影响国家安全，但通过附加条件能够消除影响的投资，联席会议可要求外国投资者出具修改投资方案的书面承诺。外国投资者出具书面承诺后，联席会议可作出附加条件的审查意见。

（四）自贸试验区管理机构在办理职能范围内外商投资备案、核准或审核手续时，对属于安全审查范围的外商投资，应及时告知外国投资者提出安全审查申请，并暂停办理相关手续。

（五）商务部将联席会议审查意见书面通知外国投资者的同时，通知自贸试验区管理机构。对不影响国家安全或附加条件后不影响国家安全的外商投资，自贸试验区管理机构继续办理相关手续。

（六）自贸试验区管理机构应做好外商投资监管工作。如发现外国投资者提供虚假信息、遗漏实质信息、通过安全审查后变更投资活动或违背附加条件，对国家安全造成或可能造成重大影响的，即使外商投资安全审查已结束或投资已实施，自贸试验区管理机构应向国家发展改革委和商务部报告。

（七）国家发展改革委、商务部与自贸试验区管理机构通过信息化手段，在信息共享、实时监测、动态管理和定期核查等方面形成联动机制。

**四、其他规定**

（一）外商投资股权投资企业、创业投资企业、投资性公司在自贸试验区内投资，适用本办法。

（二）外商投资金融领域的安全审查另行规定。

（三）香港特别行政区、澳门特别行政区、台湾地区的投资者进行投资，参照本办法的规定执行。

（四）本办法由国家发展改革委、商务部负责解释。

（五）本办法自印发之日起 30 日后实施。

# 国务院关于扩大对外开放积极利用
# 外资若干措施的通知

（2017 年 1 月 12 日　国发〔2017〕5 号）

各省、自治区、直辖市人民政府，国务院各部委、各直属机构：

利用外资是我国对外开放基本国策和开放型经济体制的重要组成部分，在经济发展和深化改革进程中发挥了积极作用。当前，全球跨国投资和产业转移呈现新趋势，我国经济深度融入世界经济，经济发展进入新常态，利用外资面临新形势新任务。为深入贯彻落实《中共中央国务院关于构建开放型经济新体制的若干意见》，进一步积极利用外资，营造优良营商环境，继续深化简政放权、放管结合、优化服务改革，降低制度性交易成本，实现互利共赢，现将有关事宜通知如下：

**一、进一步扩大对外开放**

（一）以开放发展理念为指导，推动新一轮高水平对外开放。修订《外商投资产业指导目录》及相关政策法规，放宽服务业、制造业、采矿业等领域外资准入限制。支持外资参与创新驱动发展战略实施、制造业转型升级和海外人才在华创业发展。（国家发展改革委、商务部牵头）

（二）服务业重点放宽银行类金融机构、证券公司、证券投资基金管理公司、期货公司、保险机构、保险中介机构外资准入限制，放开会计审计、建筑设计、评级服务等领域外资准入限制，推进电信、互联网、文化、教育、交通运输等领域有序开放。（国家发展改革委、商务部牵头，教育部、工业和信息化部、财政部、人力资源社会保障部、住房城乡建设部、交通运输部、文化部、人民银行、新闻出版广电总局、国家网信办、银监会、证监会、保监会等按职责分工负责）

（三）制造业重点取消轨道交通设备制造、摩托车制造、燃料乙醇生产、油脂加工等领域外资准入限制。采矿业放宽油页岩、油砂、页岩气等非常规油气以及矿产资源领域外资准入限制。石油、天然气领域对外合作项目由审批制改为备案制。（国家发展改革委、商务部牵头，工业和信息化部、国土资源部、国家粮食局、国家能源局等按职责分工负责）

（四）外商投资企业和内资企业同等适用"中国制造2025"战略政策措施。鼓励外商投资高端制造、智能制造、绿色制造等，以及工业设计和创意、工程咨询、现代物流、检验检测认证等生产性服务业，改造提升传统产业。（国家发展改革委、工业和信息化部、商务部、质检总局等按职责分工负责）

（五）支持外资依法依规以特许经营方式参与基础设施建设，包括能源、交通、水利、环保、市政公用工程等。相关支持政策同等适用于外资特许经营项目建设运营。（国家发展改革委、财政部、住房城乡建设部、交通运输部、水利部、人民银行等按职责分工负责）

（六）支持内外资企业、科研机构开展研发合作。支持外商投资企业建设研发中心、企业技术中心，申报设立博士后科研工作站。根据对等原则，允许外商投资企业参与承担国家科技计划项目。外商投资企业同等适用研发费用加计扣除、高新技术企业、研发中心等优惠政策。（国家发展改革委、科技部、财政部、人力资源社会保障部、商务部、税务总局等按职责分工负责）

（七）支持海外高层次人才在华创业发展。对持有外国人永久居留证的外籍高层次人才创办科技型企业，给予中国籍公民同等待遇。对外籍高层次人才及其外籍配偶、子女申请办理多次签证或者居留证件的，依法依

规提供便利。（科技部、公安部、人力资源社会保障部、国家外专局等按职责分工负责）

## 二、进一步创造公平竞争环境

（八）各部门制定外资政策，要按照《国务院关于在市场体系建设中建立公平竞争审查制度的意见》（国发〔2016〕34号）规定进行公平竞争审查，原则上应公开征求意见，重要事项要报请国务院批准。各地区各部门要严格贯彻执行国家政策法规，确保政策法规执行的一致性，不得擅自增加对外商投资企业的限制。（各省、自治区、直辖市人民政府和国务院部门按职责分工负责）

（九）除法律法规有明确规定或确需境外投资者提供信息外，有关部门要按照内外资企业统一标准、统一时限的原则，审核外商投资企业业务牌照和资质申请，促进内外资企业一视同仁、公平竞争。（各省、自治区、直辖市人民政府和国务院有关部门按职责分工负责）

（十）促进内外资企业公平参与我国标准化工作。进一步深化标准化工作改革，提高标准制修订的透明度和开放度。推进标准制修订全过程信息公开，强化标准制修订过程中的信息共享和社会监督。（国家标准委牵头）

（十一）深化政府采购改革，坚持公开透明、公平竞争原则，依法依规对外商投资企业在我国境内生产的产品一视同仁、平等对待，促进内外资企业公平参与政府采购招投标。（财政部牵头）

（十二）依法依规严格保护外商投资企业知识产权。健全知识产权执法机制，加强知识产权执法、维权援助和仲裁调解工作。加强知识产权对外合作机制建设，推动相关国际组织在我国设立知识产权仲裁和调解分中心。（商务部、工商总局、国家知识产权局、国家版权局等按职责分工负责）

（十三）支持外商投资企业拓宽融资渠道。外商投资企业可以依法依规在主板、中小企业板、创业板上市，在新三板挂牌，以及发行企业债券、公司债券、可转换债券和运用非金融企业债务融资工具进行融资。（国家发展改革委、商务部、人民银行、证监会等按职责分工负责）

（十四）深化外商投资企业注册资本制度改革。除法律、行政法规另有规定外，取消外商投资公司的最低注册资本要求，落实内外资企业统一

的注册资本制度。（国家发展改革委、商务部、工商总局等按职责分工负责）

### 三、进一步加强吸引外资工作

（十五）各地区要按照创新、协调、绿色、开放、共享的发展理念，结合地方实际，积极开展投资促进活动。允许地方政府在法定权限范围内制定出台招商引资优惠政策，支持对就业、经济发展、技术创新贡献大的项目，降低企业投资和运营成本，依法保护外商投资企业及其投资者权益，营造良好的投资环境。（各省、自治区、直辖市人民政府按职责分工负责）

（十六）支持中西部地区、东北地区承接外资产业转移。修订《中西部地区外商投资优势产业目录》，扩大中西部地区、东北地区鼓励外商投资产业范围。对符合条件的西部地区鼓励类产业外商投资企业实行企业所得税优惠政策。向中西部地区、东北地区转移的外商投资企业享受国家支持产业转移与加工贸易的资金、土地等优惠政策。对东部地区外商投资企业转移到中西部地区、东北地区的，人力资源社会保障部门要依申请及时办理社会保险异地转移接续。（国家发展改革委、商务部牵头，工业和信息化部、财政部、人力资源社会保障部、国土资源部、税务总局等按职责分工负责）

（十七）支持外商投资项目用地。外商投资企业与内资企业同等适用相关用地政策。继续对集约用地的鼓励类外商投资工业项目优先供应土地，在确定土地出让底价时可按不低于所在地土地等别相对应全国工业用地出让最低价标准的70%执行。（国土资源部牵头）

（十八）推进外资跨国公司本外币资金集中运营管理改革。积极吸引跨国公司在我国设立地区总部和采购中心、结算中心等功能性机构，允许外资跨国公司开展本外币资金集中运营，促进资金双向流动，提高资金使用效率和投资便利化水平。（人民银行、国家外汇局等按职责分工负责）

（十九）完善外商投资企业外债管理制度。统一内外资企业外债管理，改进企业外汇管理，提高外商投资企业境外融资能力和便利度。（国家发展改革委、商务部、人民银行、国家外汇局等按职责分工负责）

（二十）深化外商投资管理体制改革。推进对外商投资全面实施准入前国民待遇加负面清单管理模式,简化外商投资项目管理程序和外商投资企业设立、变更管理程序。推进审批环节并联办理,缩短海关登记、申领发票等环节办理时间。加大电子政务建设力度,推行一口受理、限时办结、进度可查询,提升外商投资管理信息化水平。推进自由贸易试验区建设,在更大范围推广复制经验。(国家发展改革委、商务部、海关总署、税务总局、工商总局等按职责分工负责)

各地区、各部门要充分认识新形势下做好利用外资工作的重要意义,高度重视,主动作为,强化责任,密切协作,国家发展改革委、商务部要会同有关部门加强督促检查,确保各项政策措施落到实处。结合各项政策措施实施,大力创造更加开放、便利、透明的营商环境,积极吸引外商投资以及先进技术和管理经验,稳定外商投资规模和速度,提高利用外资水平和质量,着力推动新一轮高水平对外开放,以开放促改革、促发展。

国务院

2017 年 1 月 12 日

# 国务院关于促进外资增长若干措施的通知

(2017 年 8 月 8 日　国发〔2017〕39 号)

各省、自治区、直辖市人民政府,国务院各部委、各直属机构:

积极利用外资是我国对外开放战略的重要内容。当前经济全球化呈现新特点,我国利用外资面临新形势新任务。为深化供给侧结构性改革,推进简政放权、放管结合、优化服务改革,进一步提升我国外商投资环境法治化、国际化、便利化水平,促进外资增长,提高利用外资质量,现将有关事宜通知如下:

**一、进一步减少外资准入限制**

(一)全面实施准入前国民待遇加负面清单管理制度。尽快在全国推行自由贸易试验区试行过的外商投资负面清单,进一步增强投资环境的开放度、透明度、规范性。(国家发展改革委、商务部负责)

（二）进一步扩大市场准入对外开放范围。持续推进专用车和新能源汽车制造、船舶设计、支线和通用飞机维修、国际海上运输、铁路旅客运输、加油站、互联网上网服务营业场所、呼叫中心、演出经纪、银行业、证券业、保险业对外开放，明确对外开放时间表、路线图。（中央宣传部、中央网信办、国家发展改革委、工业和信息化部、交通运输部、商务部、文化部、人民银行、银监会、证监会、保监会、国家铁路局、中国民航局、中国铁路总公司按职责分工负责）

**二、制定财税支持政策**

（三）鼓励境外投资者持续扩大在华投资。对境外投资者从中国境内居民企业分配的利润直接投资于鼓励类投资项目，凡符合规定条件的，实行递延纳税政策，暂不征收预提所得税。（财政部、税务总局按职责分工负责）

（四）发挥外资对优化服务贸易结构的积极作用。将服务外包示范城市符合条件的技术先进型服务企业所得税优惠政策推广到全国，引导外资更多投向高技术、高附加值服务业。（财政部、商务部、税务总局等按职责分工负责）

（五）促进利用外资与对外投资相结合。对我国居民企业（包括跨国公司地区总部）分回国内符合条件的境外所得，研究出台相关税收支持政策。（财政部、税务总局按职责分工负责）

（六）鼓励跨国公司在华投资设立地区总部。支持各地依法依规出台包括资金支持在内的吸引跨国公司地区总部的政策措施，积极参与全球产业格局调整。（各省级人民政府负责）

（七）促进外资向西部地区和东北老工业基地转移。充分发挥现有财政资金作用，积极支持西部地区及东北老工业基地的国家级开发区（含经济技术开发区、高新技术产业开发区、海关特殊监管区域等，下同）科技创新、生态环保、公共服务等领域建设，改善招商环境，提升引资质量，承接高水平制造业转移。（科技部、财政部、商务部、海关总署按职责分工负责）

（八）支持重点引资平台基础设施和重大项目建设。鼓励省级人民政府发行地方政府债券支持国家级开发区、边境经济合作区、跨境经济合作区基础设施建设。加快试点发展项目收益与融资自求平衡的地方政府专项债券品种，优先保障上述区域符合条件的重大项目融资需求。（科技部、财政部、商务部、海关总署、各省级人民政府按职责分工负责）

**三、完善国家级开发区综合投资环境**

（九）充分赋予国家级开发区投资管理权限。支持国家级开发区开展相对集中行政许可权改革试点。指导国家级开发区进一步推进简政放权、放管结合、优化服务改革，在营造外商投资优良环境等方面发挥示范引领作用。（中央编办、科技部、商务部、海关总署、国务院法制办按职责分工负责）

（十）支持国家级开发区项目落地。允许各地在符合经济社会发展规划、土地利用总体规划、城市总体规划的前提下，对国家级开发区利用外资项目所需建设用地指标予以优先保障，做到应保尽保。（科技部、国土资源部、住房城乡建设部、商务部、海关总署、各省级人民政府按职责分工负责）

（十一）支持国家级开发区拓展引资空间。对符合条件的国家级开发区，经国务院批准后允许调区、扩区，整合区位相邻、相近的开发区，建立飞地园区，对收储的低效用地，相应提供规划调整、简化审批等便利。（科技部、国土资源部、住房城乡建设部、商务部、海关总署、各地方人民政府按职责分工负责）

（十二）支持国家级开发区提升产业配套服务能力。在条件成熟的地区，引进生产服务型外资企业，试点开展高技术、高附加值项目境内外维修业务，促进加工贸易向全球产业链、价值链中高端延伸。（商务部、海关总署负责）

**四、便利人才出入境**

（十三）完善外国人才引进制度。在全国实施外国人来华工作许可制度，采用"告知＋承诺"、"容缺受理"等方式，为外国人才办理工作许可提供便利。2018年，制定出台外国人在中国工作管理条例，建立标准统一、程序规范的外国人才来华工作许可制度。（外交部、公安部、国务院法制办、国家外专局等按职责分工负责）

（十四）积极引进国际高端人才。2017年下半年，制定出台外国人才签证实施细则，完善外国人才评价标准，扩大发放范围；放宽外国人才签证有效期限，对符合条件的外国人，签发长期（5年至10年）多次往返签证，并可凭该签证办理工作许可、申请工作类居留证件。制定出台外国人永久居留管理条例，明确外国人申请和取得永久居留资格的条件和程序。（外交部、公安部、国务院法制办、国家外专局等按职责分工负责）

**五、优化营商环境**

（十五）抓紧完善外资法律体系。加快统一内外资法律法规，制定新的外资基础性法律。清理涉及外资的法律、法规、规章和政策性文件，推动限期废止或修订与国家对外开放大方向和大原则不符的法律法规或条款。（有关部门和各省级人民政府按职责分工负责）

（十六）提升外商投资服务水平。完善中央及地方外商投资企业投诉机制，协调解决境外投资者反映的突出问题，加大对外商投资企业享有准入后国民待遇的保障力度，努力营造统一开放、竞争有序的市场环境。建立行政事业性收费和政府性基金、政府定价的涉企经营服务性收费等涉企收费目录清单制度。（国家发展改革委、财政部、商务部等有关部门、各省级人民政府按职责分工负责）

（十七）保障境外投资者利润自由汇出。对于境外投资者在境内依法取得的利润、股息等投资收益，可依法以人民币或外汇自由汇出。（人民银行、国家外汇局按职责分工负责）

（十八）深化外商投资企业管理信息共享和业务协同。积极推进"互联网＋政务服务"，进一步完善"双随机、一公开"监管机制，构建高效便捷的外商投资事中事后监管与服务体系。加大商务部门与工商、海关、质检、外汇等部门之间信息管理系统的互联互通力度，实现外商投资企业从设立到运营的有关信息跨层级、跨部门共享。试点外商投资企业商务备案与工商登记"单一窗口、单一表格"受理新模式。（商务部、海关总署、工商总局、质检总局、国家外汇局等有关部门负责，各地方人民政府按职责分工负责）

（十九）鼓励外资参与国内企业优化重组。简化程序，放宽限制，支持境外投资者以并购方式设立外商投资企业。支持国内企业多渠道引进国际先进技术、管理经验和营销渠道。鼓励外资参与国有企业混合所有制改革。（国家发展改革委、商务部、国务院国资委按职责分工负责）

（二十）完善外商投资企业知识产权保护。针对网络侵权盗版、侵犯专利权、侵犯商标专用权等知识产权问题开展集中整治，强化司法保护和行政执法，加大对侵权违法行为的惩治力度。（全国打击侵权假冒工作领导小组办公室、工商总局、新闻出版广电总局、国家知识产权局等按职责分工负责）

（二十一）提升研发环境国际竞争力。为研发中心运营创造便利条件，依法简化具备条件的研发中心研发用样本样品、试剂等进口手续，促进外资研发投入。（海关总署、质检总局等按职责分工负责）

（二十二）保持外资政策稳定性连续性。地方各级人民政府要严格兑现向投资者及外商投资企业依法作出的政策承诺，认真履行在招商引资等活动中依法签订的各类合同。（各省级人民政府负责）

各地区、各部门要高度重视新形势下利用外资工作，按照职责分工，主动作为，密切配合。商务部要会同有关部门加强督促检查，确保各项措施落到实处，不断提升我国引资新优势，促进利用外资实现稳定增长。

国务院

2017 年 8 月 8 日

# 指导外商投资方向规定

（2002 年 2 月 11 日国务院令第 346 号公布　自 2002 年 4 月 1 日起施行）

**第一条**　为了指导外商投资方向，使外商投资方向与我国国民经济和社会发展规划相适应，并有利于保护投资者的合法权益，根据国家有关外商投资的法律规定和产业政策要求，制定本规定。

**第二条**　本规定适用于在我国境内投资举办中外合资经营企业、中外合作经营企业和外资企业（以下简称外商投资企业）的项目以及其他形式的外商投资项目（以下简称外商投资项目）。

**第三条**　《外商投资产业指导目录》和《中西部地区外商投资优势产

业目录》由国家发展计划委员会、国家经济贸易委员会、对外贸易经济合作部会同国务院有关部门制订，经国务院批准后公布；根据实际情况，需要对《外商投资产业指导目录》和《中西部地区外商投资优势产业目录》进行部分调整时，由国家经济贸易委员会、国家发展计划委员会、对外贸易经济合作部会同国务院有关部门适时修订并公布。

《外商投资产业指导目录》和《中西部地区外商投资优势产业目录》是指导审批外商投资项目和外商投资企业适用有关政策的依据。

**第四条** 外商投资项目分为鼓励、允许、限制和禁止四类。

鼓励类、限制类和禁止类的外商投资项目，列入《外商投资产业指导目录》。不属于鼓励类、限制类和禁止类的外商投资项目，为允许类外商投资项目。允许类外商投资项目不列入《外商投资产业指导目录》。

**第五条** 属于下列情形之一的，列为鼓励类外商投资项目：

（一）属于农业新技术、农业综合开发和能源、交通、重要原材料工业的；

（二）属于高新技术、先进适用技术，能够改进产品性能、提高企业技术经济效益或者生产国内生产能力不足的新设备、新材料的；

（三）适应市场需求，能够提高产品档次、开拓新兴市场或者增加产品国际竞争能力的；

（四）属于新技术、新设备，能够节约能源和原材料、综合利用资源和再生资源以及防治环境污染的；

（五）能够发挥中西部地区的人力和资源优势，并符合国家产业政策的；

（六）法律、行政法规规定的其他情形。

**第六条** 属于下列情形之一的，列为限制类外商投资项目：

（一）技术水平落后的；

（二）不利于节约资源和改善生态环境的；

（三）从事国家规定实行保护性开采的特定矿种勘探、开采的；

（四）属于国家逐步开放的产业的；

（五）法律、行政法规规定的其他情形。

**第七条** 属于下列情形之一的，列为禁止类外商投资项目：

（一）危害国家安全或者损害社会公共利益的；

（二） 对环境造成污染损害，破坏自然资源或者损害人体健康的；

（三） 占用大量耕地，不利于保护、开发土地资源的；

（四） 危害军事设施安全和使用效能的；

（五） 运用我国特有工艺或者技术生产产品的；

（六） 法律、行政法规规定的其他情形。

**第八条**　《外商投资产业指导目录》可以对外商投资项目规定"限于合资、合作"、"中方控股"或者"中方相对控股"。

限于合资、合作，是指仅允许中外合资经营、中外合作经营；中方控股，是指中方投资者在外商投资项目中的投资比例之和为51%及以上；中方相对控股，是指中方投资者在外商投资项目中的投资比例之和大于任何一方外国投资者的投资比例。

**第九条**　鼓励类外商投资项目，除依照有关法律、行政法规的规定享受优惠待遇外，从事投资额大、回收期长的能源、交通、城市基础设施（煤炭、石油、天然气、电力、铁路、公路、港口、机场、城市道路、污水处理、垃圾处理等）建设、经营的，经批准，可以扩大与其相关的经营范围。

**第十条**　产品全部直接出口的允许类外商投资项目，视为鼓励类外商投资项目；产品出口销售额占其产品销售总额70%以上的限制类外商投资项目，经省、自治区、直辖市及计划单列市人民政府或者国务院主管部门批准，可以视为允许类外商投资项目。

**第十一条**　对于确能发挥中西部地区优势的允许类和限制类外商投资项目，可以适当放宽条件；其中，列入《中西部地区外商投资优势产业目录》的，可以享受鼓励类外商投资项目优惠政策。

**第十二条**　根据现行审批权限，外商投资项目按照项目性质分别由发展计划部门和经贸部门审批、备案；外商投资企业的合同、章程由外经贸部门审批、备案。其中，限制类限额以下的外商投资项目由省、自治区、直辖市及计划单列市人民政府的相应主管部门审批，同时报上级主管部门和行业主管部门备案，此类项目的审批权不得下放。属于服务贸易领域逐步开放的外商投资项目，按照国家有关规定审批。

涉及配额、许可证的外商投资项目，须先向外经贸部门申请配额、许可证。

法律、行政法规对外商投资项目的审批程序和办法另有规定的，依照其规定。

**第十三条** 对违反本规定审批的外商投资项目，上级审批机关应当自收到该项目的备案文件之日起 30 个工作日内予以撤销，其合同、章程无效，企业登记机关不予注册登记，海关不予办理进出口手续。

**第十四条** 外商投资项目申请人以欺骗等不正当手段，骗取项目批准的，根据情节轻重，依法追究法律责任；审批机关应当撤销对该项目的批准，并由有关主管机关依法作出相应的处理。

**第十五条** 审批机关工作人员滥用职权、玩忽职守的，依照刑法关于滥用职权罪、玩忽职守罪的规定，依法追究刑事责任；尚不够刑事处罚的，依法给予记大过以上的行政处分。

**第十六条** 华侨和香港特别行政区、澳门特别行政区、台湾地区的投资者举办的投资项目，比照本规定执行。

**第十七条** 本规定自 2002 年 4 月 1 日起施行。1995 年 6 月 7 日国务院批准，1995 年 6 月 20 日国家计划委员会、国家经济贸易委员会、对外贸易经济合作部发布的《指导外商投资方向暂行规定》同时废止。

# 国务院办公厅转发国家发展改革委商务部
# 人民银行外交部关于进一步引导和规范
# 境外投资方向指导意见的通知

（2017 年 8 月 4 日　国办发〔2017〕74 号）

各省、自治区、直辖市人民政府，国务院各部委、各直属机构：

国家发展改革委、商务部、人民银行、外交部《关于进一步引导和规范境外投资方向的指导意见》已经国务院同意，现转发给你们，请认真贯彻执行。

国务院办公厅

2017 年 8 月 4 日

# 关于进一步引导和规范境外投资方向的
# 指导意见

（国家发展改革委、商务部、人民银行、外交部）

近年来，我国企业境外投资步伐明显加快，规模和效益显著提升，为带动相关产品、技术、服务"走出去"，促进国内经济转型升级，深化与相关国家互利合作，推进"一带一路"建设和开展国际产能合作发挥了重要作用。当前国际国内环境正在发生深刻变化，我国企业开展境外投资既存在较好机遇，也面临诸多风险和挑战。为加强对境外投资的宏观指导，进一步引导和规范境外投资方向，推动境外投资持续合理有序健康发展，有效防范各类风险，更好地适应国民经济与社会发展需要，现提出以下意见：

## 一、指导思想

全面贯彻党的十八大和十八届三中、四中、五中、六中全会精神，深入贯彻习近平总书记系列重要讲话精神和治国理政新理念新思想新战略，认真落实党中央、国务院决策部署，统筹推进"五位一体"总体布局和协调推进"四个全面"战略布局，坚持以人民为中心的发展思想，坚持稳中求进工作总基调，牢固树立和贯彻落实创新、协调、绿色、开放、共享的发展理念，坚定奉行互利共赢的开放战略，不断创造更全面、更深入、更多元的对外开放格局，以供给侧结构性改革为主线，以"一带一路"建设为统领，深化境外投资体制机制改革，进一步引导和规范企业境外投资方向，促进企业合理有序开展境外投资活动，防范和应对境外投资风险，推动境外投资持续健康发展，实现与投资目的国互利共赢、共同发展。

## 二、基本原则

——坚持企业主体。在境外投资领域充分发挥市场在资源配置中的决定性作用和更好发挥政府作用，以企业为主体、市场为导向，按照商业原则和国际惯例开展境外投资，企业在政府引导下自主决策、自负盈亏、自担风险。

——坚持深化改革。创新体制机制，提高境外投资便利化水平，深入推进简政放权、放管结合、优化服务改革，坚持以备案制为主的境外投资管理方式，在资本项下实行有管理的市场化运行机制，按"鼓励发展 + 负面清单"模式引导和规范企业境外投资方向。

——坚持互利共赢。引导企业充分考虑投资目的国国情和实际需求，注重与当地政府和企业开展互利合作，创造良好的经济社会效益，促进互惠互利、合作共赢。

——坚持防范风险。坚持稳中求进工作总基调，统筹国家经济外交整体战略，坚持依法合规，合理把握境外投资重点和节奏，积极做好境外投资事前、事中、事后监管，切实防范各类风险。

**三、鼓励开展的境外投资**

支持境内有能力、有条件的企业积极稳妥开展境外投资活动，推进"一带一路"建设，深化国际产能合作，带动国内优势产能、优质装备、适用技术输出，提升我国技术研发和生产制造能力，弥补我国能源资源短缺，推动我国相关产业提质升级。

（一）重点推进有利于"一带一路"建设和周边基础设施互联互通的基础设施境外投资。

（二）稳步开展带动优势产能、优质装备和技术标准输出的境外投资。

（三）加强与境外高新技术和先进制造业企业的投资合作，鼓励在境外设立研发中心。

（四）在审慎评估经济效益的基础上稳妥参与境外油气、矿产等能源资源勘探和开发。

（五）着力扩大农业对外合作，开展农林牧副渔等领域互利共赢的投资合作。

（六）有序推进商贸、文化、物流等服务领域境外投资，支持符合条件的金融机构在境外建立分支机构和服务网络，依法合规开展业务。

**四、限制开展的境外投资**

限制境内企业开展与国家和平发展外交方针、互利共赢开放战略以及宏观调控政策不符的境外投资，包括：

（一）赴与我国未建交、发生战乱或者我国缔结的双多边条约或协议规定需要限制的敏感国家和地区开展境外投资。

（二）房地产、酒店、影城、娱乐业、体育俱乐部等境外投资。

（三）在境外设立无具体实业项目的股权投资基金或投资平台。

（四）使用不符合投资目的国技术标准要求的落后生产设备开展境外投资。

（五）不符合投资目的国环保、能耗、安全标准的境外投资。

其中，前三类须经境外投资主管部门核准。

**五、禁止开展的境外投资**

禁止境内企业参与危害或可能危害国家利益和国家安全等的境外投资，包括：

（一）涉及未经国家批准的军事工业核心技术和产品输出的境外投资。

（二）运用我国禁止出口的技术、工艺、产品的境外投资。

（三）赌博业、色情业等境外投资。

（四）我国缔结或参加的国际条约规定禁止的境外投资。

（五）其他危害或可能危害国家利益和国家安全的境外投资。

**六、保障措施**

（一）实施分类指导。对鼓励开展的境外投资，要在税收、外汇、保险、海关、信息等方面进一步提高服务水平，为企业创造更加良好的便利化条件。对限制开展的境外投资，要引导企业审慎参与，并结合实际情况给予必要的指导和提示。对禁止开展的境外投资，要采取切实有效的措施予以严格管控。

（二）完善管理机制。加强境外投资真实性、合规性审查，防范虚假投资行为。建立境外投资黑名单制度，对违规投资行为实施联合惩戒。建立部门间信息共享机制。指导境内企业加强对其控制的境外企业的监督和管理，建立健全境外投资决策、财务管理和违规责任追究制度。建立国有企业境外投资资本金制度。完善国有企业境外投资审计制度，维护境外国有资产安全。

（三）提高服务水平。制定境外投资经营行为规范，引导企业建立健全境外合规经营风险审查、管控和决策体系，深入了解境外投资合作政策法规和国际惯例，遵守当地法律法规，合法经营。加强与有关国家在投资保护、金融、人员往来等方面机制化合作，为企业开展境外投资创造良好外部环境。支持境内资产评估、法律服务、会计服务、税务服务、投资顾问、设计咨询、风险评估、认证、仲裁等相关中介机构发展，为企业境外投资提供市场化、社会化、国际化的商业咨询服务，降低企业境外投资经营风险。

（四）强化安全保障。定期发布《国别投资经营便利化状况报告》，加强对企业赴高风险国家和地区投资的指导和监督，及时警示和通报有关国家政治、经济和社会重大风险，提出应对预案和防范措施，切实维护我国企业境外合法权益。督促企业开展境外项目安全风险评估，做好项目安全风险预测应对，建立完善安保制度，加强安保培训，提升企业境外投资安全风险防范能力。

各地区、各部门要按照本意见要求，合理把握境外投资的方向和重点，切实加强组织领导和统筹协调，落实工作责任，抓紧制定出台配套政策措施，扎实推进相关工作，确保取得实效。

# 国务院关于在中国（上海）自由贸易试验区内暂时调整有关行政法规和国务院文件规定的行政审批或者准入特别管理措施的决定

（2013 年 12 月 21 日　国发〔2013〕51 号）

各省、自治区、直辖市人民政府，国务院各部委、各直属机构：

为加快政府职能转变，创新对外开放模式，进一步探索深化改革开放的经验，根据《全国人民代表大会常务委员会关于授权国务院在中国（上海）自由贸易试验区暂时调整有关法律规定的行政审批的决定》和《中国（上海）自由贸易试验区总体方案》的规定，国务院决定在中国（上海）自由贸易试验区内暂时调整下列行政法规和国务院文件规定的行政审批或者准入特别管理措施：

一、改革外商投资管理模式，对国家规定实施准入特别管理措施之外的外商投资，暂时调整《中华人民共和国外资企业法实施细则》、《中华人民共和国中外合资经营企业法实施条例》、《中华人民共和国中外合作经营企业法实施细则》、《指导外商投资方向规定》、《外国企业或者个人在中国境内设立合伙企业管理办法》、《中外合资经营企业合营期限暂行规定》、《中外合资经营企业合营各方出资的若干规定》、《〈中外合资经营企业合营各方出资的若干规定〉的补充规定》、《国务院关于投资体制改革的决定》、《国务院关于进一步做好利用外资工作的若干意见》规定的有关行政审批。

二、扩大服务业开放，暂时调整《中华人民共和国船舶登记条例》、《中华人民共和国国际海运条例》、《征信业管理条例》、《营业性演出管理条例》、《娱乐场所管理条例》、《中华人民共和国中外合作办学条例》、《外商投资电信企业管理规定》、《国务院办公厅转发文化部等部门关于开展电子游戏经营场所专项治理意见的通知》规定的有关行政审批以及有关资质要求、股比限制、经营范围限制等准入特别管理措施。

国务院有关部门、上海市人民政府要根据法律、行政法规和国务院文件调整情况，及时对本部门、本市制定的规章和规范性文件作相应调整，建立与试点要求相适应的管理制度。

根据《全国人民代表大会常务委员会关于授权国务院在中国（上海）自由贸易试验区暂时调整有关法律规定的行政审批的决定》和试验区改革开放措施的试验情况，本决定内容适时进行调整。

附件：国务院决定在中国（上海）自由贸易试验区内暂时调整有关行政法规和国务院文件规定的行政审批或者准入特别管理措施目录

国务院

2013 年 12 月 21 日

附件

国务院决定在中国（上海）自由贸易试验区内暂时调整有关行政法规和
国务院文件规定的行政审批或者准入特别管理措施目录

| 序号 | 名称 | 行政法规、国务院文件规定 | 内容 |
|------|------|--------------------------|------|
| 1 | 外商投资项目核准（国务院规定对国内投资项目保留核准的除外） | 1.《指导外商投资方向规定》<br>第十二条第一款的有关规定：根据现行审批权限，外商投资项目按照项目性质分别由发展计划部门和经贸部门审批、备案。<br>2.《外国企业或者个人在中国境内设立合伙企业管理办法》<br>第十三条：外国企业或者个人在中国境内设立合伙企业涉及须经政府核准的投资项目的，依照国家有关规定办理投资项目核准手续。<br>3.《国务院关于投资体制改革的决定》（国发〔2004〕20号）<br>第二部分第二项的有关规定：对于外商投资项目，政府还要从市场准入、资本项目管理等方面进行核准。<br>4.《国务院关于进一步做好利用外资工作的若干意见》（国发〔2010〕9号）<br>第四部分第十六项的有关规定：《外商投资产业指导目录》中总投资（包括增资）3亿美元以下的鼓励类、允许类项目，除《政府核准的投资项目目录》规定需由国务院有关部门核准之外，由地方政府有关部门核准。 | 在负面清单之外的领域，暂时停止实施该项行政审批，改为备案管理 |
| 2 | 外资企业设立审批 | 1.《中华人民共和国外资企业法实施细则》<br>第七条：设立外资企业的申请，由中华人民共和国对外贸易经济合作部（以下简称对外贸易经济合作部）审查批准后，发给批准证书。<br>设立外资企业的申请属于下列情形的，国务院授权省、自治区、直辖市和计划单列市、经济特区人民政府审查批准后，发给批准证书： | 在负面清单之外的领域，暂时停止实施该项行政审批，改为备案管理 |

（续表）

| 序号 | 名称 | 行政法规、国务院文件规定 | 内容 |
|------|------|--------------------------|------|
| 2 | 外资企业设立审批 | （一）投资总额在国务院规定的投资审批权限以内的；<br><br>（二）不需要国家调拨原材料，不影响能源、交通运输、外贸出口配额等全国综合平衡的。<br><br>省、自治区、直辖市和计划单列市、经济特区人民政府在国务院授权范围内批准设立外资企业，应当在批准后15天内报对外贸易经济合作部备案（对外贸易经济合作部和省、自治区、直辖市和计划单列市、经济特区人民政府，以下统称审批机关）。<br><br>第十六条：外资企业的章程经审批机关批准后生效，修改时同。<br><br>2.《指导外商投资方向规定》<br><br>第十二条第一款的有关规定：外商投资企业的合同、章程由外经贸部门审批、备案。其中，限制类限额以下的外商投资项目由省、自治区、直辖市及计划单列市人民政府的相应主管部门审批，同时报上级主管部门和行业主管部门备案，此类项目的审批权不得下放。属于服务贸易领域逐步开放的外商投资项目，按照国家有关规定审批。<br><br>3.《国务院关于进一步做好利用外资工作的若干意见》（国发〔2010〕9号）<br><br>第四部分第十六项的有关规定：服务业领域外商投资企业的设立（金融、电信服务除外）由地方政府按照有关规定进行审批。<br><br>4.《政府核准的投资项目目录（2013年本）》<br><br>第十二条第三款：外商投资企业的设立及变更事项，按现行有关规定由商务部和地方政府核准。 | 在负面清单之外的领域，暂时停止实施该项行政审批，改为备案管理 |

（续表）

| 序号 | 名称 | 行政法规、国务院文件规定 | 内容 |
|---|---|---|---|
| 3 | 外资企业分立、合并或者其他原因导致资本发生重大变动审批 | 《中华人民共和国外资企业法实施细则》<br>第十七条：外资企业的分立、合并或者由于其他原因导致资本发生重大变动，须经审批机关批准，并应当聘请中国的注册会计师验证和出具验资报告；经审批机关批准后，向工商行政管理机关办理变更登记手续。 | 在负面清单之外的领域，暂时停止实施该项行政审批，改为备案管理 |
| 4 | 外资企业注册资本减少、增加、转让审批 | 《中华人民共和国外资企业法实施细则》<br>第二十一条：外资企业在经营期内不得减少其注册资本。但是，因投资总额和生产经营规模等发生变化，确需减少的，须经审批机关批准。<br>第二十二条：外资企业注册资本的增加、转让，须经审批机关批准，并向工商行政管理机关办理变更登记手续。 | 在负面清单之外的领域，暂时停止实施该项行政审批，改为备案管理 |
| 5 | 外资企业财产或者权益对外抵押、转让审批 | 《中华人民共和国外资企业法实施细则》<br>第二十三条：外资企业将其财产或者权益对外抵押、转让，须经审批机关批准并向工商行政管理机关备案。 | 在负面清单之外的领域，暂时停止实施该项行政审批，改为备案管理 |
| 6 | 外国投资者出资审批 | 《中华人民共和国外资企业法实施细则》<br>第二十五条第二款：经审批机关批准，外国投资者也可以用其从中国境内举办的其他外商投资企业获得的人民币利润出资。 | 在负面清单之外的领域，暂时停止实施该项行政审批，改为备案管理 |
| 7 | 外国投资者延期出资审批 | 《中华人民共和国外资企业法实施细则》<br>第三十一条第二款：外国投资者有正当理由要求延期出资的，应当经审批机关同意，并报工商行政管理机关备案。 | 在负面清单之外的领域，暂时停止实施该项行政审批，改为备案管理 |

（续表）

| 序号 | 名称 | 行政法规、国务院文件规定 | 内容 |
|---|---|---|---|
| 8 | 外资企业经营期限审批 | 《中华人民共和国外资企业法实施细则》<br><br>第四十条：外资企业的土地使用年限，与经批准的该外资企业的经营期限相同。<br><br>第七十条：外资企业的经营期限，根据不同行业和企业的具体情况，由外国投资者在设立外资企业的申请书中拟订，经审批机关批准。<br><br>第七十一条第二款：外资企业经营期满需要延长经营期限的，应当在距经营期满 180 天前向审批机关报送延长经营期限的申请书。审批机关应当在收到申请书之日起 30 天内决定批准或者不批准。 | 在负面清单之外的领域，暂时停止实施该项行政审批，改为备案管理 |
| 9 | 外资企业终止核准 | 《中华人民共和国外资企业法实施细则》<br><br>第七十二条第二款：外资企业如存在前款第（二）、（三）、（四）项所列情形，应当自行提交终止申请书，报审批机关核准。审批机关作出核准的日期为企业的终止日期。<br><br>第七十三条：外资企业依照本实施细则第七十二条第（一）、（二）、（三）、（六）项的规定终止的，应当在终止之日起 15 天内对外公告并通知债权人，并在终止公告发出之日起 15 天内，提出清算程序、原则和清算委员会人选，报审批机关审核后进行清算。 | 在负面清单之外的领域，暂时停止实施该项行政审批，改为备案管理 |
| 10 | 中外合资经营企业设立审批 | 《中华人民共和国中外合资经营企业法实施条例》<br><br>第六条第一款、第二款、第三款：<br><br>在中国境内设立合营企业，必须经中华人民共和国对外贸易经济合作部（以下简称对外贸易经济合作部）审查批准。批准后，由对外贸易经济合作部发给批准证书。<br><br>凡具备下列条件的，国务院授权省、自治区、直辖市人民政府或者国务院有关部门审批： | 在负面清单之外的领域，暂时停止实施该项行政审批，改为备案管理 |

（续表）

| 序号 | 名称 | 行政法规、国务院文件规定 | 内容 |
|---|---|---|---|
| 10 | 中外合资经营企业设立审批 | （一）投资总额在国务院规定的投资审批权限以内，中国合营者的资金来源已经落实的；<br>（二）不需要国家增拨原材料，不影响燃料、动力、交通运输、外贸出口配额等方面的全国平衡的。<br>依照前款批准设立的合营企业，应当报对外贸易经济合作部备案。<br>第十四条：合营企业协议、合同和章程经审批机构批准后生效，其修改时同。 | 在负面清单之外的领域，暂时停止实施该项行政审批，改为备案管理 |
| 11 | 中外合资经营企业转让股权审批 | 《中华人民共和国中外合资经营企业法实施条例》<br>第二十条第一款：合营一方向第三者转让其全部或者部分股权的，须经合营他方同意，并报审批机构批准，向登记管理机构办理变更登记手续。 | 在负面清单之外的领域，暂时停止实施该项行政审批，改为备案管理 |
| 12 | 中外合资经营企业增加、减少注册资本审批 | 《中华人民共和国中外合资经营企业法实施条例》<br>第十九条：合营企业在合营期内不得减少其注册资本。因投资总额和生产经营规模等发生变化，确需减少的，须经审批机构批准。<br>第二十一条：合营企业注册资本的增加、减少，应当由董事会会议通过，并报审批机构批准，向登记管理机构办理变更登记手续。 | 在负面清单之外的领域，暂时停止实施该项行政审批，改为备案管理 |
| 13 | 中外合资经营企业出资方式审批 | 《中华人民共和国中外合资经营企业法实施条例》<br>第二十七条：外国合营者作为出资的机器设备或者其他物料、工业产权或者专有技术，应当报审批机构批准。 | 在负面清单之外的领域，暂时停止实施该项行政审批，改为备案管理 |

（续表）

| 序号 | 名称 | 行政法规、国务院文件规定 | 内容 |
|------|------|------------------------|------|
| 14 | 中外合资经营企业经营期限审批 | 《中外合资经营企业合营期限暂行规定》<br><br>第四条：合营各方在合营合同中不约定合营期限的合营企业，按照国家规定的审批权限和程序审批。除对外经济贸易部直接审批的外，其他审批机关应当在批准后30天内报对外经济贸易部备案。<br><br>第六条第一款：在本规定施行之前已经批准设立的合营企业，按照批准的合营合同约定的期限执行，但属本规定第三条规定以外的合营企业，合营各方一致同意将合营合同中合营期限条款修改为不约定合营期限的，合营各方应当申报理由，签订修改合营合同的协议，并提出申请，报原审批机关审查。 | 在负面清单之外的领域，暂时停止实施该项行政审批，改为备案管理 |
| 15 | 中外合资经营企业解散审批 | 1. 《中华人民共和国中外合资经营企业法实施条例》<br><br>第九十条第二款：前款第（二）、（四）、（五）、（六）项情况发生的，由董事会提出解散申请书，报审批机构批准；第（三）项情况发生的，由履行合同的一方提出申请，报审批机构批准。<br><br>2. 《中外合资经营企业合营各方出资的若干规定》<br><br>第七条第一款：合营一方未按照合营合同的规定如期缴付或者缴清其出资的，即构成违约。守约方应当催告违约方在一个月内缴付或者缴清出资。逾期仍未缴付或者缴清的，视同违约方放弃在合营合同中的一切权利，自动退出合营企业。守约方应当在逾期后一个月内，向原审批机关申请批准解散合营企业或者申请批准另找合营者承担违约方在合营合同中的权利和义务。守约方可以依法要求违约方赔偿因未缴付或者缴清出资造成的经济损失。 | 在负面清单之外的领域，暂时停止实施该项行政审批，改为备案管理 |

（续表）

| 序号 | 名称 | 行政法规、国务院文件规定 | 内容 |
|---|---|---|---|
| 16 | 中外合资经营、中外合作经营、外商独资经营企业出资审批 | 《〈中外合资经营企业合营各方出资的若干规定〉的补充规定》的全部条文 | 在负面清单之外的领域，暂时停止实施该项行政审批，改为备案管理 |
| 17 | 中外合作经营企业设立审批 | 《中华人民共和国中外合作经营企业法实施细则》<br>第六条：设立合作企业由对外贸易经济合作部或者国务院授权的部门和地方人民政府审查批准。<br>设立合作企业属于下列情形的，由国务院授权的部门或者地方人民政府审查批准：<br>（一）投资总额在国务院规定由国务院授权的部门或者地方人民政府审批的投资限额以内的；<br>（二）自筹资金，并且不需要国家平衡建设、生产条件的；<br>（三）产品出口不需要领取国家有关主管部门发放的出口配额、许可证，或者虽需要领取，但在报送项目建议书前已征得国家有关主管部门同意的；<br>（四）有法律、行政法规规定由国务院授权的部门或者地方人民政府审查批准的其他情形的。 | 在负面清单之外的领域，暂时停止实施该项行政审批，改为备案管理 |
| 18 | 中外合作经营企业协议、合同、章程重大变更审批 | 《中华人民共和国中外合作经营企业法实施细则》<br>第十一条：合作企业协议、合同、章程自审查批准机关颁发批准证书之日起生效。在合作期限内，合作企业协议、合同、章程有重大变更的，须经审查批准机关批准。 | 在负面清单之外的领域，暂时停止实施该项行政审批，改为备案管理 |

（续表）

| 序号 | 名称 | 行政法规、国务院文件规定 | 内容 |
|---|---|---|---|
| 19 | 中外合作经营企业注册资本减少审批 | 《中华人民共和国中外合作经营企业法实施细则》<br>第十六条第二款：合作企业注册资本在合作期限内不得减少。但是，因投资总额和生产经营规模等变化，确需减少的，须经审查批准机关批准。 | 在负面清单之外的领域，暂时停止实施该项行政审批，改为备案管理 |
| 20 | 中外合作经营企业转让合作企业合同权利审批 | 《中华人民共和国中外合作经营企业法实施细则》<br>第二十三条第一款：合作各方之间相互转让或者合作一方向合作他方以外的他人转让属于其在合作企业合同中全部或者部分权利的，须经合作他方书面同意，并报审查批准机关批准。 | 在负面清单之外的领域，暂时停止实施该项行政审批，改为备案管理 |
| 21 | 中外合作经营企业委托经营管理合同审批 | 《中华人民共和国中外合作经营企业法实施细则》<br>第三十五条第二款：合作企业应当将董事会或者联合管理委员会的决议、签订的委托经营管理合同，连同被委托人的资信证明等文件，一并报送审查批准机关批准。审查批准机关应当自收到有关文件之日起30天内决定批准或者不批准。 | 在负面清单之外的领域，暂时停止实施该项行政审批，改为备案管理 |
| 22 | 外国合作者先行回收投资报审查批准机关审批 | 《中华人民共和国中外合作经营企业法实施细则》<br>第四十五条第一款：外国合作者依照本实施细则第四十四条第二项和第三项的规定提出先行回收投资的申请，应当具体说明先行回收投资的总额、期限和方式，经财政税务机关审查同意后，报审查批准机关审批。 | 在负面清单之外的领域，暂时停止实施该项行政审批，改为备案管理 |

（续表）

| 序号 | 名称 | 行政法规、国务院文件规定 | 内容 |
|---|---|---|---|
| 23 | 中外合作经营企业延长合作期限审批 | 《中华人民共和国中外合作经营企业法实施细则》<br><br>第四十七条第二款：合作企业期限届满，合作各方协商同意要求延长合作期限的，应当在期限届满的180天前向审查批准机关提出申请，说明原合作企业合同执行情况，延长合作期限的原因，同时报送合作各方就延长的期限内各方的权利、义务等事项所达成的协议。审查批准机关应当自接到申请之日起30天内，决定批准或者不批准。<br><br>第四十七条第四款：合作企业合同约定外国合作者先行回收投资，并且投资已经回收完毕的，合作企业期限届满不再延长；但是，外国合作者增加投资的，经合作各方协商同意，可以依照本条第二款的规定向审查批准机关申请延长合作期限。 | 在负面清单之外的领域，暂时停止实施该项行政审批，改为备案管理 |
| 24 | 中外合作经营企业解散审批 | 1. 《中华人民共和国中外合作经营企业法实施细则》<br><br>第四十八条第二款：前款第二项、第四项所列情形发生，应当由合作企业的董事会或者联合管理委员会做出决定，报审查批准机关批准。在前款第三项所列情形下，不履行合作企业合同、章程规定的义务的中外合作者一方或者数方，应当对履行合同的他方因此遭受的损失承担赔偿责任；履行合同的一方或者数方有权向审查批准机关提出申请，解散合作企业。<br><br>2. 《中外合资经营企业合营各方出资的若干规定》<br><br>第七条第一款：合营一方未按照合营合同的规定如期缴付或者缴清其出资的，即构成违约。守约方应当催告违约方在一个月内缴付或 | 在负面清单之外的领域，暂时停止实施该项行政审批，改为备案管理 |

（续表）

| 序号 | 名称 | 行政法规、国务院文件规定 | 内容 |
|------|------|------|------|
| 24 | 中外合作经营企业解散审批 | 者缴清出资。逾期仍未缴付或者缴清的，视同违约方放弃在合营合同中的一切权利，自动退出合营企业。守约方应当在逾期后一个月内，向原审批机关申请批准解散合营企业或者申请批准另找合营者承担违约方在合营合同中的权利和义务。守约方可以依法要求违约方赔偿因未缴付或者缴清出资造成的经济损失。<br><br>第十条：中外合作经营企业合作各方的出资参照本规定执行。 | 在负面清单之外的领域，暂时停止实施该项行政审批，改为备案管理 |
| 25 | 放宽中外合资、中外合作国际船舶运输企业的外资股比限制 | 1.《中华人民共和国船舶登记条例》<br>第二条第一款第二项：依据中华人民共和国法律设立的主要营业所在中华人民共和国境内的企业法人的船舶。但是，在该法人的注册资本中有外商出资的，中方投资人的出资额不得低于50%。<br><br>2.《中华人民共和国国际海运条例》<br>第二十九条第二款、第三款、第四款：<br>经营国际船舶运输、国际船舶代理业务的中外合资经营企业，企业中外商的出资比例不得超过49%。<br>经营国际船舶运输、国际船舶代理业务的中外合作经营企业，企业中外商的投资比例比照适用前款规定。<br>中外合资国际船舶运输企业和中外合作国际船舶运输企业的董事会主席和总经理，由中外合资、合作双方协商后由中方指定。 | 暂时停止实施相关规定内容，由国务院交通运输主管部门制定相关管理办法 |
| 26 | 允许设立外商独资国际船舶管理企业 | 《中华人民共和国国际海运条例》<br>第二十九条第一款：经国务院交通主管部门批准，外商可以依照有关法律、行政法规以及国家其他有关规定，投资设立中外合资经营企业或者中外合作经营企业，经营国际船舶运输、 | 暂时停止实施相关规定内容，由国务院交通运输主管部门制定相关管理办法 |

（续表）

| 序号 | 名称 | 行政法规、国务院文件规定 | 内容 |
|------|------|------------------------|------|
| 26 | 允许设立外商独资国际船舶管理企业 | 国际船舶代理、国际船舶管理、国际海运货物装卸、国际海运货物仓储、国际海运集装箱站和堆场业务；并可以投资设立外资企业经营国际海运货物仓储业务。 | 暂时停止实施相关规定内容，由国务院交通运输主管部门制定相关管理办法 |
| 27 | 允许设立外商投资资信调查公司 | 《征信业管理条例》<br>第四十五条：外商投资征信机构的设立条件，由国务院征信业监督管理部门会同国务院有关部门制定，报国务院批准。<br>境外征信机构在境内经营征信业务，应当经国务院征信业监督管理部门批准。 | 暂时停止实施相关规定内容，由国务院征信业监督管理部门制定相关管理办法 |
| 28 | 取消外资演出经纪机构的股比限制，允许设立外商独资演出经纪机构，为上海市提供服务 | 《营业性演出管理条例》<br>第十一条第一款、第二款：<br>外国投资者可以与中国投资者依法设立中外合资经营、中外合作经营的演出经纪机构、演出场所经营单位；不得设立中外合资经营、中外合作经营、外资经营的文艺表演团体，不得设立外资经营的演出经纪机构、演出场所经营单位。<br>设立中外合资经营的演出经纪机构、演出场所经营单位，中国合营者的投资比例应当不低于51%；设立中外合作经营的演出经纪机构、演出场所经营单位，中国合作者应当拥有经营主导权。 | 暂时停止实施相关规定内容，由国务院文化主管部门制定相关管理办法 |
| 29 | 允许设立外商独资的娱乐场所，在试验区内提供服务 | 《娱乐场所管理条例》<br>第六条：外国投资者可以与中国投资者依法设立中外合资经营、中外合作经营的娱乐场所，不得设立外商独资经营的娱乐场所。 | 暂时停止实施相关规定内容，由国务院文化主管部门制定相关管理办法 |

（续表）

| 序号 | 名称 | 行政法规、国务院文件规定 | 内容 |
|---|---|---|---|
| 30 | 允许举办中外合作的经营性教育培训机构和经营性职业技能培训机构 | 《中华人民共和国中外合作办学条例》<br>第六十条：在工商行政管理部门登记注册的经营性的中外合作举办的培训机构的管理办法，由国务院另行规定。 | 暂时停止实施相关规定内容，由上海市制定发布相关管理办法 |
| 31 | 在保障网络信息安全的前提下，允许外资企业经营特定形式的部分增值电信业务 | 《外商投资电信企业管理规定》<br>第二条：外商投资电信企业，是指外国投资者同中国投资者在中华人民共和国境内依法以中外合资经营形式，共同投资设立的经营电信业务的企业。<br>第六条第二款：经营增值电信业务（包括基础电信业务中的无线寻呼业务）的外商投资电信企业的外方投资者在企业中的出资比例，最终不得超过50%。<br>第十二条：设立外商投资电信企业经营省、自治区、直辖市范围内增值电信业务，由中方主要投资者向省、自治区、直辖市电信管理机构提出申请并报送下列文件：<br>（一）本规定第十条规定的资格证明或者有关确认文件；<br>（二）电信条例规定的经营增值电信业务应当具备的其他条件的证明或者确认文件。<br>省、自治区、直辖市电信管理机构应当自收到申请之日起60日内签署意见。同意的，转报国务院工业和信息化主管部门；不同意的，应当书面通知申请人并说明理由。 | 暂时停止实施相关规定内容，由国务院工业和信息化主管部门制定相关管理办法 |

（续表）

| 序号 | 名称 | 行政法规、国务院文件规定 | 内容 |
|---|---|---|---|
| 31 | 在保障网络信息安全的前提下，允许外资企业经营特定形式的部分增值电信业务 | 国务院工业和信息化主管部门应当自收到省、自治区、直辖市电信管理机构签署同意的申请文件之日起 30 日内审查完毕，作出批准或者不予批准的决定。予以批准的，颁发《外商投资经营电信业务审定意见书》；不予批准的，应当书面通知申请人并说明理由。<br>第十四条：设立外商投资电信企业，按照国家有关规定，其投资项目需要经国务院发展改革部门核准的，国务院工业和信息化主管部门应当在颁发《外商投资经营电信业务审定意见书》前，将申请材料转送国务院发展改革部门核准。转送国务院发展改革部门核准的，本规定第十一条、第十二条规定的审批期限可以延长 30 日。<br>第十五条：设立外商投资电信企业，属于经营基础电信业务或者跨省、自治区、直辖市范围增值电信业务的，由中方主要投资者凭《外商投资经营电信业务审定意见书》向国务院商务主管部门报送拟设立外商投资电信企业的合同、章程；属于经营省、自治区、直辖市范围内增值电信业务的，由中方主要投资者凭《外商投资经营电信业务审定意见书》向省、自治区、直辖市人民政府商务主管部门报送拟设立外商投资电信企业的合同、章程。<br>国务院商务主管部门和省、自治区、直辖市人民政府商务主管部门应当自收到报送的拟设立外商投资电信企业的合同、章程之日起 90 日内审查完毕，作出批准或者不予批准的决定。予以批准的，颁发《外商投资企业批准证书》；不予批准的，应当书面通知申请人并说明理由。 | 暂时停止实施相关规定内容，由国务院工业和信息化主管部门制定相关管理办法 |

（续表）

| 序号 | 名称 | 行政法规、国务院文件规定 | 内容 |
|---|---|---|---|
| 31 | 在保障网络信息安全的前提下，允许外资企业经营特定形式的部分增值电信业务 | 第十六条：外商投资电信企业的中方主要投资者凭《外商投资企业批准证书》，到国务院工业和信息化主管部门办理《电信业务经营许可证》手续。<br><br>外商投资电信企业的中方主要投资者凭《外商投资企业批准证书》和《电信业务经营许可证》，向工商行政管理机关办理外商投资电信企业注册登记手续。<br><br>第十八条：违反本规定第六条规定的，由国务院工业和信息化主管部门责令限期改正，并处 10 万元以上 50 万元以下的罚款；逾期不改正的，由国务院工业和信息化主管部门吊销《电信业务经营许可证》，并由原颁发《外商投资企业批准证书》的商务主管部门撤销其《外商投资企业批准证书》。<br><br>第十九条：违反本规定第十七条规定的，由国务院工业和信息化主管部门责令限期改正，并处 20 万元以上 100 万元以下的罚款；逾期不改正的，由国务院工业和信息化主管部门吊销《电信业务经营许可证》，并由原颁发《外商投资企业批准证书》的商务主管部门撤销其《外商投资企业批准证书》。<br><br>第二十条：申请设立外商投资电信企业，提供虚假、伪造的资格证明或者确认文件骗取批准的，批准无效，由国务院工业和信息化主管部门处 20 万元以上 100 万元以下的罚款，吊销《电信业务经营许可证》，并由原颁发《外商投资企业批准证书》的商务主管部门撤销其《外商投资企业批准证书》。 | 暂时停止实施相关规定内容，由国务院工业和信息化主管部门制定相关管理办法 |

（续表）

| 序号 | 名称 | 行政法规、国务院文件规定 | 内容 |
|------|------|------------------------|------|
| 32 | 允许外资企业从事游戏游艺设备的生产和销售，通过文化主管部门内容审查的游戏游艺设备可面向国内市场销售 | 《国务院办公厅转发文化部等部门关于开展电子游戏经营场所专项治理意见的通知》（国办发〔2000〕44号）<br><br>二、自本意见发布之日起，各地要立即停止审批新的电子游戏经营场所，也不得审批现有的电子游戏经营场所增添或更新任何类型的电子游戏设备。<br><br>六、自本意见发布之日起，面向国内的电子游戏设备及其零、附件生产、销售即行停止。任何企业、个人不得再从事面向国内的电子游戏设备及其零、附件的生产、销售活动。一经发现向电子游戏经营场所销售电子游戏设备及其零、附件的，由经贸、信息产业部门会同工商行政管理等部门依照有关规定进行处理。<br><br>除加工贸易方式外，严格限制以其他贸易方式进口电子游戏设备及其零、附件（海关商品编号95041000、95043010、95049010）。对电子游戏设备及其零、附件的加工贸易业务，列入限制类加工贸易产品，并实行加工贸易保证金台账实转制度，外经贸部门要严格审批和管理，海关加强实际监管，其产品只能返销出境；逾期不能出口的，由海关依法予以收缴，或监督有关企业予以销毁。各地海关要加大查验力度，实施重点查控，坚决打击通过伪报、夹藏等方式走私电子游戏设备及其零、附件的非法行为。 | 暂时停止实施相关规定内容，由国务院文化主管部门制定相关管理办法 |

# 国务院关于在自由贸易试验区暂时调整有关行政法规、国务院文件和经国务院批准的部门规章规定的决定

（2016 年 7 月 1 日　国发〔2016〕41 号）

各省、自治区、直辖市人民政府，国务院各部委、各直属机构：

为保障自由贸易试验区有关改革开放措施依法顺利实施，根据《全国人民代表大会常务委员会关于授权国务院在中国（广东）自由贸易试验区、中国（天津）自由贸易试验区、中国（福建）自由贸易试验区以及中国（上海）自由贸易试验区扩展区域暂时调整有关法律规定的行政审批的决定》，以及《中国（广东）自由贸易试验区总体方案》、《中国（天津）自由贸易试验区总体方案》、《中国（福建）自由贸易试验区总体方案》和《进一步深化中国（上海）自由贸易试验区改革开放方案》，国务院决定，在自由贸易试验区暂时调整《中华人民共和国外资企业法实施细则》等 18 部行政法规、《国务院关于投资体制改革的决定》等 4 件国务院文件、《外商投资产业指导目录（2015 年修订)》等 4 件经国务院批准的部门规章的有关规定（目录附后）。

国务院有关部门和天津市、上海市、福建省、广东省人民政府要根据上述调整情况，及时对本部门、本省市制定的规章和规范性文件作相应调整，建立与试点要求相适应的管理制度。

根据自由贸易试验区改革开放措施的试验情况，本决定内容适时进行调整。

附件：国务院决定在自由贸易试验区暂时调整有关行政法规、国务院文件和经国务院批准的部门规章规定目录

国务院

2016 年 7 月 1 日

**附件**

国务院决定在自由贸易试验区暂时调整有关行政法规、
国务院文件和经国务院批准的部门规章规定目录

| 序号 | 有关行政法规、国务院文件和经国务院批准的部门规章规定 | 调整情况 | 实施范围 |
|---|---|---|---|
| 1 | 1. 《指导外商投资方向规定》<br>第十二条第一款的有关规定：根据现行审批权限，外商投资项目按照项目性质分别由发展计划部门和经贸部门审批、备案。<br>2. 《外国企业或者个人在中国境内设立合伙企业管理办法》<br>第十三条：外国企业或者个人在中国境内设立合伙企业涉及须经政府核准的投资项目的，依照国家有关规定办理投资项目核准手续。<br>3. 《国务院关于投资体制改革的决定》（国发〔2004〕20号）<br>第二部分第二项的有关规定：对于外商投资项目，政府还要从市场准入、资本项目管理等方面进行核准。<br>4. 《国务院关于进一步做好利用外资工作的若干意见》（国发〔2010〕9号）<br>第四部分第十六项的有关规定：《外商投资产业指导目录》中总投资（包括增资）3亿美元以下的鼓励类、允许类项目，除《政府核准的投资项目目录》规定需由国务院有关部门核准之外，由地方政府有关部门核准。 | 在负面清单之外的领域，暂时停止实施外商投资项目核准（国务院规定对国内投资项目保留核准的除外），改为备案管理 | 广东、天津、福建自由贸易试验区，上海自由贸易试验区扩展区域 |

（续表）

| 序号 | 有关行政法规、国务院文件和经国务院批准的部门规章规定 | 调整情况 | 实施范围 |
|---|---|---|---|
| 2 | 《政府核准的投资项目目录（2014年本）》<br>十一、外商投资<br>《外商投资产业指导目录》中有中方控股（含相对控股）要求的总投资（含增资）10亿美元及以上鼓励类项目，总投资（含增资）1亿美元及以上限制类（不含房地产）项目，由国务院投资主管部门核准，其中总投资（含增资）20亿美元及以上项目报国务院备案。《外商投资产业指导目录》限制类中的房地产项目和总投资（含增资）小于1亿美元的其他限制类项目，由省级政府核准。《外商投资产业指导目录》中有中方控股（含相对控股）要求的总投资（含增资）小于10亿美元的鼓励类项目，由地方政府核准。 | 在负面清单之外的领域，暂时停止实施外商投资项目核准（国务院规定对国内投资项目保留核准的除外），改为备案管理 | 上海、广东、天津、福建自由贸易试验区 |
| 3 | 1.《中华人民共和国外资企业法实施细则》<br>第七条：设立外资企业的申请，由中华人民共和国对外贸易经济合作部（以下简称对外贸易经济合作部）审查批准后，发给批准证书。<br>设立外资企业的申请属于下列情形的，国务院授权省、自治区、直辖市和计划单列市、经济特区人民政府审查批准后，发给批准证书：<br>（一）投资总额在国务院规定的投资审批权限以内的；<br>（二）不需要国家调拨原材料，不影 | 在负面清单之外的领域，暂时停止实施外资企业设立审批，改为备案管理 | 广东、天津、福建自由贸易试验区，上海自由贸易试验区扩展区域 |

（续表）

| 序号 | 有关行政法规、国务院文件和经国务院批准的部门规章规定 | 调整情况 | 实施范围 |
|---|---|---|---|
| 3 | 响能源、交通运输、外贸出口配额等全国综合平衡的。<br><br>省、自治区、直辖市和计划单列市、经济特区人民政府在国务院授权范围内批准设立外资企业，应当在批准后 15 天内报对外贸易经济合作部备案（对外贸易经济合作部和省、自治区、直辖市和计划单列市、经济特区人民政府，以下统称审批机关）。<br><br>第十六条：外资企业的章程经审批机关批准后生效，修改时同。<br><br>2.《指导外商投资方向规定》<br><br>第十二条第一款的有关规定：外商投资企业的合同、章程由外经贸部门审批、备案。其中，限制类限额以下的外商投资项目由省、自治区、直辖市及计划单列市人民政府的相应主管部门审批，同时报上级主管部门和行业主管部门备案，此类项目的审批权不得下放。属于服务贸易领域逐步开放的外商投资项目，按照国家有关规定审批。<br><br>3.《国务院关于进一步做好利用外资工作的若干意见》（国发〔2010〕9 号）<br><br>第四部分第十六项的有关规定：服务业领域外商投资企业的设立（金融、电信服务除外）由地方政府按照有关规定进行审批。 | 在负面清单之外的领域，暂时停止实施外资企业设立审批，改为备案管理 | 广东、天津、福建自由贸易试验区，上海自由贸易试验区扩展区域 |

（续表）

| 序号 | 有关行政法规、国务院文件和经国务院批准的部门规章规定 | 调整情况 | 实施范围 |
|---|---|---|---|
| 4 | 《中华人民共和国外资企业法实施细则》<br>第十七条：外资企业的分立、合并或者由于其他原因导致资本发生重大变动，须经审批机关批准，并应当聘请中国的注册会计师验证和出具验资报告；经审批机关批准后，向工商行政管理机关办理变更登记手续。 | 在负面清单之外的领域，暂时停止实施外资企业分立、合并或者其他原因导致资本发生重大变动审批，改为备案管理 | 广东、天津、福建自由贸易试验区，上海自由贸易试验区扩展区域 |
| 5 | 《中华人民共和国外资企业法实施细则》<br>第二十一条：外资企业在经营期内不得减少其注册资本。但是，因投资总额和生产经营规模等发生变化，确需减少的，须经审批机关批准。<br>第二十二条：外资企业注册资本的增加、转让，须经审批机关批准，并向工商行政管理机关办理变更登记手续。 | 在负面清单之外的领域，暂时停止实施外资企业注册资本减少、增加、转让审批，改为备案管理 | 广东、天津、福建自由贸易试验区，上海自由贸易试验区扩展区域 |
| 6 | 《中华人民共和国外资企业法实施细则》<br>第二十三条：外资企业将其财产或者权益对外抵押、转让，须经审批机关批准并向工商行政管理机关备案。 | 在负面清单之外的领域，暂时停止实施外资企业财产或者权益对外抵押、转让审批，改为备案管理 | 广东、天津、福建自由贸易试验区，上海自由贸易试验区扩展区域 |
| 7 | 《中华人民共和国外资企业法实施细则》<br>第二十五条第二款：经审批机关批准，外国投资者也可以用其从中国境内举办的其他外商投资企业获得的人民币利润出资。 | 在负面清单之外的领域，暂时停止实施外国投资者出资方式审批，改为备案管理 | 广东、天津、福建自由贸易试验区，上海自由贸易试验区扩展区域 |

（续表）

| 序号 | 有关行政法规、国务院文件和经国务院批准的部门规章规定 | 调整情况 | 实施范围 |
|---|---|---|---|
| 8 | 《中华人民共和国外资企业法实施细则》<br><br>第三十八条：外资企业的土地使用年限，与经批准的该外资企业的经营期限相同。<br><br>第六十八条：外资企业的经营期限，根据不同行业和企业的具体情况，由外国投资者在设立外资企业的申请书中拟订，经审批机关批准。<br><br>第六十九条第二款：外资企业经营期满需要延长经营期限的，应当在距经营期满 180 天前向审批机关报送延长经营期限的申请书。审批机关应当在收到申请书之日起 30 天内决定批准或者不批准。 | 在负面清单之外的领域，暂时停止实施外资企业经营期限审批，改为备案管理 | 广东、天津、福建自由贸易试验区，上海自由贸易试验区扩展区域 |
| 9 | 《中华人民共和国外资企业法实施细则》<br><br>第七十条第二款：外资企业如存在前款第（二）、（三）、（四）项所列情形，应当自行提交终止申请书，报审批机关核准。审批机关作出核准的日期为企业的终止日期。<br><br>第七十一条：外资企业依照本实施细则第七十条第（一）、（二）、（三）、（六）项的规定终止的，应当在终止之日起 15 天内对外公告并通知债权人，并在终止公告发出之日起 15 天内，提出清算程序、原则和清算委员会人选，报审批机关审核后进行清算。 | 在负面清单之外的领域，暂时停止实施外资企业终止核准，改为备案管理 | 广东、天津、福建自由贸易试验区，上海自由贸易试验区扩展区域 |

（续表）

| 序号 | 有关行政法规、国务院文件和经国务院批准的部门规章规定 | 调整情况 | 实施范围 |
|---|---|---|---|
| 10 | 1.《中华人民共和国中外合资经营企业法实施条例》<br><br>第六条第一款、第二款、第三款：<br><br>在中国境内设立合营企业，必须经中华人民共和国对外贸易经济合作部（以下简称对外贸易经济合作部）审查批准。批准后，由对外贸易经济合作部发给批准证书。<br><br>凡具备下列条件的，国务院授权省、自治区、直辖市人民政府或者国务院有关部门审批：<br><br>（一）投资总额在国务院规定的投资审批权限以内，中国合营者的资金来源已经落实的；<br><br>（二）不需要国家增拨原材料，不影响燃料、动力、交通运输、外贸出口配额等方面的全国平衡的。<br><br>依照前款批准设立的合营企业，应当报对外贸易经济合作部备案。<br><br>第十四条：合营企业协议、合同和章程经审批机构批准后生效，其修改时同。<br><br>2.《指导外商投资方向规定》<br><br>第十二条第一款的有关规定：外商投资企业的合同、章程由外经贸部审批、备案。其中，限制类限额以下的外商投资项目由省、自治区、直辖市及计划单列市人民政府的相应主管部门审批，同时报上级主管部门和行业主管部门备案，此类项目的审批权不得下放。属于服务贸易领域逐步开放的外商投资项目， | 在负面清单之外的领域，暂时停止实施中外合资经营企业设立审批，改为备案管理 | 广东、天津、福建自由贸易试验区，上海自由贸易试验区扩展区域 |

（续表）

| 序号 | 有关行政法规、国务院文件和经国务院批准的部门规章规定 | 调整情况 | 实施范围 |
|---|---|---|---|
| 10 | 按照国家有关规定审批。<br>　　3.《国务院关于进一步做好利用外资工作的若干意见》（国发〔2010〕9号）<br>　　第四部分第十六项的有关规定：服务业领域外商投资企业的设立（金融、电信服务除外）由地方政府按照有关规定进行审批。 | 在负面清单之外的领域，暂时停止实施中外合资经营企业设立审批，改为备案管理 | 广东、天津、福建自由贸易试验区，上海自由贸易试验区扩展区域 |
| 11 | 《中华人民共和国中外合资经营企业法实施条例》<br>　　第二十条第一款：合营一方向第三者转让其全部或者部分股权的，须经合营他方同意，并报审批机构批准，向登记管理机构办理变更登记手续。 | 在负面清单之外的领域，暂时停止实施中外合资经营企业转让股权审批，改为备案管理 | 广东、天津、福建自由贸易试验区，上海自由贸易试验区扩展区域 |
| 12 | 《中华人民共和国中外合资经营企业法实施条例》<br>　　第十九条：合营企业在合营期内不得减少其注册资本。因投资总额和生产经营规模等发生变化，确需减少的，须经审批机构批准。<br>　　第二十一条：合营企业注册资本的增加、减少，应当由董事会会议通过，并报审批机构批准，向登记管理机构办理变更登记手续。 | 在负面清单之外的领域，暂时停止实施中外合资经营企业增加、减少注册资本审批，改为备案管理 | 广东、天津、福建自由贸易试验区，上海自由贸易试验区扩展区域 |
| 13 | 《中华人民共和国中外合资经营企业法实施条例》<br>　　第二十七条：外国合营者作为出资的机器设备或者其他物料、工业产权或者专有技术，应当报审批机构批准。 | 在负面清单之外的领域，暂时停止实施外国合营者出资方式审批，改为备案管理 | 广东、天津、福建自由贸易试验区，上海自由贸易试验区扩展区域 |

（续表）

| 序号 | 有关行政法规、国务院文件和经国务院批准的部门规章规定 | 调整情况 | 实施范围 |
|---|---|---|---|
| 14 | 《中外合资经营企业合营期限暂行规定》<br>第四条：合营各方在合营合同中不约定合营期限的合营企业，按照国家规定的审批权限和程序审批。除对外经济贸易部直接审批的外，其他审批机关应当在批准后30天内报对外经济贸易部备案。<br>第六条第一款：在本规定施行之前已经批准设立的合营企业，按照批准的合营合同约定的期限执行，但属本规定第三条规定以外的合营企业，合营各方一致同意将合营合同中合营期限条款修改为不约定合营期限的，合营各方应当申报理由，签订修改合营合同的协议，并提出申请，报原审批机关审查。 | 在负面清单之外的领域，暂时停止实施中外合资经营企业经营期限审批，改为备案管理 | 广东、天津、福建自由贸易试验区，上海自由贸易试验区扩展区域 |
| 15 | 《中华人民共和国中外合资经营企业法实施条例》<br>第九十条第二款：前款第（二）、（四）、（五）、（六）项情况发生的，由董事会提出解散申请书，报审批机构批准；第（三）项情况发生的，由履行合同的一方提出申请，报审批机构批准。 | 在负面清单之外的领域，暂时停止实施中外合资经营企业解散审批，改为备案管理 | 广东、天津、福建自由贸易试验区，上海自由贸易试验区扩展区域 |
| 16 | 1.《中华人民共和国中外合作经营企业法实施细则》<br>第六条：设立合作企业由对外贸易经济合作部或者国务院授权的部门和地方人民政府审查批准。<br>设立合作企业属于下列情形的，由国 | 在负面清单之外的领域，暂时停止实施中外合作经营企业设立审批，改为备案管理 | 广东、天津、福建自由贸易试验区，上海自由贸易试验区扩展区域 |

（续表）

| 序号 | 有关行政法规、国务院文件和经国务院批准的部门规章规定 | 调整情况 | 实施范围 |
|------|------|------|------|
| 16 | 务院授权的部门或者地方人民政府审查批准：<br>（一）投资总额在国务院规定由国务院授权的部门或者地方人民政府审批的投资限额以内的；<br>（二）自筹资金，并且不需要国家平衡建设、生产条件的；<br>（三）产品出口不需要领取国家有关主管部门发放的出口配额、许可证，或者虽需要领取，但在报送项目建议书前已征得国家有关主管部门同意的；<br>（四）有法律、行政法规规定由国务院授权的部门或者地方人民政府审查批准的其他情形的。<br>2.《指导外商投资方向规定》第十二条第一款的有关规定：外商投资企业的合同、章程由外经贸部门审批、备案。其中，限制类限额以下的外商投资项目由省、自治区、直辖市及计划单列市人民政府的相应主管部门审批，同时报上级主管部门和行业主管部门备案，此类项目的审批权不得下放。属于服务贸易领域逐步开放的外商投资项目，按照国家有关规定审批。<br>3.《国务院关于进一步做好利用外资工作的若干意见》（国发〔2010〕9号）第四部分第十六项的有关规定：服务业领域外商投资企业的设立（金融、电信服务除外）由地方政府按照有关规定进行审批。 | 在负面清单之外的领域，暂时停止实施中外合作经营企业设立审批，改为备案管理 | 广东、天津、福建自由贸易试验区，上海自由贸易试验区扩展区域 |

（续表）

| 序号 | 有关行政法规、国务院文件和经国务院批准的部门规章规定 | 调整情况 | 实施范围 |
|---|---|---|---|
| 17 | 《中华人民共和国中外合作经营企业法实施细则》<br>第十一条：合作企业协议、合同、章程自审查批准机关颁发批准证书之日起生效。在合作期限内，合作企业协议、合同、章程有重大变更的，须经审查批准机关批准。 | 在负面清单之外的领域，暂时停止实施中外合作经营企业协议、合同、章程重大变更审批，改为备案管理 | 广东、天津、福建自由贸易试验区，上海自由贸易试验区扩展区域 |
| 18 | 《中华人民共和国中外合作经营企业法实施细则》<br>第十六条第二款：合作企业注册资本在合作期限内不得减少。但是，因投资总额和生产经营规模等变化，确需减少的，须经审查批准机关批准。 | 在负面清单之外的领域，暂时停止实施中外合作经营企业注册资本减少审批，改为备案管理 | 广东、天津、福建自由贸易试验区，上海自由贸易试验区扩展区域 |
| 19 | 《中华人民共和国中外合作经营企业法实施细则》<br>第二十三条第一款：合作各方之间相互转让或者合作一方向合作他方以外的他人转让属于其在合作企业合同中全部或者部分权利的，须经合作他方书面同意，并报审查批准机关批准。 | 在负面清单之外的领域，暂时停止实施中外合作经营企业合作方转让其在合作企业合同中的权利审批，改为备案管理 | 广东、天津、福建自由贸易试验区，上海自由贸易试验区扩展区域 |
| 20 | 《中华人民共和国中外合作经营企业法实施细则》<br>第三十五条第二款：合作企业应当将董事会或者联合管理委员会的决议、签订的委托经营管理合同，连同被委托人的资信证明等文件，一并报送审查批准机关批准。审查批准机关应当自收到有关文件之日起30天内决定批准或者不批准。 | 在负面清单之外的领域，暂时停止实施中外合作经营企业委托经营管理合同审批，改为备案管理 | 广东、天津、福建自由贸易试验区，上海自由贸易试验区扩展区域 |

（续表）

| 序号 | 有关行政法规、国务院文件和经国务院批准的部门规章规定 | 调整情况 | 实施范围 |
|------|------|------|------|
| 21 | 《中华人民共和国中外合作经营企业法实施细则》<br>第四十五条第一款：外国合作者依照本实施细则第四十四条第二项和第三项的规定提出先行回收投资的申请，应当具体说明先行回收投资的总额、期限和方式，经财政税务机关审查同意后，报审查批准机关审批。 | 在负面清单之外的领域，暂时停止实施外国合作者先行回收投资报审查批准机关审批，改为备案管理 | 广东、天津、福建自由贸易试验区，上海自由贸易试验区扩展区域 |
| 22 | 《中华人民共和国中外合作经营企业法实施细则》<br>第四十七条第二款：合作企业期限届满，合作各方协商同意要求延长合作期限的，应当在期限届满的180天前向审查批准机关提出申请，说明原合作企业合同执行情况，延长合作期限的原因，同时报送合作各方就延长的期限内各方的权利、义务等事项所达成的协议。审查批准机关应当自接到申请之日起30天内，决定批准或者不批准。<br>第四十七条第四款：合作企业合同约定外国合作者先行回收投资，并且投资已经回收完毕的，合作企业期限届满不再延长；但是，外国合作者增加投资的，经合作各方协商同意，可以依照本条第二款的规定向审查批准机关申请延长合作期限。 | 在负面清单之外的领域，暂时停止实施中外合作经营企业延长合作期限审批，改为备案管理 | 广东、天津、福建自由贸易试验区，上海自由贸易试验区扩展区域 |

（续表）

| 序号 | 有关行政法规、国务院文件和经国务院批准的部门规章规定 | 调整情况 | 实施范围 |
|---|---|---|---|
| 23 | 《中华人民共和国中外合作经营企业法实施细则》<br><br>第四十八条第二款：前款第二项、第四项所列情形发生，应当由合作企业的董事会或者联合管理委员会做出决定，报审查批准机关批准。在前款第三项所列情形下，不履行合作企业合同、章程规定的义务的中外合作者一方或者数方，应当对履行合同的他方因此遭受的损失承担赔偿责任；履行合同的一方或者数方有权向审查批准机关提出申请，解散合作企业。 | 在负面清单之外的领域，暂时停止实施中外合作经营企业解散审批，改为备案管理 | 广东、天津、福建自由贸易试验区，上海自由贸易试验区扩展区域 |
| 24 | 《中华人民共和国台湾同胞投资保护法实施细则》<br><br>第十条：设立台湾同胞投资企业，应当向对外贸易经济合作部或者国务院授权的部门和地方人民政府提出申请，接到申请的审批机关应当自接到全部申请文件之日起 45 日内决定批准或者不批准。<br><br>设立台湾同胞投资企业的申请经批准后，申请人应当自接到批准证书之日起 30 日内，依法向企业登记机关登记注册，领取营业执照。 | 在负面清单之外的领域，暂时停止实施台湾同胞投资企业设立审批，改为备案管理 | 广东、天津、福建自由贸易试验区，上海自由贸易试验区扩展区域 |

（续表）

| 序号 | 有关行政法规、国务院文件和经国务院批准的部门规章规定 | 调整情况 | 实施范围 |
|---|---|---|---|
| 25 | 《外商投资产业指导目录（2015 年修订）》<br>限制外商投资产业目录<br>1. 农作物新品种选育和种子生产（中方控股） | 对从事农作物（粮棉油作物除外）新品种选育（转基因除外）和种子生产（转基因除外）的两岸合资企业，暂时停止实施由大陆方面控股的要求，但台商不能独资 | 福建自由贸易试验区 |
| 26 | 《外商投资产业指导目录（2015 年修订）》<br>鼓励外商投资产业目录<br>11. 石油、天然气（含油页岩、油砂、页岩气、煤层气等非常规油气）的勘探、开发和矿井瓦斯利用（限于合资、合作） | 暂时停止实施相关内容，允许外商以独资形式从事矿井瓦斯利用 | 上海、广东、天津、福建自由贸易试验区 |
| 27 | 《外商投资产业指导目录（2015 年修订）》<br>鼓励外商投资产业目录<br>206. 汽车电子装置制造与研发：发动机和底盘电子控制系统及关键零部件，车载电子技术（汽车信息系统和导航系统），汽车电子总线网络技术（限于合资），电子控制系统的输入（传感器和采样系统）输出（执行器）部件，电动助力转向系统电子控制器（限于合资），嵌入式电子集成系统、电控式空气弹簧、电子控制式悬挂系统，电子气门系统装置，电子组合仪表，ABS/TCS/ESP 系统， | 暂时停止实施相关内容，允许外商以独资形式从事汽车电子总线网络技术、电动助力转向系统电子控制器的制造与研发 | 上海、广东、天津、福建自由贸易试验区 |

（续表）

| 序号 | 有关行政法规、国务院文件和经国务院批准的部门规章规定 | 调整情况 | 实施范围 |
|---|---|---|---|
| 27 | 电路制动系统（BBW），变速器电控单元（TCU），轮胎气压监测系统（TPMS），车载故障诊断仪（OBD），发动机防盗系统，自动避撞系统，汽车、摩托车型试验及维修用检测系统 | 暂时停止实施相关内容，允许外商以独资形式从事汽车电子总线网络技术、电动助力转向系统电子控制器的制造与研发 | 上海、广东、天津、福建自由贸易试验区 |
| 28 | 《外商投资产业指导目录（2015 年修订）》<br>鼓励外商投资产业目录<br>207. 新能源汽车关键零部件制造：能量型动力电池（能量密度≥110Wh/kg，循环寿命≥2000 次，外资比例不超过50%），电池正极材料（比容量≥150mAh/g，循环寿命2000 次不低于初始放电容量的80%），电池隔膜（厚度15—40μm，孔隙率40%—60%）；电池管理系统，电机管理系统，电动汽车电控集成；电动汽车驱动电机（峰值功率密度≥2.5kW/kg，高效区：65% 工作区效率≥80%），车用 DC/DC（输入电压100V—400V），大功率电子器件（IGBT，电压等级≥600V，电流≥300A）；插电式混合动力机电耦合驱动系统 | 暂时停止实施相关内容，允许外商以独资形式从事能量型动力电池（能量密度≥110Wh/kg，循环寿命≥2000 次）的制造 | 上海、广东、天津、福建自由贸易试验区 |

（续表）

| 序号 | 有关行政法规、国务院文件和经国务院批准的部门规章规定 | 调整情况 | 实施范围 |
|---|---|---|---|
| 29 | 《外商投资产业指导目录（2015 年修订）》<br>鼓励外商投资产业目录<br>209. 轨道交通运输设备（限于合资、合作） | 暂时停止实施相关内容，允许外商以独资形式从事与高速铁路、铁路客运专线、城际铁路配套的乘客服务设施和设备的研发、设计与制造，与高速铁路、铁路客运专线、城际铁路相关的轨道和桥梁设备研发、设计与制造，电气化铁路设备和器材制造，铁路客车排污设备制造 | 上海、广东、天津、福建自由贸易试验区 |
| 30 | 《外商投资产业指导目录（2015 年修订）》<br>鼓励外商投资产业目录<br>341. 综合水利枢纽的建设、经营（中方控股） | 暂时停止实施相关内容，允许外商以独资形式从事综合水利枢纽的建设、经营 | 上海、广东、天津、福建自由贸易试验区 |
| 31 | 《外商投资产业指导目录（2015 年修订）》<br>限制外商投资产业目录<br>6. 豆油、菜籽油、花生油、棉籽油、茶籽油、葵花籽油、棕榈油等食用油脂加工（中方控股），大米、面粉、原糖加工，玉米深加工 | 暂时停止实施相关内容，允许外商以独资形式从事豆油、菜籽油、花生油、棉籽油、茶籽油、葵花籽油、棕榈油等食用油脂加工；暂时停止实施对外商从事大米、面粉、原糖加工和玉米深加工的限制 | 上海、广东、天津、福建自由贸易试验区 |

（续表）

| 序号 | 有关行政法规、国务院文件和经国务院批准的部门规章规定 | 调整情况 | 实施范围 |
|---|---|---|---|
| 32 | 《外商投资产业指导目录（2015 年修订）》<br>限制外商投资产业目录<br>7. 生物液体燃料（燃料乙醇、生物柴油）生产（中方控股） | 暂时停止实施相关内容，允许外商以独资形式从事生物液体燃料（燃料乙醇、生物柴油）生产 | 上海、广东、天津、福建自由贸易试验区 |
| 33 | 《外商投资产业指导目录（2015 年修订）》<br>限制外商投资产业目录<br>21. 粮食收购，粮食、棉花批发，大型农产品批发市场建设、经营 | 暂时停止实施对外商从事粮食收购，粮食、棉花批发，大型农产品批发市场建设、经营的限制 | 上海、广东、天津、福建自由贸易试验区 |
| 34 | 1.《营业性演出管理条例》<br>第十条第一款、第二款：<br>外国投资者可以与中国投资者依法设立中外合资经营、中外合作经营的演出经纪机构、演出场所经营单位；不得设立中外合资经营、中外合作经营、外资经营的文艺表演团体，不得设立外资经营的演出经纪机构、演出场所经营单位。<br>设立中外合资经营的演出经纪机构、演出场所经营单位，中国合营者的投资比例应当不低于51%；设立中外合作经营的演出经纪机构、演出场所经营单位，中国合作者应当拥有经营主导权。<br>第十一条第二款：台湾地区的投资者可以在内地投资设立合资、合作经营的演出经纪机构、演出场所经营单位，但内地合营者的投资比例应当不低于51%，内地合作者应当拥有经营主导权； | 暂时停止实施相关内容，允许外国投资者、台湾地区的投资者设立独资演出经纪机构为本省市提供服务 | 广东、天津、福建自由贸易试验区，上海自由贸易试验区扩展区域 |

（续表）

| 序号 | 有关行政法规、国务院文件和经国务院批准的部门规章规定 | 调整情况 | 实施范围 |
|---|---|---|---|
| 34 | 不得设立合资、合作、独资经营的文艺表演团体和独资经营的演出经纪机构、演出场所经营单位。<br>2.《外商投资产业指导目录（2015年修订）》<br>限制外商投资产业目录<br>38. 演出经纪机构（中方控股） | 暂时停止实施相关内容，允许外国投资者、台湾地区的投资者设立独资演出经纪机构为本省市提供服务 | 广东、天津、福建自由贸易试验区，上海自由贸易试验区扩展区域 |
| 35 | 1.《中华人民共和国国际海运条例》<br>第二十八条：经国务院交通主管部门批准，外商可以依照有关法律、行政法规以及国家其他有关规定，投资设立中外合资经营企业或者中外合作经营企业，经营国际船舶运输、国际船舶代理、国际船舶管理、国际海运货物装卸、国际海运货物仓储、国际海运集装箱站和堆场业务；并可以投资设立外资企业经营国际海运货物仓储业务。<br>经营国际船舶运输、国际船舶代理业务的中外合资经营企业，企业中外商的出资比例不得超过49%。<br>经营国际船舶运输、国际船舶代理业务的中外合作经营企业，企业中外商的投资比例比照适用前款规定。<br>中外合资国际船舶运输企业和中外合作国际船舶运输企业的董事会主席和总经理，由中外合资、合作双方协商后由中方指定。<br>2.《外商投资产业指导目录（2015年修订）》<br>限制外商投资产业目录<br>22. 船舶代理（中方控股）、外轮理货（限于合资、合作） | 暂时停止实施相关内容，允许设立外商独资国际船舶管理、国际海运货物装卸、国际海运集装箱站和堆场企业，允许外商以合资、合作形式从事公共国际船舶代理业务，外方持股比例放宽至51%，由国务院交通运输主管部门制定相关管理办法 | 广东、天津、福建自由贸易试验区，上海自由贸易试验区扩展区域 |

（续表）

| 序号 | 有关行政法规、国务院文件和经国务院批准的部门规章规定 | 调整情况 | 实施范围 |
|---|---|---|---|
| 36 | 1.《中华人民共和国国际海运条例》<br>第二十八条：经国务院交通主管部门批准，外商可以依照有关法律、行政法规以及国家其他有关规定，投资设立中外合资经营企业或者中外合作经营企业，经营国际船舶运输、国际船舶代理、国际船舶管理、国际海运货物装卸、国际海运货物仓储、国际海运集装箱站和堆场业务；并可以投资设立外资企业经营国际海运货物仓储业务。<br>经营国际船舶运输、国际船舶代理业务的中外合资经营企业，企业中外商的出资比例不得超过49％。<br>经营国际船舶运输、国际船舶代理业务的中外合作经营企业，企业中外商的投资比例比照适用前款规定。<br>中外合资国际船舶运输企业和中外合作国际船舶运输企业的董事会主席和总经理，由中外合资、合作双方协商后由中方指定。<br>2.《外商投资产业指导目录（2015年修订）》<br>鼓励外商投资产业目录<br>310.定期、不定期国际海上运输业务（限于合资、合作） | 暂时停止实施相关内容，允许设立外商独资国际船舶运输企业，从事国际海上船舶运输业务，由国务院交通运输主管部门制定相关管理办法 | 上海自由贸易试验区 |

（续表）

| 序号 | 有关行政法规、国务院文件和经国务院批准的部门规章规定 | 调整情况 | 实施范围 |
|---|---|---|---|
| 37 | 1.《中华人民共和国国际海运条例》<br>第二十八条：经国务院交通主管部门批准，外商可以依照有关法律、行政法规以及国家其他有关规定，投资设立中外合资经营企业或者中外合作经营企业，经营国际船舶运输、国际船舶代理、国际船舶管理、国际海运货物装卸、国际海运货物仓储、国际海运集装箱站和堆场业务；并可以投资设立外资企业经营国际海运货物仓储业务。<br>经营国际船舶运输、国际船舶代理业务的中外合资经营企业，企业中外商的出资比例不得超过49%。<br>经营国际船舶运输、国际船舶代理业务的中外合作经营企业，企业中外商的投资比例比照适用前款规定。<br>中外合资国际船舶运输企业和中外合作国际船舶运输企业的董事会主席和总经理，由中外合资、合作双方协商后由中方指定。<br>2.《外商投资产业指导目录（2015年修订）》<br>鼓励外商投资产业目录<br>310.定期、不定期国际海上运输业务（限于合资、合作） | 暂时停止实施相关内容，放宽设立中外合资、中外合作国际船舶运输企业的外商出资比例、投资比例限制，由国务院交通运输主管部门制定相关管理办法 | 广东、天津、福建自由贸易试验区 |

（续表）

| 序号 | 有关行政法规、国务院文件和经国务院批准的部门规章规定 | 调整情况 | 实施范围 |
|---|---|---|---|
| 38 | 1.《中华人民共和国船舶登记条例》<br>第二条第一款：下列船舶应当依照本条例规定进行登记：<br>（一）在中华人民共和国境内有住所或者主要营业所的中国公民的船舶。<br>（二）依据中华人民共和国法律设立的主要营业所在中华人民共和国境内的企业法人的船舶。但是，在该法人的注册资本中有外商出资的，中方投资人的出资额不得低于50%。<br>（三）中华人民共和国政府公务船舶和事业法人的船舶。<br>（四）中华人民共和国港务监督机构认为应当登记的其他船舶。<br>2.《中华人民共和国船舶和海上设施检验条例》<br>第十三条：下列中国籍船舶，必须向中国船级社申请入级检验：<br>（一）从事国际航行的船舶；<br>（二）在海上航行的乘客定额100人以上的客船；<br>（三）载重量1000吨以上的油船；<br>（四）滚装船、液化气体运输船和散装化学品运输船；<br>（五）船舶所有人或者经营人要求入级的其他船舶。 | 暂时停止实施相关内容，加快国际船舶登记制度创新，基于对等原则逐步放开船级准入，由国务院交通运输主管部门制定相关管理办法 | 上海、广东、天津、福建自由贸易试验区 |

（续表）

| 序号 | 有关行政法规、国务院文件和经国务院批准的部门规章规定 | 调整情况 | 实施范围 |
|---|---|---|---|
| 39 | 《印刷业管理条例》<br>第十三条：国家允许设立中外合资经营印刷企业、中外合作经营印刷企业，允许设立从事包装装潢印刷品印刷经营活动的外资企业。具体办法由国务院出版行政部门会同国务院对外经济贸易主管部门制定。 | 暂时停止实施相关内容，允许设立从事其他印刷品印刷经营活动的外资企业，由国务院新闻出版主管部门制定相关管理办法 | 上海、广东、天津、福建自由贸易试验区 |
| 40 | 《外商投资民用航空业规定》<br>第四条第一款：外商投资方式包括：<br>（一）合资、合作经营（简称"合营"）；<br>（二）购买民航企业的股份，包括民航企业在境外发行的股票以及在境内发行的上市外资股；<br>（三）其他经批准的投资方式。 | 暂时停止实施相关内容，允许外商以独资形式投资设立航空运输销售代理企业，由国务院民用航空主管部门制定相关管理办法 | 广东、天津、福建自由贸易试验区，上海自由贸易试验区扩展区域 |
| 41 | 《外商投资民用航空业规定》<br>第四条第一款：外商投资方式包括：<br>（一）合资、合作经营（简称"合营"）；<br>（二）购买民航企业的股份，包括民航企业在境外发行的股票以及在境内发行的上市外资股；<br>（三）其他经批准的投资方式。<br>第六条第四款：外商投资飞机维修（有承揽国际维修市场业务的义务）和航空油料项目，由中方控股；货运仓储、地面服务、航空食品、停车场等项目，外商投资比例由中外双方商定。 | 暂时停止实施相关内容，允许外商以独资形式投资设立航空货运仓储、地面服务、航空食品、停车场项目；放宽外商投资通用飞机维修由中方控股的限制；取消外商投资飞机维修承揽国际维修市场业务的义务要求。由国务院民用航空主管部门制定相关管理办法 | 上海、广东、天津、福建自由贸易试验区 |

（续表）

| 序号 | 有关行政法规、国务院文件和经国务院批准的部门规章规定 | 调整情况 | 实施范围 |
|---|---|---|---|
| 42 | 《中华人民共和国认证认可条例》<br>第十一条第一款：外商投资企业取得认证机构资质，除应当符合本条例第十条规定的条件外，还应当符合下列条件：<br>（一）外方投资者取得其所在国家或者地区认可机构的认可；<br>（二）外方投资者具有 3 年以上从事认证活动的业务经历。 | 暂时停止实施外商投资企业取得认证机构资质的特殊要求，由国务院质量监督检验检疫主管部门制定相关管理办法 | 广东、天津、福建自由贸易试验区，上海自由贸易试验区扩展区域 |
| 43 | 《娱乐场所管理条例》<br>第六条：外国投资者可以与中国投资者依法设立中外合资经营、中外合作经营的娱乐场所，不得设立外商独资经营的娱乐场所。 | 暂时停止实施相关内容，允许设立外商独资经营的娱乐场所，在自由贸易试验区内提供服务，由国务院文化主管部门制定相关管理办法 | 广东、天津、福建自由贸易试验区，上海自由贸易试验区扩展区域 |
| 44 | 《中华人民共和国中外合作办学条例》<br>第六十条：在工商行政管理部门登记注册的经营性的中外合作举办的培训机构的管理办法，由国务院另行规定。 | 暂时停止实施相关内容，由国务院教育主管部门会同有关部门就经营性的中外合作举办的培训机构制定相关管理办法 | 广东、天津、福建自由贸易试验区，上海自由贸易试验区扩展区域 |

（续表）

| 序号 | 有关行政法规、国务院文件和经国务院批准的部门规章规定 | 调整情况 | 实施范围 |
|---|---|---|---|
| 45 | 《旅行社条例》<br>第二十三条：外商投资旅行社不得经营中国内地居民出国旅游业务以及赴香港特别行政区、澳门特别行政区和台湾地区旅游的业务，但是国务院决定或者我国签署的自由贸易协定和内地与香港、澳门关于建立更紧密经贸关系的安排另有规定的除外。 | 暂时停止实施相关内容，允许在自由贸易试验区内注册的符合条件的外商投资旅行社经营中国内地居民出境旅游业务（台湾地区除外），由国务院旅游主管部门制定相关管理办法 | 上海、广东、天津、福建自由贸易试验区 |
| 46 | 1. 《汽车产业发展政策》<br>第四十八条：汽车整车、专用汽车、农用运输车和摩托车中外合资生产企业的中方股份比例不得低于50%。股票上市的汽车整车、专用汽车、农用运输车和摩托车股份公司对外出售法人股份时，中方法人之一必须相对控股且大于外资法人股之和。同一家外商可在国内建立两家（含两家）以下生产同类（乘用车类、商用车类、摩托车类）整车产品的合资企业，如与中方合资伙伴联合兼并国内其他汽车生产企业可不受两家的限制。境外具有法人资格的企业相对控股另一家企业，则视为同一家外商。<br>2. 《外商投资产业指导目录（2015年修订）》<br>限制外商投资产业目录 | 暂时停止实施相关内容，允许外商以独资形式从事摩托车生产，由国务院工业和信息化主管部门会同有关部门修订相关管理办法 | 上海、广东、天津、福建自由贸易试验区 |

| 序号 | 有关行政法规、国务院文件和经国务院批准的部门规章规定 | 调整情况 | 实施范围 |
|---|---|---|---|
| 46 | 11. 汽车整车、专用汽车和摩托车制造：中方股比不低于50%，同一家外商可在国内建立两家（含两家）以下生产同类（乘用车类、商用车类、摩托车类）整车产品的合资企业，如与中方合资伙伴联合兼并国内其他汽车生产企业可不受两家的限制 | 暂时停止实施相关内容，允许外商以独资形式从事摩托车生产，由国务院工业和信息化主管部门会同有关部门修订相关管理办法 | 上海、广东、天津、福建自由贸易试验区 |
| 47 | 《钢铁产业发展政策》<br>第二十三条第四款：境外钢铁企业投资中国钢铁工业，须具有钢铁自主知识产权技术，其上年普通钢产量必须达到1000万吨以上或高合金特殊钢产量达到100万吨。投资中国钢铁工业的境外非钢铁企业，必须具有强大的资金实力和较高的公信度，提供银行、会计事务所出具的验资和企业业绩证明。境外企业投资国内钢铁行业，必须结合国内现有钢铁企业的改造和搬迁实施，不布新点。外商投资我国钢铁行业，原则上不允许外商控股。 | 暂时停止实施外商投资钢铁行业原则上不允许外商控股的要求，以及对外商的资质要求，允许设立外商独资钢铁生产企业，由国务院工业和信息化主管部门会同有关部门修订相关管理办法 | 上海、广东、天津、福建自由贸易试验区 |
| 48 | 《盐业管理条例》<br>第二十条：盐的批发业务，由各级盐业公司统一经营。未设盐业公司的地方，由县级以上人民政府授权的单位统一组织经营。 | 暂时停止实施相关内容，允许外商以独资形式在自由贸易试验区内从事盐的批发业务 | 广东、天津、福建自由贸易试验区，上海自由贸易试验区扩展区域 |

（续表）

| 序号 | 有关行政法规、国务院文件和经国务院批准的部门规章规定 | 调整情况 | 实施范围 |
|---|---|---|---|
| 49 | 《国务院办公厅转发国土资源部等部门关于进一步鼓励外商投资勘查开采非油气矿产资源若干意见的通知》（国办发〔2000〕70号）<br>一、进一步开放非油气矿产资源探矿权、采矿权市场<br>（三）外商投资从事风险勘探，经外经贸部批准，到工商行政管理机关依法登记注册，向国土资源部申请探矿权。<br>（六）外商申请设立采矿企业，须经外经贸部批准，到工商行政管理机关依法登记注册，向国土资源部申请采矿权。 | 暂时停止实施商务主管部门实施的外商在负面清单之外的非油气矿产资源领域从事风险勘探和设立采矿企业审批，改为备案管理 | 上海、广东、天津、福建自由贸易试验区 |
| 50 | 《直销管理条例》<br>第七条：申请成为直销企业，应当具备下列条件：<br>（一）投资者具有良好的商业信誉，在提出申请前连续5年没有重大违法经营记录；外国投资者还应当有3年以上在中国境外从事直销活动的经验；<br>（二）实缴注册资本不低于人民币8000万元；<br>（三）依照本条例规定在指定银行足额缴纳了保证金；<br>（四）依照规定建立了信息报备和披露制度。 | 暂时停止实施外国投资者应当有3年以上在中国境外从事直销活动的经验的要求，由国务院商务主管部门制定相关管理办法 | 上海、广东、天津、福建自由贸易试验区 |
| 51 | 《外商投资产业指导目录（2015年修订）》<br>限制外商投资产业目录<br>23.加油站（同一外国投资者设立超过30家分店、销售来自多个供应商的不同种类和品牌成品油的连锁加油站，由中方控股）建设、经营 | 暂时停止实施相关内容，允许外商以独资形式从事加油站建设、经营，由国务院商务主管部门制定相关管理办法 | 上海、广东、天津、福建自由贸易试验区 |

# 国务院关于在自由贸易试验区暂时调整有关行政法规、国务院文件和经国务院批准的部门规章规定的决定

(2017 年 12 月 25 日　国发〔2017〕57 号)

各省、自治区、直辖市人民政府，国务院各部委、各直属机构：

为保障自由贸易试验区有关改革开放措施依法顺利实施，国务院决定，在自由贸易试验区暂时调整《中华人民共和国船舶登记条例》等 11 部行政法规，《国务院办公厅转发国家计委关于城市轨道交通设备国产化实施意见的通知》、《国务院办公厅关于加强城市快速轨道交通建设管理的通知》2 件国务院文件以及《外商投资产业指导目录（2017 年修订)》、《外商投资民用航空业规定》2 件经国务院批准的部门规章的有关规定（目录附后）。

国务院有关部门和上海市、广东省、天津市、福建省、辽宁省、浙江省、河南省、湖北省、重庆市、四川省、陕西省人民政府要根据有关行政法规、国务院文件和经国务院批准的部门规章的调整情况，及时对本部门、本省市制定的规章和规范性文件作相应调整，建立与试点要求相适应的管理制度。

根据自由贸易试验区改革开放措施的试验情况，本决定内容适时进行调整。

附件：国务院决定在自由贸易试验区暂时调整有关行政法规、国务院文件和经国务院批准的部门规章规定目录

国务院

2017 年 12 月 25 日

**附件**

国务院决定在自由贸易试验区暂时调整有关行政法规、国务院文件和
经国务院批准的部门规章规定目录

| 序号 | 有关行政法规、国务院文件和经国务院批准的部门规章规定 | 调整情况 |
|---|---|---|
| 1 | 1.《中华人民共和国船舶登记条例》<br>第二条第一款：下列船舶应当依照本条例规定进行登记：<br>（一）在中华人民共和国境内有住所或者主要营业所的中国公民的船舶。<br>（二）依据中华人民共和国法律设立的主要营业所在中华人民共和国境内的企业法人的船舶。但是，在该法人的注册资本中有外商出资的，中方投资人的出资额不得低于50%。<br>（三）中华人民共和国政府公务船舶和事业法人的船舶。<br>（四）中华人民共和国港务监督机构认为应当登记的其他船舶。<br>2.《中华人民共和国船舶和海上设施检验条例》<br>第十三条：下列中国籍船舶，必须向中国船级社申请入级检验：<br>（一）从事国际航行的船舶；<br>（二）在海上航行的乘客定额100人以上的客船；<br>（三）载重量1000吨以上的油船；<br>（四）滚装船、液化气体运输船和散装化品运输船；<br>（五）船舶所有人或者经营人要求入级的其他船舶。 | 暂时停止实施相关内容，加快国际船舶登记制度创新，基于对等原则逐步放开船级准入，由国务院交通运输主管部门制定相关管理办法 |

（续表）

| 序号 | 有关行政法规、国务院文件和经国务院批准的部门规章规定 | 调整情况 |
|---|---|---|
| 2 | 《印刷业管理条例》<br>第十四条：国家允许设立中外合资经营印刷企业、中外合作经营印刷企业，允许设立从事包装装潢印刷品印刷经营活动的外资企业。具体办法由国务院出版行政部门会同国务院对外经济贸易主管部门制定。 | 暂时停止实施相关内容，允许设立从事其他印刷品印刷经营活动的外资企业，由国务院新闻出版主管部门制定相关管理办法 |
| 3 | 《外商投资民用航空业规定》<br>第四条第一款：外商投资方式包括：<br>（一）合资、合作经营（简称"合营"）；<br>（二）购买民航企业的股份，包括民航企业在境外发行的股票以及在境内发行的上市外资股；<br>（三）其他经批准的投资方式。<br>第六条第四款：外商投资飞机维修（有承揽国际维修市场业务的义务）和航空油料项目，由中方控股；货运仓储、地面服务、航空食品、停车场等项目，外商投资比例由中外双方商定。 | 暂时停止实施相关内容，允许外商以独资形式投资设立航空运输销售代理企业和航空货运仓储、地面服务、航空食品、停车场项目；放宽外商投资通用飞机维修由中方控股的限制；取消外商投资飞机维修承揽国际维修市场业务的义务要求。由国务院民用航空主管部门制定相关管理办法 |
| 4 | 《中华人民共和国认证认可条例》<br>第十一条第一款：外商投资企业取得认证机构资质，除应当符合本条例第十条规定的条件外，还应当符合下列条件：<br>（一）外方投资者取得其所在国家或者地区认可机构的认可；<br>（二）外方投资者具有 3 年以上从事认证活动的业务经历。 | 暂时停止实施外商投资企业取得认证机构资质的特殊要求，由国务院质量监督检验检疫主管部门制定相关管理办法 |

（续表）

| 序号 | 有关行政法规、国务院文件和经国务院批准的部门规章规定 | 调整情况 |
|---|---|---|
| 5 | 《娱乐场所管理条例》<br>第六条：外国投资者可以与中国投资者依法设立中外合资经营、中外合作经营的娱乐场所，不得设立外商独资经营的娱乐场所。 | 暂时停止实施相关内容，允许设立外商独资经营的娱乐场所，在自由贸易试验区内提供服务，由国务院文化主管部门制定相关管理办法 |
| 6 | 《中华人民共和国中外合作办学条例》<br>第六十条：在工商行政管理部门登记注册的经营性的中外合作举办的培训机构的管理办法，由国务院另行规定。 | 暂时停止实施相关内容，由国务院教育主管部门会同有关部门就经营性的中外合作举办的培训机构制定相关管理办法 |
| 7 | 《旅行社条例》<br>第二十三条：外商投资旅行社不得经营中国内地居民出国旅游业务以及赴香港特别行政区、澳门特别行政区和台湾地区旅游的业务，但是国务院决定或者我国签署的自由贸易协定和内地与香港、澳门关于建立更紧密经贸关系的安排另有规定的除外。 | 暂时停止实施相关内容，允许在自由贸易试验区内注册的符合条件的中外合资旅行社经营中国内地居民出境旅游业务（台湾地区除外），由国务院旅游主管部门制定相关管理办法 |
| 8 | 《直销管理条例》<br>第七条：申请成为直销企业，应当具备下列条件：<br>（一）投资者具有良好的商业信誉，在提出申请前连续5年没有重大违法经营记录；外国投资者还应当有3年以上在中国境外从事直销活动的经验；<br>（二）实缴注册资本不低于人民币8000万元；<br>（三）依照本条例规定在指定银行足额缴纳了保证金；<br>（四）依照规定建立了信息报备和披露制度。 | 暂时停止实施外国投资者应当有3年以上在中国境外从事直销活动的经验的要求，由国务院商务主管部门制定相关管理办法 |

（续表）

| 序号 | 有关行政法规、国务院文件和经国务院批准的部门规章规定 | 调整情况 |
|---|---|---|
| 9 | 《外商投资产业指导目录（2017年修订）》限制外商投资产业目录<br><br>24. 加油站（同一外国投资者设立超过30家分店、销售来自多个供应商的不同种类和品牌成品油的连锁加油站，由中方控股）建设、经营 | 暂时停止实施相关内容，允许外商以独资形式从事加油站建设、经营，由国务院商务主管部门制定相关管理办法 |
| 10 | 1. 《中华人民共和国国际海运条例》<br><br>第二十八条：经国务院交通主管部门批准，外商可以依照有关法律、行政法规以及国家其他有关规定，投资设立中外合资经营企业或者中外合作经营企业，经营国际船舶运输、国际船舶代理、国际船舶管理、国际海运货物装卸、国际海运货物仓储、国际海运集装箱站和堆场业务；并可以投资设立外资企业经营国际海运货物仓储业务。<br><br>经营国际船舶运输、国际船舶代理业务的中外合资经营企业，企业中外商的出资比例不得超过49%。<br><br>经营国际船舶运输、国际船舶代理业务的中外合作经营企业，企业中外商的投资比例比照适用前款规定。<br><br>中外合资国际船舶运输企业和中外合作国际船舶运输企业的董事会主席和总经理，由中外合资、合作双方协商后由中方指定。<br><br>2. 《外商投资产业指导目录（2017年修订）》限制外商投资产业目录<br><br>17. 国内水上运输公司（中方控股），国际海上运输公司（限于合资、合作）<br><br>23. 船舶代理（中方控股） | 暂时停止实施相关内容，允许设立外商独资国际船舶运输、国际船舶管理、国际海运货物装卸、国际海运集装箱站和堆场企业，允许外商以合资、合作形式从事国际船舶代理业务，外方持股比例放宽至51% |

（续表）

| 序号 | 有关行政法规、国务院文件和经国务院批准的部门规章规定 | 调整情况 |
|---|---|---|
| 11 | 《外商投资产业指导目录（2017年修订）》限制外商投资产业目录<br>22. 稻谷、小麦、玉米收购、批发 | 暂时停止实施相关内容，取消外商从事稻谷、小麦、玉米收购、批发的限制 |
| 12 | 《外商投资产业指导目录（2017年修订）》限制外商投资产业目录<br>9. 干线、支线飞机设计、制造与维修，3吨级及以上直升机设计与制造，地面、水面效应航行器制造及无人机、浮空器设计与制造（中方控股）<br>10. 通用飞机设计、制造与维修（限于合资、合作） | 暂时停止实施相关内容，允许外商以独资形式从事6吨级9座以下通用飞机设计、制造与维修业务；取消3吨级及以上民用直升机设计与制造的投资比例限制 |
| 13 | 1. 《国务院办公厅转发国家计委关于城市轨道交通设备国产化实施意见的通知》（国办发〔1999〕20号）<br>第三部分的有关规定：城市轨道交通项目，无论使用何种建设资金，其全部轨道车辆和机电设备的平均国产化率要确保不低于70%。<br>2. 《国务院办公厅关于加强城市快速轨道交通建设管理的通知》（国办发〔2003〕81号）<br>第六部分的有关规定：要不断提高城轨交通项目设备的国产化比例，对国产化率达不到70%的项目不予审批。 | 暂时停止实施相关内容，取消外商投资城市轨道交通项目设备国产化比例须达到70%以上的限制 |
| 14 | 《外商投资产业指导目录（2017年修订）》禁止外商投资产业目录<br>26. 互联网新闻信息服务、网络出版服务、网络视听节目服务、互联网上网服务营业场所、互联网文化经营（音乐除外）、互联网公众发布信息服务 | 暂时停止实施相关内容，允许外商投资互联网上网服务营业场所 |

（续表）

| 序号 | 有关行政法规、国务院文件和经国务院批准的部门规章规定 | 调整情况 |
|---|---|---|
| 15 | 《中华人民共和国外资银行管理条例》<br>第三十四条第一款：外资银行营业性机构经营本条例第二十九条或者第三十一条规定业务范围内的人民币业务的，应当具备下列条件，并经国务院银行业监督管理机构批准：<br>（一）提出申请前在中华人民共和国境内开业 1 年以上；<br>（二）国务院银行业监督管理机构规定的其他审慎性条件。 | 暂时停止实施相关内容，取消对外资银行营业性机构经营人民币业务的开业年限限制 |
| 16 | 1.《营业性演出管理条例》<br>第十条第一款、第二款：外国投资者可以与中国投资者依法设立中外合资经营、中外合作经营的演出经纪机构、演出场所经营单位；不得设立中外合资经营、中外合作经营、外资经营的文艺表演团体，不得设立外资经营的演出经纪机构、演出场所经营单位。<br>设立中外合资经营的演出经纪机构、演出场所经营单位，中国合营者的投资比例应当不低于51%；设立中外合作经营的演出经纪机构、演出场所经营单位，中国合作者应当拥有经营主导权。<br>第十一条第二款：台湾地区的投资者可以在内地投资设立合资、合作经营的演出经纪机构、演出场所经营单位，但内地合营者的投资比例应当不低于51%，内地合作者应当拥有经营主导权；不得设立合资、合作、独资经营的文艺表演团体和独资经营的演出经纪机构、演出场所经营单位。<br>2.《外商投资产业指导目录（2017 年修订）》限制外商投资产业目录<br>35. 演出经纪机构（中方控股） | 暂时停止实施相关内容，允许外国投资者、台湾地区的投资者设立独资演出经纪机构为设有自由贸易试验区的省、直辖市提供服务，由国务院文化主管部门制定相关管理办法 |

注：第 1 项至第 9 项此前已经在上海、广东、天津、福建自由贸易试验区作了暂时调整，此次暂时调整适用于其他自由贸易试验区。第 10 项至第 16 项适用于所有自由贸易试验区。

# 自由贸易试验区外商投资准入特别管理
# 措施（负面清单）（2019年版）

（中华人民共和国国家发展和改革委员会、中华人民共和国
商务部令第26号　自2019年7月30日起施行）

## 说　明

一、《自由贸易试验区外商投资准入特别管理措施（负面清单）》（以下简称《自贸试验区负面清单》）统一列出股权要求、高管要求等外商投资准入方面的特别管理措施，适用于自由贸易试验区。《自贸试验区负面清单》之外的领域，按照内外资一致原则实施管理。

二、《自贸试验区负面清单》对部分领域列出了取消或放宽准入限制的过渡期，过渡期满后将按时取消或放宽其准入限制。

三、境外投资者不得作为个体工商户、个人独资企业投资人、农民专业合作社成员，从事投资经营活动。

四、境外投资者不得投资《自贸试验区负面清单》中禁止外商投资的领域；投资《自贸试验区负面清单》之内的非禁止投资领域，须进行外资准入许可；投资有股比要求的领域，不得设立外商投资合伙企业。

五、境内公司、企业或自然人以其在境外合法设立或控制的公司并购与其有关联关系的境内公司，涉及外商投资项目和企业设立及变更事项的，按照现行规定办理。

六、《自贸试验区负面清单》中未列出的文化、金融等领域与行政审批、资质条件、国家安全等相关措施，按照现行规定执行。

七、《内地与香港关于建立更紧密经贸关系的安排》及其后续协议、《内地与澳门关于建立更紧密经贸关系的安排》及其后续协议、《海峡两岸经济合作框架协议》及其后续协议、我国与有关国家签订的自由贸易区协议和投资协定、我国参加的国际条约对符合条件的投资者有更优惠开放措施的，按照相关协议或协定的规定执行。

八、《自贸试验区负面清单》由发展改革委、商务部会同有关部门负责解释。

自由贸易试验区外商投资准入特别管理措施（负面清单）（2019 年版）

| 序号 | 特别管理措施 |
|---|---|
| 一、农、林、牧、渔业 | |
| 1 | 小麦、玉米新品种选育和种子生产的中方股比不低于 34%。 |
| 2 | 禁止投资中国稀有和特有的珍贵优良品种的研发、养殖、种植以及相关繁殖材料的生产（包括种植业、畜牧业、水产业的优良基因）。 |
| 3 | 禁止投资农作物、种畜禽、水产苗种转基因品种选育及其转基因种子（苗）生产。 |
| 二、采矿业 | |
| 4 | 禁止投资稀土、放射性矿产、钨勘查、开采及选矿。（未经允许，禁止进入稀土矿区或取得矿山地质资料、矿石样品及生产工艺技术。） |
| 三、制造业 | |
| 5 | 禁止投资中药饮片的蒸、炒、炙、煅等炮制技术的应用及中成药保密处方产品的生产。 |
| 6 | 除专用车、新能源汽车外，汽车整车制造的中方股比不低于 50%，同一家外商可在国内建立两家及两家以下生产同类整车产品的合资企业。（2020 年取消商用车制造外资股比限制。2022 年取消乘用车制造外资股比限制以及同一家外商可在国内建立两家及两家以下生产同类整车产品的合资企业的限制） |
| 7 | 卫星电视广播地面接收设施及关键件生产。 |
| 四、电力、热力、燃气及水生产和供应业 | |
| 8 | 核电站的建设、经营须由中方控股。 |
| 9 | 城市人口 50 万以上的城市供排水管网的建设、经营须由中方控股。 |
| 五、批发和零售业 | |
| 10 | 禁止投资烟叶、卷烟、复烤烟叶及其他烟草制品的批发、零售。 |
| 六、交通运输、仓储和邮政业 | |
| 11 | 国内水上运输公司须由中方控股。（且不得经营或租用中国籍船舶或者舱位等方式变相经营国内水路运输业务及其辅助业务；水路运输经营者不得使用外国籍船舶经营国内水路运输业务，但经中国政府批准，在国内没有能够满足所申请运输要求的中国籍船舶，并且船舶停靠的港口或者水域为对外开放的港口或者水域的情况下，水路运输经营者可以在中国政府规定的期限或者航次内，临时使用外国籍船舶经营中国港口之间的海上运输和拖航。） |

（续表）

| 序号 | 特别管理措施 |
|---|---|
| 12 | 公共航空运输公司须由中方控股，且一家外商及其关联企业投资比例不得超过 25%，法定代表人须由中国籍公民担任。（只有中国公共航空运输企业才能经营国内航空服务，并作为中国指定承运人提供定期和不定期国际航空服务。） |
| 13 | 通用航空公司的法定代表人须由中国籍公民担任，其中农、林、渔业通用航空公司限于合资，其他通用航空公司限于中方控股。 |
| 14 | 民用机场的建设、经营须由中方相对控股。 |
| 15 | 禁止投资空中交通管制。 |
| 16 | 禁止投资邮政公司（和经营邮政服务）、信件的国内快递业务。 |
| 七、信息传输、软件和信息技术服务业 | |
| 17 | 电信公司：限于中国入世承诺开放的电信业务，增值电信业务的外资股比不超过 50%（电子商务、国内多方通信、存储转发类、呼叫中心除外），基础电信业务须由中方控股（且经营者须为依法设立的专门从事基础电信业务的公司）。上海自贸试验区原有区域（28.8 平方公里）试点政策推广至所有自贸试验区执行。 |
| 18 | 禁止投资互联网新闻信息服务、网络出版服务、网络视听节目服务、互联网文化经营（音乐除外）、互联网公众发布信息服务（上述服务中，中国入世承诺中已开放的内容除外）。 |
| 八、金融业 | |
| 19 | 证券公司的外资股比不超过 51%，证券投资基金管理公司的外资股比不超过 51%。（2021 年取消外资股比限制） |
| 20 | 期货公司的外资股比不超过 51%。（2021 年取消外资股比限制） |
| 21 | 寿险公司的外资股比不超过 51%。（2021 年取消外资股比限制） |
| 九、租赁和商务服务业 | |
| 22 | 禁止投资中国法律事务（提供有关中国法律环境影响的信息除外），不得成为国内律师事务所合伙人。（外国律师事务所只能以代表机构的方式进入中国，且不得聘用中国执业律师，聘用的辅助人员不得为当事人提供法律服务；如在华设立代表机构、派驻代表，须经中国司法行政部门许可。） |

（续表）

| 序号 | 特别管理措施 |
|------|------------|
| 23 | 市场调查限于合资、合作，其中广播电视收听、收视调查须由中方控股。 |
| 24 | 禁止投资社会调查。 |
| 十、科学研究和技术服务业 | |
| 25 | 禁止投资人体干细胞、基因诊断与治疗技术开发和应用。 |
| 26 | 禁止投资人文社会科学研究机构。 |
| 27 | 禁止投资大地测量、海洋测绘、测绘航空摄影、地面移动测量、行政区域界线测绘，地形图、世界政区地图、全国政区地图、省级及以下政区地图、全国性教学地图、地方性教学地图、真三维地图和导航电子地图编制，区域性的地质填图、矿产地质、地球物理、地球化学、水文地质、环境地质、地质灾害、遥感地质等调查。 |
| 十一、教育 | |
| 28 | 学前、普通高中和高等教育机构限于中外合作办学，须由中方主导（校长或者主要行政负责人应当具有中国国籍（且在中国境内定居），理事会、董事会或者联合管理委员会的中方组成人员不得少于1/2）。（外国教育机构、其他组织或者个人不得单独设立以中国公民为主要招生对象的学校及其他教育机构（不包括非学制类职业技能培训），但是外国教育机构可以同中国教育机构合作举办以中国公民为主要招生对象的教育机构。） |
| 29 | 禁止投资义务教育机构、宗教教育机构。 |
| 十二、卫生和社会工作 | |
| 30 | 医疗机构限于合资、合作。 |
| 十三、文化、体育和娱乐业 | |
| 31 | 禁止投资新闻机构（包括但不限于通讯社）。（外国新闻机构在中国境内设立常驻新闻机构、向中国派遣常驻记者，须经中国政府批准。外国通讯社在中国境内提供新闻的服务业务须由中国政府审批。中外新闻机构业务合作，须中方主导，且须经中国政府批准。） |
| 32 | 禁止投资图书、报纸、期刊、音像制品和电子出版物的编辑、出版、制作业务。（但经中国政府批准，在确保合作中方的经营主导权和内容终审权并遵守中国政府批复的其他条件下，中外出版单位可进行新闻出版中外合作出版项目。未经中国政府批准，禁止在中国境内提供金融信息服务。） |

（续表）

| 序号 | 特别管理措施 |
|---|---|
| 33 | 禁止投资各级广播电台（站）、电视台（站）、广播电视频道（率）、广播电视传输覆盖网（发射台、转播台、广播电视卫星、卫星上行站、卫星收转站、微波站、监测台及有线广播电视传输覆盖网等），禁止从事广播电视视频点播业务和卫星电视广播地面接收设施安装服务。（对境外卫星频道落地实行审批制度。） |
| 34 | 禁止投资广播电视节目制作经营（含引进业务）公司。（引进境外影视剧和以卫星传送方式引进其他境外电视节目由广电总局指定的单位申报。对中外合作制作电视剧（含电视动画片）实行许可制度。） |
| 35 | 禁止投资电影制作公司、发行公司、院线公司以及电影引进业务。（但经批准，允许中外企业合作摄制电影。） |
| 36 | 禁止投资文物拍卖的拍卖公司、文物商店和国有文物博物馆。（禁止不可移动文物及国家禁止出境的文物转让、抵押、出租给外国人。禁止设立与经营非物质文化遗产调查机构；境外组织或个人在中国境内进行非物质文化遗产调查和考古调查、勘探、发掘，应采取与中国合作的形式并经专门审批许可。） |
| 37 | 文艺表演团体须由中方控股。 |

# 外国（地区）企业在中国境内从事生产经营活动登记管理办法

（1992 年 8 月 15 日国家工商行政管理局令第 10 号公布　根据 2016 年 4 月 29 日国家工商行政管理总局令第 86 号第一次修订　根据 2017 年 10 月 27 日国家工商行政管理总局令第 92 号第二次修订）

**第一条**　为促进对外经济合作，加强对在中国境内从事生产经营活动的外国（地区）企业（以下简称外国企业）的管理，保护其合法权益，维护正常的经济秩序，根据国家有关法律、法规的规定，制定本办法。

**第二条**　根据国家有关法律、法规的规定，经国务院及国务院授权的主管机关（以下简称审批机关）批准，在中国境内从事生产经营活动的外国企业，应向省级工商行政管理部门（以下简称登记主管机关）申请登记注册。外国企业经登记主管机关核准登记注册，领取营业执照后，方可开展生产经营活动。未经审批机关批准和登记主管机关核准登记注册，外国企业不得在中国境内从事生产经营活动。

**第三条**　根据国家现行法律、法规的规定，外国企业从事下列生产经营活动应办理登记注册：

（一）陆上、海洋的石油及其它矿产资源勘探开发；

（二）房屋、土木工程的建造、装饰或线路、管道、设备的安装等工程承包；

（三）承包或接受委托经营管理外商投资企业；

（四）外国银行在中国设立分行；

（五）国家允许从事的其它生产经营活动。

**第四条** 外国企业从事生产经营的项目经审批机关批准后，应在批准之日起三十日内向登记主管机关申请办理登记注册。

**第五条** 外国企业申请办理登记注册时应提交下列文件或证件：

（一）外国企业董事长或总经理签署的申请书。

（二）审批机关的批准文件或证件。

（三）从事生产经营活动所签订的合同（外国银行在中国设立分行不适用此项）。

（四）外国企业所属国（地区）政府有关部门出具的企业合法开业证明。

（五）外国企业的资金信用证明。

（六）外国企业董事长或总经理委派的中国项目负责人的授权书、简历及身份证明。

（七）其它有关文件。

**第六条** 外国企业登记注册的主要事项有：企业名称、企业类型、地址、负责人、资金数额、经营范围、经营期限。

企业名称是指外国企业在国外合法开业证明载明的名称，应与所签订生产经营合同的外国企业名称一致。外国银行在中国设立分行，应冠以总行的名称，标明所在地地名，并缀以分行。

企业类型是指按外国企业从事生产经营活动的不同内容划分的类型，其类型分别为：矿产资源勘探开发、承包工程、外资银行、承包经营管理等。

企业地址是指外国企业在中国境内从事生产经营活动的场所。外国企业在中国境内的住址与经营场所不在一处的，需同时申报。

企业负责人是指外国企业董事长或总经理委派的项目负责人。

资金数额是指外国企业用以从事生产经营活动的总费用，如承包工程的承包合同额，承包或受委托经营管理外商投资企业的外国企业在管理期限内的累计管理费用，从事合作开发石油所需的勘探、开发和生产费，外国银行分行的营运资金等。

经营范围是指外国企业在中国境内从事生产经营活动的范围。

经营期限是指外国企业在中国境内从事生产经营活动的期限。

**第七条** 登记主管机关受理外国企业的申请后，应在三十日内作出核准登记注册或不予核准登记注册的决定。登记主管机关核准外国企业登记注册后，向其核发《营业执照》。

**第八条** 根据外国企业从事生产经营活动的不同类型，《营业执照》的有效期分别按以下期限核定：

（一）从事矿产资源勘探开发的外国企业，其《营业执照》有效期根据勘探（查）、开发和生产三个阶段的期限核定。

（二）外国银行设立的分行，其《营业执照》有效期为三十年，每三十年换发一次《营业执照》。

（三）从事其它生产经营活动的外国企业，其《营业执照》有效期按合同规定的经营期限核定。

**第九条** 外国企业应在登记主管机关核准的生产经营范围内开展经营活动，其合法权益和经营活动受中国法律保护。外国企业不得超越登记主管机关核准的生产经营范围从事生产经营活动。

**第十条** 外国企业登记注册事项发生变化的，应在三十日内向原登记主管机关申请办理变更登记。办理变更登记的程序和应当提交的文件或证件，参照本办法第五条的规定执行。

**第十一条** 外国企业《营业执照》有效期届满不再申请延期登记或提前中止合同、协议的，应向原登记主管机关申请注销登记。

**第十二条** 外国企业申请注销登记应提交以下文件或证件：

（一）外国企业董事长或总经理签署的注销登记申请书；

（二）《营业执照》及其副本、印章；

（三）海关、税务部门出具的完税证明；

（四）项目主管部门对外国企业申请注销登记的批准文件。

登记主管机关在核准外国企业的注销登记时，应收缴《营业执照》及其副本、印章，撤销注册号，并通知银行、税务、海关等部门。

**第十三条** 外国企业应当于每年1月1日至6月30日，通过企业信用信息公示系统向原登记主管机关报送上一年度年度报告，并向社会公示。

**第十四条** 与外国企业签订生产经营合同的中国企业，应及时将合作的项目、内容和时间通知登记主管机关并协助外国企业办理营业登记、变更登记、注销登记。如中国企业未尽责任的，要负相应的责任。

**第十五条** 登记主管机关对外国企业监督管理的主要内容是：

（一）监督外国企业是否按本办法办理营业登记、变更登记和注销登记；

（二）监督外国企业是否按登记主管机关核准的经营范围从事生产经营活动；

（三）督促外国企业报送年度报告并向社会公示；

（四）监督外国企业是否遵守中国的法律、法规。

**第十六条** 对外国企业违反本办法的行为，由登记主管机关参照《中华人民共和国企业法人登记管理条例》及其施行细则的处罚条款进行查处。

**第十七条** 香港、澳门、台湾地区企业从事上述生产经营活动的，参照本办法执行。

外国企业承包经营中国内资企业的，参照本办法执行。

**第十八条** 本办法由国家工商行政管理局负责解释。

**第十九条** 本办法自一九九二年十月一日起施行。

# 外商投资合伙企业登记管理规定

（2010 年 1 月 29 日国家工商行政管理总局令第 47 号公布
根据 2014 年 2 月 20 日国家工商行政管理总局令第 63 号公布的
《国家工商行政管理总局关于修改〈中华人民共和国企业法人登
记管理条例施行细则〉、〈外商投资合伙企业登记管理规定〉、
〈个人独资企业登记管理办法〉、〈个体工商户登记管理办法〉等
规章的决定》第一次修订　根据 2019 年 8 月 8 日国家市场监督
管理总局令第 14 号公布的《市场监管总局关于修改〈中华人民
共和国企业法人登记管理条例施行细则〉等四部规章的决定》第
二次修订）

## 第一章　总　　则

**第一条** 为了规范外国企业或者个人在中国境内设立合伙企业的行

为，便于外国企业或者个人以设立合伙企业的方式在中国境内投资，扩大对外经济合作和技术交流，依据《中华人民共和国合伙企业法》（以下简称《合伙企业法》）、《外国企业或者个人在中国境内设立合伙企业管理办法》和《中华人民共和国合伙企业登记管理办法》（以下简称《合伙企业登记管理办法》），制定本规定。

**第二条** 本规定所称外商投资合伙企业是指 2 个以上外国企业或者个人在中国境内设立的合伙企业，以及外国企业或者个人与中国的自然人、法人和其他组织在中国境内设立的合伙企业。

外商投资合伙企业的设立、变更、注销登记适用本规定。

申请办理外商投资合伙企业登记，申请人应当对申请材料的真实性负责。

**第三条** 外商投资合伙企业应当遵守《合伙企业法》以及其他有关法律、行政法规、规章的规定，应当符合外商投资的产业政策。

国家鼓励具有先进技术和管理经验的外国企业或者个人在中国境内设立合伙企业，促进现代服务业等产业的发展。

《外商投资产业指导目录》禁止类和标注"限于合资"、"限于合作"、"限于合资、合作"、"中方控股"、"中方相对控股"和有外资比例要求的项目，不得设立外商投资合伙企业。

**第四条** 外商投资合伙企业经依法登记，领取《外商投资合伙企业营业执照》后，方可从事经营活动。

**第五条** 国家市场监督管理总局主管全国的外商投资合伙企业登记管理工作。

国家市场监督管理总局授予外商投资企业核准登记权的地方市场监督管理部门（以下称企业登记机关）负责本辖区内的外商投资合伙企业登记管理。

省、自治区、直辖市及计划单列市、副省级市市场监督管理部门负责以投资为主要业务的外商投资合伙企业的登记管理。

## 第二章　设立登记

**第六条** 设立外商投资合伙企业，应当具备《合伙企业法》和《外国企业或者个人在中国境内设立合伙企业管理办法》规定的条件。

国有独资公司、国有企业、上市公司以及公益性的事业单位、社会团体不得成为普通合伙人。

**第七条** 外商投资合伙企业的登记事项包括：

（一）名称；

（二）主要经营场所；

（三）执行事务合伙人；

（四）经营范围；

（五）合伙企业类型；

（六）合伙人姓名或者名称、国家（地区）及住所、承担责任方式、认缴或者实际缴付的出资数额、缴付期限、出资方式和评估方式。

合伙协议约定合伙期限的，登记事项还应当包括合伙期限。

执行事务合伙人是外国企业、中国法人或者其他组织的，登记事项还应当包括外国企业、中国法人或者其他组织委派的代表（以下简称委派代表）。

**第八条** 外商投资合伙企业的名称应当符合国家有关企业名称登记管理的规定。

**第九条** 外商投资合伙企业主要经营场所只能有一个，并且应当在其企业登记机关登记管辖区域内。

**第十条** 合伙协议未约定或者全体普通合伙人未决定委托执行事务合伙人的，全体普通合伙人均为执行事务合伙人。

有限合伙人不得成为执行事务合伙人。

**第十一条** 外商投资合伙企业类型包括外商投资普通合伙企业（含特殊的普通合伙企业）和外商投资有限合伙企业。

**第十二条** 设立外商投资合伙企业，应当由全体合伙人指定的代表或者共同委托的代理人向企业登记机关申请设立登记。

申请设立外商投资合伙企业，应当向企业登记机关提交下列文件：

（一）全体合伙人签署的设立登记申请书；

（二）全体合伙人签署的合伙协议；

（三）全体合伙人的主体资格证明或者自然人身份证明；

（四）主要经营场所证明；

（五）全体合伙人指定代表或者共同委托代理人的委托书；

（六）全体合伙人对各合伙人认缴或者实际缴付出资的确认书；

（七）全体合伙人签署的符合外商投资产业政策的说明；

（八）与外国合伙人有业务往来的金融机构出具的资信证明；

（九）外国合伙人与境内法律文件送达接受人签署的《法律文件送达授权委托书》；

（十）本规定规定的其他相关文件。

法律、行政法规或者国务院规定设立外商投资合伙企业须经批准的，还应当提交有关批准文件。

外国合伙人的主体资格证明或者自然人身份证明和境外住所证明应当经其所在国家主管机构公证认证并经我国驻该国使（领）馆认证。香港特别行政区、澳门特别行政区和台湾地区合伙人的主体资格证明或者自然人身份证明和境外住所证明应当依照现行相关规定办理。

《法律文件送达授权委托书》应当明确授权境内被授权人代为接受法律文件送达，并载明被授权人姓名或者名称、地址及联系方式。被授权人可以是外国合伙人在中国境内设立的企业、拟设立的外商投资合伙企业（被授权人为拟设立的外商投资合伙企业的，外商投资合伙企业设立后委托生效）或者境内其他有关单位或者个人。

**第十三条** 外商投资合伙企业的经营范围中有属于法律、行政法规或者国务院规定在登记前须经批准的行业的，应当向企业登记机关提交批准文件。

**第十四条** 外国合伙人用其从中国境内依法获得的人民币出资的，应当提交外汇管理部门出具的境内人民币利润或者其他人民币合法收益再投资的资本项目外汇业务核准件等相关证明文件。

**第十五条** 以实物、知识产权、土地使用权或者其他财产权利出资，由全体合伙人协商作价的，应当向企业登记机关提交全体合伙人签署的协商作价确认书；由全体合伙人委托法定评估机构评估作价的，应当向企业登记机关提交中国境内法定评估机构出具的评估作价证明。

外国普通合伙人以劳务出资的，应当向企业登记机关提交外国人就业许可文件，具体程序依照国家有关规定执行。

**第十六条** 法律、行政法规规定设立特殊的普通合伙企业，需要提交合伙人的职业资格证明的，应当依照相关法律、行政法规规定，向企业登记机关提交有关证明。

**第十七条** 外商投资合伙企业营业执照的签发日期，为外商投资合伙企业成立日期。

## 第三章 变更登记

**第十八条** 外商投资合伙企业登记事项发生变更的，该合伙企业应当自作出变更决定或者发生变更事由之日起 15 日内，向原企业登记机关申请变更登记。

**第十九条** 外商投资合伙企业申请变更登记，应当向原企业登记机关提交下列文件：

（一）执行事务合伙人或者委派代表签署的变更登记申请书；

（二）全体普通合伙人签署的变更决定书或者合伙协议约定的人员签署的变更决定书；

（三）本规定规定的其他相关文件。

法律、行政法规或者国务院规定变更事项须经批准的，还应当提交有关批准文件。

变更执行事务合伙人、合伙企业类型、合伙人姓名或者名称、承担责任方式、认缴或者实际缴付的出资数额、缴付期限、出资方式和评估方式等登记事项的，有关申请文书的签名应当经过中国法定公证机构的公证。

**第二十条** 外商投资合伙企业变更主要经营场所的，应当申请变更登记，并提交新的主要经营场所使用证明。

外商投资合伙企业变更主要经营场所在原企业登记机关辖区外的，应当向迁入地企业登记机关申请办理变更登记；迁入地企业登记机关受理的，由原企业登记机关将企业登记档案移送迁入地企业登记机关。

**第二十一条** 外商投资合伙企业执行事务合伙人变更的，应当提交全体合伙人签署的修改后的合伙协议。

新任执行事务合伙人是外国企业、中国法人或者其他组织的，还应当提交其委派代表的委托书和自然人身份证明。

执行事务合伙人委派代表变更的，应当提交继任代表的委托书和自然人身份证明。

**第二十二条** 外商投资合伙企业变更经营范围的，应当提交符合外商投资产业政策的说明。

变更后的经营范围有属于法律、行政法规或者国务院规定在登记前须经批准的行业的，合伙企业应当自有关部门批准之日起 30 日内，向原企业登记机关申请变更登记。

外商投资合伙企业的经营范围中属于法律、行政法规或者国务院规定须经批准的项目被吊销、撤销许可证或者其他批准文件，或者许可证、其他批准文件有效期届满的，合伙企业应当自吊销、撤销许可证、其他批准文件或者许可证、其他批准文件有效期届满之日起 30 日内，向原企业登记机关申请变更登记或者注销登记。

第二十三条　外商投资合伙企业变更合伙企业类型的，应当按照拟变更企业类型的设立条件，在规定的期限内向企业登记机关申请变更登记，并依法提交有关文件。

第二十四条　外商投资合伙企业合伙人变更姓名（名称）或者住所的，应当提交姓名（名称）或者住所变更的证明文件。

外国合伙人的姓名（名称）、国家（地区）或者境外住所变更证明文件应当经其所在国家主管机构公证认证并经我国驻该国使（领）馆认证。香港特别行政区、澳门特别行政区和台湾地区合伙人的姓名（名称）、地区或者境外住所变更证明文件应当依照现行相关规定办理。

第二十五条　合伙人增加或者减少对外商投资合伙企业出资的，应当向原企业登记机关提交全体合伙人签署的或者合伙协议约定的人员签署的对该合伙人认缴或者实际缴付出资的确认书。

第二十六条　新合伙人入伙的，外商投资合伙企业应当向原登记机关申请变更登记，提交的文件参照本规定第二章的有关规定。

新合伙人通过受让原合伙人在外商投资合伙企业中的部分或者全部财产份额入伙的，应当提交财产份额转让协议。

第二十七条　外商投资合伙企业的外国合伙人全部退伙，该合伙企业继续存续的，应当依照《合伙企业登记管理办法》规定的程序申请变更登记。

第二十八条　合伙协议修改未涉及登记事项的，外商投资合伙企业应当将修改后的合伙协议或者修改合伙协议的决议送原企业登记机关备案。

第二十九条　外国合伙人变更境内法律文件送达接受人的，应当重新签署《法律文件送达授权委托书》，并向原企业登记机关备案。

第三十条　外商投资合伙企业变更登记事项涉及营业执照变更的，企业登记机关应当换发营业执照。

## 第四章　注销登记

第三十一条　外商投资合伙企业解散，应当依照《合伙企业法》的规定由清算人进行清算。清算人应当自被确定之日起 10 日内，将清算人成员名单向企业登记机关备案。

第三十二条　外商投资合伙企业解散的，清算人应当自清算结束之日起 15 日内，向原企业登记机关办理注销登记。

第三十三条　外商投资合伙企业办理注销登记，应当提交下列文件：

（一）清算人签署的注销登记申请书；

（二）人民法院的破产裁定、外商投资合伙企业依照《合伙企业法》作出的决定、行政机关责令关闭、外商投资合伙企业依法被吊销营业执照或者被撤销的文件；

（三）全体合伙人签名、盖章的清算报告（清算报告中应当载明已经办理完结税务、海关纳税手续的说明）。

有分支机构的外商投资合伙企业申请注销登记，还应当提交分支机构的注销登记证明。

外商投资合伙企业办理注销登记时，应当缴回营业执照。

第三十四条　经企业登记机关注销登记，外商投资合伙企业终止。

## 第五章　分支机构登记

第三十五条　外商投资合伙企业设立分支机构，应当向分支机构所在地的企业登记机关申请设立登记。

第三十六条　分支机构的登记事项包括：分支机构的名称、经营场所、经营范围、分支机构负责人的姓名及住所。

分支机构的经营范围不得超出外商投资合伙企业的经营范围。

外商投资合伙企业有合伙期限的，分支机构的登记事项还应当包括经营期限。分支机构的经营期限不得超过外商投资合伙企业的合伙期限。

第三十七条　外商投资合伙企业设立分支机构，应当向分支机构所在地的企业登记机关提交下列文件：

（一）分支机构设立登记申请书；

（二）全体合伙人签署的设立分支机构的决定书；

（三）加盖合伙企业印章的合伙企业营业执照复印件；

（四）全体合伙人委派执行分支机构事务负责人的委托书及其身份证明；

（五）经营场所证明；

（六）本规定规定的其他相关文件。

第三十八条　分支机构的经营范围中有属于法律、行政法规或者国务院规定在登记前须经批准的行业的，应当向分支机构所在地的企业登记机关提交批准文件。

第三十九条　外商投资合伙企业申请分支机构变更登记或者注销登记，比照本规定关于外商投资合伙企业变更登记、注销登记的规定办理。

第四十条　分支机构营业执照的签发日期，为外商投资合伙企业分支机构的成立日期。

## 第六章　登记程序

第四十一条　申请人提交的登记申请材料齐全、符合法定形式，企业登记机关能够当场登记的，应予当场登记，发给（换发）营业执照。

除前款规定情形外，企业登记机关应当自受理申请之日起 20 日内，作出是否登记的决定。予以登记的，发给（换发）营业执照；不予登记的，应当给予书面答复，并说明理由。

对于《外商投资产业指导目录》中没有法定前置审批的限制类项目或者涉及有关部门职责的其他项目，企业登记机关应当自受理申请之日起 5 日内书面征求有关部门的意见。企业登记机关应当在接到有关部门书面意见之日起 5 日内，作出是否登记的决定。予以登记的，发给（换发）营业执照；不予登记的，应当给予书面答复，并说明理由。

第四十二条　外商投资合伙企业涉及须经政府核准的投资项目的，依照国家有关规定办理投资项目核准手续。

第四十三条　外商投资合伙企业设立、变更、注销的，企业登记机关应当同时将企业设立、变更或者注销登记信息向同级商务主管部门通报。

第四十四条　企业登记机关应当将登记的外商投资合伙企业登记事项记载于外商投资合伙企业登记簿上，供社会公众查阅、复制。

第四十五条　企业登记机关吊销外商投资合伙企业营业执照的，应当发布公告。

## 第七章　年度报告公示和证照管理

第四十六条　外商投资合伙企业应当于每年1月1日至6月30日，通过企业信用信息公示系统向企业登记机关报送上一年度年度报告，并向社会公示。

第四十七条　营业执照分为正本和副本，正本和副本具有同等法律效力。

外商投资合伙企业及其分支机构根据业务需要，可以向企业登记机关申请核发若干营业执照副本。

营业执照正本应当置放在经营场所的醒目位置。

第四十八条　任何单位和个人不得涂改、出售、出租、出借或者以其他方式转让营业执照。

营业执照遗失或者毁损的，应当在国家企业信用信息公示系统上声明作废，并向企业登记机关申请补领或者更换。

第四十九条　外商投资合伙企业及其分支机构的登记文书格式和营业执照的正本、副本样式，由国家市场监督管理总局制定。

## 第八章　法律责任

第五十条　未领取营业执照，而以外商投资合伙企业名义从事合伙业务的，由企业登记机关依照《合伙企业登记管理办法》第三十六条规定处罚。

从事《外商投资产业指导目录》禁止类项目的，或者未经登记从事限制类项目的，由企业登记机关和其他主管机关依照《无照经营查处取缔办法》规定处罚。法律、行政法规或者国务院另有规定的，从其规定。

第五十一条　提交虚假文件或者采取其他欺骗手段，取得外商投资合伙企业登记的，由企业登记机关依照《合伙企业登记管理办法》第三十七条规定处罚。

第五十二条 外商投资合伙企业登记事项发生变更，未依照本规定规定办理变更登记的，由企业登记机关依照《合伙企业登记管理办法》第三十八条规定处罚。

第五十三条 外商投资合伙企业在使用名称中未按照企业登记机关核准的名称标明"普通合伙"、"特殊普通合伙"或者"有限合伙"字样的，由企业登记机关依照《合伙企业登记管理办法》第三十九条规定处罚。

第五十四条 外商投资合伙企业未依照本规定办理不涉及登记事项的协议修改及清算人成员名单备案的，由企业登记机关依照《合伙企业登记管理办法》第四十条规定处罚。

外商投资合伙企业未依照本规定办理外国合伙人《法律文件送达授权委托书》备案的，由企业登记机关责令改正；逾期未办理的，处 2000 元以下的罚款。

第五十五条 外商投资合伙企业的清算人未向企业登记机关报送清算报告，或者报送的清算报告隐瞒重要事实，或者有重大遗漏的，由企业登记机关依照《合伙企业登记管理办法》第四十一条规定处罚。

第五十六条 外商投资合伙企业未将其营业执照正本置放在经营场所醒目位置的，由企业登记机关依照《合伙企业登记管理办法》第四十四条规定处罚。

第五十七条 外商投资合伙企业涂改、出售、出租、出借或者以其他方式转让营业执照的，由企业登记机关依照《合伙企业登记管理办法》第四十五条规定处罚。

第五十八条 外商投资合伙企业的分支机构有本章规定的违法行为的，适用本章有关规定。

第五十九条 企业登记机关违反产业政策，对于不应当登记的予以登记，或者应当登记的不予登记的，依法追究其直接责任人或者主要负责人的行政责任。

企业登记机关的工作人员滥用职权、徇私舞弊、收受贿赂、侵害外商投资合伙企业合法权益的，依法给予处分。

## 第九章 附 则

第六十条 中国的自然人、法人和其他组织在中国境内设立的合伙企业，外国企业或者个人入伙的，应当符合本规定，并依法向企业登记机关申请变更登记。

第六十一条 以投资为主要业务的外商投资合伙企业境内投资的，应当依照国家有关外商投资的法律、行政法规、规章办理。

第六十二条 外商投资的投资性公司、外商投资的创业投资企业在中国境内设立合伙企业或者加入中国自然人、法人和其他组织已经设立的合伙企业的，参照本规定。

第六十三条 外商投资合伙企业依照本规定办理相关登记手续后，应当依法办理外汇、税务、海关等手续。

第六十四条 香港特别行政区、澳门特别行政区、台湾地区的企业或者个人在内地设立合伙企业或者加入内地自然人、法人和其他组织已经设立的合伙企业的，参照本规定。

第六十五条 本规定自 2010 年 3 月 1 日起施行。

# 外商投资项目核准和备案管理办法

（国家发展和改革委员会主任办公会讨论通过 2014 年 5 月 17 日发布 自 2014 年 6 月 17 日起施行 根据 2014 年 12 月 27 日《国家发展改革委关于修改〈境外投资项目核准和备案管理办法〉和〈外商投资项目核准和备案管理办法〉有关条款的决定》修改）

## 第一章 总 则

第一条 为进一步深化外商投资管理体制改革，根据《中华人民共和国行政许可法》、《指导外商投资方向规定》、《国务院关于投资体制改革的决定》及《政府核准的投资项目目录》（以下简称《核准目录》），特制定本办法。

第二条 本办法适用于中外合资、中外合作、外商独资、外商投资合伙、外商并购境内企业、外商投资企业增资及再投资项目等各类外商投资项目。

## 第二章　项目管理方式

**第三条**　外商投资项目管理分为核准和备案两种方式。

**第四条**　外商投资项目核准权限、范围按照国务院发布的《核准目录》执行。

本办法所称项目核准机关，是指《核准目录》中规定的具有项目核准权限的行政机关。

**第五条**　本办法第四条范围以外的外商投资项目由地方政府投资主管部门备案。

**第六条**　外商投资企业增资项目总投资以新增投资额计算，并购项目总投资以交易额计算。

**第七条**　外商投资涉及国家安全的，应当按照国家有关规定进行安全审查。

## 第三章　项目核准

**第八条**　拟申请核准的外商投资项目应按国家有关要求编制项目申请报告。项目申请报告应包括以下内容：（一）项目及投资方情况；（二）资源利用和生态环境影响分析；（三）经济和社会影响分析。外国投资者并购境内企业项目申请报告应包括并购方情况、并购安排、融资方案和被并购方情况、被并购后经营方式、范围和股权结构、所得收入的使用安排等。

**第九条**　国家发展和改革委员会根据实际需要，编制并颁布项目申请报告通用文本、主要行业的项目申请报告示范文本、项目核准文件格式文本。对于应当由国家发展和改革委员会核准或者审核后报国务院核准的项目，国家发展和改革委员会制定并颁布《服务指南》，列明项目核准的申报材料和所需附件、受理方式、办理流程、办理时限等内容，为项目申报单位提供指导和服务。

**第十条**　项目申请报告应附以下文件：

（一）中外投资各方的企业注册证明材料及经审计的最新企业财务报表（包括资产负债表、利润表和现金流量表）、开户银行出具的资金信用证明；

（二）投资意向书，增资、并购项目的公司董事会决议；

（三）城乡规划行政主管部门出具的选址意见书（仅指以划拨方式提供国有土地使用权的项目）；

（四）国土资源行政主管部门出具的用地预审意见（不涉及新增用地，在已批准的建设用地范围内进行改扩建的项目，可以不进行用地预审）；

（五）环境保护行政主管部门出具的环境影响评价审批文件；

（六）节能审查机关出具的节能审查意见；

（七）以国有资产出资的，需由有关主管部门出具的确认文件；

（八）根据有关法律法规的规定应当提交的其他文件。

**第十一条** 按核准权限属于国家发展和改革委员会核准的项目，由项目所在地省级发展改革部门提出初审意见后，向国家发展和改革委员会报送项目申请报告；计划单列企业集团和中央管理企业可直接向国家发展和改革委员会报送项目申请报告，并附项目所在地省级发展改革部门的意见。

**第十二条** 项目申报材料不齐全或者不符合有关要求的，项目核准机关应当在收到申报材料后 5 个工作日内一次告知项目申报单位补正。

**第十三条** 对于涉及有关行业主管部门职能的项目，项目核准机关应当商请有关行业主管部门在 7 个工作日内出具书面审查意见。有关行业主管部门逾期没有反馈书面审查意见的，视为同意。

**第十四条** 项目核准机关在受理项目申请报告之日起 4 个工作日内，对需要进行评估论证的重点问题委托有资质的咨询机构进行评估论证，接受委托的咨询机构应在规定的时间内提出评估报告。对于可能会对公共利益造成重大影响的项目，项目核准机关在进行核准时应采取适当方式征求公众意见。对于特别重大的项目，可以实行专家评议制度。

**第十五条** 项目核准机关自受理项目核准申请之日起 20 个工作日内，完成对项目申请报告的核准。如 20 个工作日内不能做出核准决定的，由本部门负责人批准延长 10 个工作日，并将延长期限的理由告知项目申报单位。前款规定的核准期限，委托咨询评估和进行专家评议所需的时间不计算在内。

**第十六条** 对外商投资项目的核准条件是：

（一）符合国家有关法律法规和《外商投资产业指导目录》、《中西部地区外商投资优势产业目录》的规定；

（二）符合发展规划、产业政策及准入标准；

（三）合理开发并有效利用了资源；

（四）不影响国家安全和生态安全；

（五）对公众利益不产生重大不利影响；

（六）符合国家资本项目管理、外债管理的有关规定。

**第十七条** 对予以核准的项目，项目核准机关出具书面核准文件，并抄送同级行业管理、城乡规划、国土资源、环境保护、节能审查等相关部门；对不予核准的项目，应以书面说明理由，并告知项目申报单位享有依法申请行政复议或者提起行政诉讼的权利。

## 第四章 项目备案

**第十八条** 拟申请备案的外商投资项目需由项目申报单位提交项目和投资方基本情况等信息，并附中外投资各方的企业注册证明材料、投资意向书及增资、并购项目的公司董事会决议等其他相关材料；

**第十九条** 外商投资项目备案需符合国家有关法律法规、发展规划、产业政策及准入标准，符合《外商投资产业指导目录》、《中西部地区外商投资优势产业目录》。

**第二十条** 对不予备案的外商投资项目，地方投资主管部门应在 7 个工作日内出具书面意见并说明理由。

## 第五章 项目变更

**第二十一条** 经核准或备案的项目如出现下列情形之一的，需向原批准机关申请变更：

（一）项目地点发生变化；

（二）投资方或股权发生变化；

（三）项目主要建设内容发生变化；

（四）有关法律法规和产业政策规定需要变更的其他情况。

**第二十二条** 变更核准和备案的程序比照本办法前述有关规定执行。

**第二十三条** 经核准的项目若变更后属于备案管理范围的，应按备案程序办理；予以备案的项目若变更后属于核准管理范围的，应按核准程序办理。

## 第六章 监督管理

**第二十四条** 核准或备案文件应规定文件的有效期。在有效期内未开工建设的，项目申报单位应当在有效期届满前 30 个工作日向原核准和备案机关提出延期申请。在有效期内未开工建设且未提出延期申请的，原核准文件期满后自动失效。

第二十五条　对于未按规定权限和程序核准或者备案的项目，有关部门不得办理相关手续，金融机构不得提供信贷支持。

第二十六条　各级项目核准和备案机关要切实履行核准和备案职责，改进监督、管理和服务，提高行政效率，并按照相关规定做好项目核准及备案的信息公开工作。

第二十七条　各级发展改革部门应当会同同级行业管理、城乡规划、国土资源、环境保护、金融监管、安全生产监管等部门，对项目申报单位执行项目情况和外商投资项目核准或备案情况进行稽察和监督检查，加快完善信息系统，建立发展规划、产业政策、准入标准、诚信记录等信息的横向互通制度，严肃查处违法违规行为并纳入不良信用记录，实现行政审批和市场监管的信息共享。

第二十八条　国家发展和改革委员会要联合地方发展改革部门建立完善外商投资项目管理电子信息系统，实现外商投资项目可查询、可监督，提升事中事后监管水平。

第二十九条　省级发展改革部门每月 10 日前汇总整理上月本省项目核准及备案相关情况，包括项目名称、核准及备案文号、项目所在地、中外投资方、建设内容、资金来源（包括总投资、资本金等）等，报送国家发展和改革委员会。

## 第七章　法律责任

第三十条　项目核准和备案机关及其工作人员违反本办法有关规定的，由其上级行政机关或者监察机关责令改正；情节严重的，对直接负责的主管人员和其他直接责任人员依法给予行政处分。

第三十一条　项目核准和备案机关工作人员，在项目核准和备案过程中滥用职权谋取私利，构成犯罪的，依法追究刑事责任；尚不构成犯罪的，依法给予行政处分。

第三十二条　咨询评估机构及其人员、参与专家评议的专家，在编制项目申请报告、受项目核准机关委托开展评估或者参与专家评议过程中，不遵守国家法律法规和本办法规定的，依法追究相应责任。

第三十三条 项目申报单位以拆分项目或提供虚假材料等不正当手段申请核准或备案的，项目核准和备案机关不予受理或者不予核准及备案。已经取得项目核准或备案文件的，项目核准和备案机关应依法撤销该项目的核准或备案文件。已经开工建设的，依法责令其停止建设。相应的项目核准和备案机关及有关部门应当将其纳入不良信用记录，并依法追究有关责任人的法律责任。

## 第八章 附　则

第三十四条 具有项目核准职能的国务院行业管理部门和省级政府有关部门可以按照国家有关法律法规和本办法的规定，制定外商投资项目核准具体实施办法和相应的《服务指南》。

第三十五条 香港特别行政区、澳门特别行政区和台湾地区的投资者在祖国大陆举办的投资项目，参照本办法执行。外国投资者以人民币在境内投资的项目，按照本办法执行。

第三十六条 法律、行政法规和国家对外商投资项目管理有专门规定的，按照有关规定执行。

第三十七条 本办法由国家发展和改革委员会负责解释。

第三十八条 本办法自 2014 年 6 月 17 日起施行。国家发展和改革委员会 2004 年 10 月 9 日发布的《外商投资项目核准暂行管理办法》（国家发展和改革委员会令第 22 号）同时废止。

# 中华人民共和国外资银行管理条例实施细则

（中国银监会 2015 年第 4 次主席会议修订通过　2015 年 7 月 1 日公布　自 2015 年 9 月 1 日起施行）

## 第一章 总　则

第一条 根据《中华人民共和国银行业监督管理法》、《中华人民共和国商业银行法》和《中华人民共和国外资银行管理条例》（以下简称《条例》），制定本细则。

**第二条**　《条例》所称国务院银行业监督管理机构是指中国银监会，所称银行业监督管理机构是指中国银监会及其派出机构。

## 第二章　设立与登记

**第三条**　《条例》和本细则所称审慎性条件，至少包括下列内容：

（一）具有良好的行业声誉和社会形象；

（二）具有良好的持续经营业绩，资产质量良好；

（三）管理层具有良好的专业素质和管理能力；

（四）具有健全的风险管理体系，能够有效控制各类风险；

（五）具有健全的内部控制制度和有效的管理信息系统；

（六）按照审慎会计原则编制财务会计报告，且会计师事务所对财务会计报告持无保留意见；

（七）无重大违法违规记录和因内部管理问题导致的重大案件；

（八）具有有效的人力资源管理制度，拥有高素质的专业人才；

（九）具有对中国境内机构活动进行管理、支持的经验和能力；

（十）具备有效的资本约束与资本补充机制；

（十一）具有健全的公司治理结构；

（十二）法律、行政法规和中国银监会规定的其他审慎性条件。

本条第（九）项、第（十）项、第（十一）项仅适用于外商独资银行及其股东、中外合资银行及其股东以及外国银行。

**第四条**　《条例》第十一条所称主要股东，是指持有拟设中外合资银行资本总额或者股份总额 50% 以上，或者不持有资本总额或者股份总额 50% 以上但有下列情形之一的商业银行：

（一）持有拟设中外合资银行半数以上的表决权；

（二）有权控制拟设中外合资银行的财务和经营政策；

（三）有权任免拟设中外合资银行董事会或者类似权力机构的多数成员；

（四）在拟设中外合资银行董事会或者类似权力机构有半数以上投票权。

拟设中外合资银行的主要股东应当将拟设中外合资银行纳入其并表

范围。

**第五条** 有下列情形之一的，不得作为拟设外商独资银行、中外合资银行的股东：

（一）公司治理结构与机制存在明显缺陷；

（二）股权关系复杂或者透明度低；

（三）关联企业众多，关联交易频繁或者异常；

（四）核心业务不突出或者经营范围涉及行业过多；

（五）现金流量波动受经济环境影响较大；

（六）资产负债率、财务杠杆率高于行业平均水平；

（七）代他人持有外商独资银行、中外合资银行股权；

（八）其他对拟设银行产生重大不利影响的情形。

**第六条** 《条例》第十条至第十二条所称提出设立申请前 1 年年末是指截至申请日的上一会计年度末。

**第七条** 外国银行在中国境内增设分行，除应当具备《条例》第九条、第十二条规定的条件外，其在中国境内已设分行应当具备中国银监会规定的审慎性条件。

外国银行在中国境内增设代表处，除应当具备《条例》第九条规定的条件外，其在中国境内已设代表处应当无重大违法违规记录。

**第八条** 外商独资银行、中外合资银行设立分行，应当具备中国银监会规定的审慎性条件。

**第九条** 设立外资银行营业性机构，申请人应当自接到批准筹建通知书之日起 15 日内到拟设机构所在地中国银监会派出机构领取开业申请表，开始筹建工作。

逾期未领取开业申请表的，自批准其筹建之日起 1 年内，中国银监会及其派出机构不受理该申请人在中国境内同一城市设立营业性机构的申请。

**第十条** 设立外资银行营业性机构，申请人在筹建期内应当完成下列工作：

（一）建立健全公司治理结构，并将公司治理结构说明报送所在地中国银监会派出机构（仅限外商独资银行、中外合资银行）；

（二）建立内部控制制度，包括内部组织结构、授权授信、信贷资金管理、资金交易、会计核算、计算机信息管理系统的控制制度和操作规程，并将内控制度和操作规程报送所在地中国银监会派出机构；

（三）配备符合业务发展需要的、适当数量的且已接受政策法规及业务知识等相关培训的业务人员，以满足对主要业务风险有效监控、业务分级审批和复查、关键岗位分工和相互牵制等要求；

（四）印制拟对外使用的重要业务凭证和单据，并将样本报送所在地中国银监会派出机构；

（五）配备经有关部门认可的安全防范设施，并将有关证明复印件报送所在地中国银监会派出机构；

（六）应当聘请在中国境内依法设立的合格的会计师事务所对其内部控制系统、会计系统、计算机系统等进行开业前审计，并将审计报告报送所在地中国银监会派出机构。

第十一条　拟设外资银行营业性机构在筹建事项完成后，筹备组负责人应当向拟设机构所在地中国银监会派出机构提出开业前验收。拟设机构所在地中国银监会派出机构应当在 10 日内进行验收。验收合格的，应当发给验收合格意见书。验收不合格的，应当书面通知申请人，申请人可以自接到通知书之日起 10 日后向拟设机构所在地中国银监会派出机构提出复验。

第十二条　经验收合格完成筹建工作的，申请人应当按照外资银行行政许可规章的规定向中国银监会或拟设机构所在地银监局提交开业申请资料。

第十三条　外资银行营业性机构获准开业后，应当按照有关规定领取金融许可证。

第十四条　外资银行营业性机构应当在规定的期限内开业。逾期未开业的，开业批准文件失效，由开业决定机关注销开业许可，收回其金融许可证，并予以公告。自开业批准文件失效之日起 1 年内，开业决定机关不受理该申请人在同一城市设立营业性机构的申请。

第十五条　外资银行营业性机构在开业前应当将开业日期书面报送所在地中国银监会派出机构。外资银行营业性机构开业前应当在中国银监会指定的全国性报纸和所在地中国银监会派出机构指定的地方性报纸上公告。

第十六条  外国银行将其在中国境内的分行改制为由其总行单独出资的外商独资银行，应当符合《条例》和本细则有关设立外商独资银行的条件，并且具备在中国境内长期持续经营以及对拟设外商独资银行实施有效管理的能力。

第十七条  外国银行将其在中国境内的分行改制为由其总行单独出资的外商独资银行的，经中国银监会批准，原外国银行分行的营运资金经合并验资可以转为外商独资银行的注册资本，也可以转回其总行。

第十八条  外国银行将其在中国境内的分行改制为由其总行单独出资的外商独资银行的，应当在拟设外商独资银行筹建期间、办理注册登记手续后，在中国银监会指定的全国性报纸和所在地中国银监会派出机构指定的地方性报纸上公告。

第十九条  外国银行代表处应当在办理注册登记手续后，在中国银监会指定的全国性报纸以及所在地中国银监会派出机构指定的地方性报纸上公告。

外国银行代表处应当自所在地银监局批准设立之日起6个月内迁入固定的办公场所，超出6个月后仍未迁入固定办公场所办公的，代表处设立批准决定失效。

第二十条  外国银行代表处迁入固定办公场所后，应当向所在地中国银监会派出机构报送下列资料：

（一）代表处基本情况登记表；

（二）工商登记证复印件；

（三）内部管理制度，内容包括代表处的职责安排、内部分工以及内部报告制度等；

（四）办公场所的租赁合同或者产权证明复印件；

（五）配备办公设施以及租赁电信部门数据通讯线路的情况；

（六）公章、公文纸样本以及工作人员对外使用的名片样本；

（七）中国银监会要求的其他资料。

第二十一条  外资银行营业性机构合并、分立后的注册资本或者营运资金、业务范围由中国银监会重新批准。

第二十二条  外资银行营业性机构临时停业3天以上6个月以下，应当在临时停业后5日内向所在地中国银监会派出机构报告，说明临时停业时间、理由及停业期间安排。外资银行营业性机构临时停业的，应当在营业场所外公告，说明临时停业期间的安排。所在地中国银监会派出机构应当及时将辖内外资银行营业性机构临时停业情况逐级报送中国银监会。

第二十三条　临时停业期限届满或者导致临时停业的原因消除，临时停业机构应当复业。外资银行营业性机构应当在复业后 5 日内向所在地中国银监会派出机构报告。营业场所重新修建的，外资银行营业性机构应当向所在地中国银监会派出机构报送营业场所的租赁或者购买合同意向书的复印件、安全和消防合格证明的复印件方可复业。

特殊情况需要延长临时停业期限的，应当按照本细则第二十二条规定重新办理。

第二十四条　外资银行营业性机构有《条例》第二十七条所列情形须变更金融许可证所载内容的，应当根据金融许可证管理的有关规定办理变更事宜。

需要验资的，外资银行营业性机构应当将在中国境内依法设立的合格会计师事务所出具的验资证明报送所在地中国银监会派出机构。需要验收的，外资银行营业性机构所在地中国银监会派出机构应当进行验收。

外资银行营业性机构持中国银监会或所在地中国银监会派出机构的批准文件向工商行政管理机关办理变更登记，换领营业执照。

外资银行营业性机构有《条例》第二十七条第（一）项至第（三）项所列情形之一的，应当在中国银监会指定的全国性报纸以及所在地中国银监会派出机构指定的地方性报纸上公告。公告应当自营业执照生效之日起 30 日内完成。

第二十五条　外国银行代表处发生更名、变更办公场所等变更事项，应当在办理变更工商登记手续后在所在地中国银监会派出机构指定的地方性报纸上公告。

## 第三章　业务范围

第二十六条　《条例》第二十九条第（四）项、第三十一条第（四）项所称买卖政府债券、金融债券，买卖股票以外的其他外币有价证券包括但不限于下列外汇投资业务：在中国境外发行的中国和外国政府债券、中国金融机构债券和中国非金融机构债券。

第二十七条 《条例》第二十九条第（十二）项和第三十一条第（十一）项所称资信调查和咨询服务是指与银行业务有关的资信调查和咨询服务。

第二十八条 外国银行分行经营《条例》第三十一条规定的外汇业务，营运资金应当不少于2亿元人民币或者等值的自由兑换货币。

第二十九条 外国银行分行经营《条例》第三十一条规定的外汇业务和人民币业务，营运资金应当不少于3亿元人民币或者等值的自由兑换货币，其中人民币营运资金应当不少于1亿元人民币，外汇营运资金应当不少于2亿元人民币等值的自由兑换货币。

外资法人银行分行营运资金应当与业务规模相适应且拨付到位。

第三十条 外国银行分行改制的由其总行单独出资的外商独资银行可以承继原外国银行分行已经获准经营的全部业务。

第三十一条 外商独资银行、中外合资银行在获准的业务范围内授权其分支机构开展业务。

外国银行分行在获准的业务范围内授权其支行开展业务。

第三十二条 《条例》第三十四条是指外资银行营业性机构初次申请经营人民币业务应当具备的条件，其中第（一）项是指拟申请经营人民币业务的外资银行营业性机构开业1年以上。开业1年是指自外资银行营业性机构获准开业之日起至申请日止满1年。

已经获准经营人民币业务的外资银行营业性机构申请扩大人民币业务服务对象范围，应当具备中国银监会规定的审慎性条件，并经中国银监会或所在地银监局审批。

外资银行营业性机构申请经营人民币业务或者扩大人民币业务服务对象范围，应当按照外资银行行政许可规章的规定报送下列申请资料：

（一）申请人董事长或者行长（首席执行官、总经理）签署的致中国银监会主席的申请书；

（二）可行性研究报告；

（三）拟经营业务的内部控制制度及操作规程；

（四）中国银监会要求的其他资料。

外国银行的1家分行已经依照《条例》规定获准经营人民币业务的，该外国银行的其他分行申请经营人民币业务，不受《条例》第三十四条第一款第一项的限制。

外国银行的 1 家分行已经获准经营人民币业务的，该外国银行增设的分行在筹建期间可以开展人民币业务的筹备工作，经所在地中国银监会派出机构验收合格后，可以在开业时提出经营人民币业务的申请。

第三十三条　外商独资银行、中外合资银行经营对中国境内公民的人民币业务，除应当具备中国银监会规定的审慎性条件外，还应当具备符合业务特点以及业务发展需要的营业网点。

第三十四条　外资银行营业性机构应当自接到中国银监会或所在地银监局批准其经营人民币业务或者扩大人民币业务服务对象范围的批准文件之日起 4 个月内完成下列筹备工作：

（一）配备符合业务发展需要的、适当数量的业务人员；

（二）印制拟对外使用的重要业务凭证和单据，并将样本报送所在地中国银监会派出机构；

（三）配备经有关部门认可的安全防范设施，并将有关证明的复印件报送所在地中国银监会派出机构；

（四）建立健全人民币业务的内部控制制度和操作规程，并报送所在地中国银监会派出机构；

（五）外资银行营业性机构需要增加注册资本或者营运资金的，应当聘请在中国境内依法设立的合格的会计师事务所验资，并将验资证明报送所在地中国银监会派出机构。

外资银行营业性机构未能在 4 个月内完成筹备工作的，中国银监会或所在地银监局原批准决定自动失效。

第三十五条　外资银行营业性机构在完成人民币业务筹备工作后，应当向所在地中国银监会派出机构提出验收，所在地中国银监会派出机构应当在 10 日内进行验收。验收合格的，应当发给验收合格意见书。验收不合格的，外资银行营业性机构可以自接到通知书 10 日后向所在地中国银监会派出机构提出复验。

外资银行营业性机构经所在地中国银监会派出机构验收合格并出具人民币业务验收合格意见书后，可以开展人民币业务。

第三十六条　外商独资银行分行、中外合资银行分行在其总行业务范围内经授权经营人民币业务。在开展业务前，应当按照本细则第三十四条的规定进行筹备并将总行对其经营人民币业务的授权书报送所在地中国银监会派出机构。

筹备工作完成后，外商独资银行分行、中外合资银行分行应当向所在地中国银监会派出机构申请验收，验收合格后凭所在地中国银监会派出机构出具的经营人民币业务确认函办理营业执照变更事宜，可以开展人民币业务。

**第三十七条** 外资银行营业性机构及其分支机构经营人民币业务或者扩大人民币业务服务对象范围，应当在中国银监会指定的全国性报纸和所在地中国银监会派出机构指定的地方性报纸上公告。

**第三十八条** 外资银行营业性机构及其分支机构经营业务范围内的新产品，应当在经营业务后 5 日内向中国银监会或所在地中国银监会派出机构书面报告，内容包括新产品介绍、风险特点、内部控制制度和操作规程等。

**第三十九条** 外资银行营业性机构可以按照有关规定从事人民币同业借款业务。

## 第四章 任职资格管理

**第四十条** 外资银行的董事、高级管理人员、首席代表在中国银监会或者所在地银监局核准其任职资格前不得履职。

**第四十一条** 拟任人有下列情形之一的，不得担任外资银行的董事、高级管理人员和首席代表：

（一）有故意或者重大过失犯罪记录的；

（二）有违反社会公德的不良行为，造成恶劣影响的；

（三）对曾任职机构违法违规经营活动或者重大损失负有个人责任或者直接领导责任，情节严重的；

（四）担任或者曾任被接管、撤销、宣告破产或者吊销营业执照的机构的董事或者高级管理人员的，但能够证明本人对曾任职机构被接管、撤销、宣告破产或者吊销营业执照不负有个人责任的除外；

（五）因违反职业道德、操守或者工作严重失职，造成重大损失或者恶劣影响的；

（六）指使、参与所任职机构不配合依法监管或者案件查处的；

（七）被取消终身的董事和高级管理人员任职资格，或者受到监管机构或者其他金融管理部门处罚累计达到两次以上的；

（八）本人或者配偶负有数额较大的债务且到期未偿还的，包括但不限于在该外资银行的逾期贷款；

（九）存在其他所任职务与拟任职务有明显利益冲突，或者明显分散其履职时间和精力的情形；

（十）不具备本办法规定的任职资格条件，采取不正当手段以获得任职资格核准的；

（十一）法律、行政法规、部门规章规定的不得担任金融机构董事、高级管理人员或者首席代表的；

（十二）中国银监会认定的其他情形。

**第四十二条** 外资银行下列人员任职资格核准的申请，由中国银监会受理、审查和决定：

中国银监会直接监管的外商独资银行、中外合资银行董事长、行长（首席执行官、总经理）、董事、副董事长、董事会秘书、副行长（副总经理）、行长助理、首席运营官、首席风险控制官、首席财务官（财务总监、财务负责人）、首席技术官（首席信息官）、内审负责人、合规负责人以及其他对经营管理具有决策权或者对风险控制起重要作用的人员。

**第四十三条** 外资银行下列人员任职资格核准的申请，由拟任职机构所在地银监局受理和初审，中国银监会审查和决定：

非中国银监会直接监管的外商独资银行、中外合资银行董事长、行长（首席执行官、总经理）。

所在地银监局应当自受理之日起 20 日内将申请资料连同审核意见报送中国银监会。

中国银监会授权所在地银监局受理、审查和决定随机构开业初次任命的外商独资银行、中外合资银行董事长、行长（首席执行官、总经理）任职资格核准申请。

**第四十四条** 外资银行下列人员任职资格核准的申请，由拟任职机构所在地银监局受理、审查和决定：

（一）非中国银监会直接监管的外商独资银行、中外合资银行董事、副董事长、董事会秘书、副行长（副总经理）、行长助理、首席运营官、首席风险控制官、首席财务官（财务总监、财务负责人）、首席技术官（首席信息官）、内审负责人、合规负责人；

（二）外商独资银行分行、中外合资银行分行、外国银行分行的行长（总经理）、副行长（副总经理）、合规负责人、管理型支行行长；外国银行代表处首席代表；

（三）其他对经营管理具有决策权或者对风险控制起重要作用的人员。

第四十五条 拟任人在中国境内的银行业金融机构担任过董事、高级管理人员和首席代表的，中国银监会或者所在地银监局在核准其任职资格前，可以根据需要征求拟任人原任职机构所在地银监局的意见。

拟任人原任职机构所在地银监局应当及时提供反馈意见。

第四十六条 外资银行递交任职资格核准申请资料后，中国银监会以及所在地银监局可以约见拟任人进行任职前谈话。

第四十七条 中国银监会直接监管的外资银行营业性机构董事长、行长离岗连续 1 个月以上的，应当向中国银监会书面报告；其他外资银行营业性机构董事长、行长、分行行长、管理型支行行长、外国银行代表处首席代表离岗连续 1 个月以上的，应当向所在地中国银监会派出机构书面报告。外资银行在提交上述报告的同时，应指定专人代行其职，代为履职时间不得超过 6 个月。外资银行应当在 6 个月内选聘符合任职资格条件的人员正式任职。

第四十八条 外资银行董事、高级管理人员和首席代表存在下列情形之一的，中国银监会及其派出机构可以视情节轻重，取消其一定期限直至终身的任职资格：

（一）被依法追究刑事责任的；

（二）拒绝、干扰、阻挠或者严重影响中国银监会及其派出机构依法监管的；

（三）因内部管理与控制制度不健全或者执行监督不力，造成所任职机构重大财产损失，或者导致重大金融犯罪案件发生的；

（四）因严重违法违规经营、内控制度不健全或者长期经营管理不善，造成所任职机构被接管、兼并或者被宣告破产的；

（五）因长期经营管理不善，造成所任职机构严重亏损的；

（六）对已任职的外资银行董事、高级管理人员、首席代表，中国银监会及其派出机构发现其任职前有违法、违规或者其他不宜担任所任职务的行为的；

（七）中国银监会认定的其他情形。

## 第五章　监督管理

**第四十九条**　外资银行营业性机构应当建立与其业务发展相适应的内部控制制度和业务操作规程，并于每年 3 月末前将内部控制制度和业务操作规程的修订内容报送所在地中国银监会派出机构。

**第五十条**　外商独资银行、中外合资银行应当设置独立的风险管理部门、合规管理部门和内部审计部门。

外国银行分行应当指定专门部门或者人员负责合规工作。

**第五十一条**　外资银行营业性机构结束内部审计后，应当及时将内审报告报送所在地中国银监会派出机构，所在地中国银监会派出机构可以采取适当方式与外资银行营业性机构的内审人员沟通。

**第五十二条**　外资银行营业性机构应当建立贷款风险分类制度，并将贷款风险分类标准与中国银监会规定的分类标准的对应关系报送所在地中国银监会派出机构。

**第五十三条**　《条例》第四十条所称资产负债比例管理的规定是指《中华人民共和国商业银行法》第三十九条的规定。

外商独资银行、中外合资银行有关资产负债比例的计算方法执行银行业监管报表指标体系的规定。

**第五十四条**　外商独资银行、中外合资银行应当建立关联交易管理制度，关联交易必须符合商业原则，交易条件不得优于与非关联方进行交易的条件。

中国银监会及其派出机构按照商业银行关联交易有关管理办法的规定对关联方及关联交易进行认定。

**第五十五条**　外资银行营业性机构应当制定与业务外包相关的政策和管理制度，包括业务外包的决策程序、对外包方的评价和管理、控制银行信息保密性和安全性的措施和应急计划等。

外资银行营业性机构签署业务外包协议前应当向所在地中国银监会派出机构报告业务外包协议的主要风险及相应的风险规避措施等。

**第五十六条** 《条例》第四十四条所称外国银行分行的生息资产包括外汇生息资产和人民币生息资产。

外国银行分行外汇营运资金的 30% 应当以 6 个月以上（含 6 个月）的外币定期存款作为外汇生息资产；人民币营运资金的 30% 应当以人民币国债或者 6 个月以上（含 6 个月）的人民币定期存款作为人民币生息资产。

外国银行分行以定期存款形式存在的生息资产应当存放在中国境内经营稳健、具有一定实力的 3 家或者 3 家以下中资商业银行。外国银行分行不得对以人民币国债形式存在的生息资产进行质押回购，或者采取其他影响生息资产支配权的处理方式。

外国银行分行应当分别于每年 6 月末和 12 月末向所在地中国银监会派出机构报告生息资产的存在情况，包括定期存款的存放银行、金额、期限和利率，持有人民币国债的金额、形式和到期日等内容。

外国银行分行动用生息资产，应当在变更生息资产存在形式或定期存款存放银行后 5 日内向所在地中国银监会派出机构报告，提交变更生息资产的书面材料以及变更后生息资产存放凭证复印件。

**第五十七条** 《条例》第四十五条所称营运资金加准备金等项之和是指营运资金、未分配利润和贷款损失一般准备之和，所称风险资产是指按照有关加权风险资产的规定计算的表内、表外加权风险资产。

《条例》第四十五条所规定的比例，按照外国银行在中国境内分行单家计算，按季末余额考核。

**第五十八条** 外国银行分行的流动性资产包括现金、黄金、在中国人民银行存款、存放同业、1 个月内到期的拆放同业、1 个月内到期的借出同业、境外联行往来及附属机构往来的资产方净额、1 个月内到期的应收利息及其他应收款、1 个月内到期的贷款、1 个月内到期的债券投资、在国内外二级市场上可随时变现的其他债券投资、其他 1 个月内可变现的资产。上述各项资产中应当扣除预计不可收回的部分。生息资产不计入流动性资产。

外国银行分行的流动性负债包括活期存款、1 个月内到期的定期存款、同业存放、1 个月内到期的同业拆入、1 个月内到期的借入同业、境外联行往来及附属机构往来的负债方净额、1 个月内到期的应付利息及其他应付款、其他 1 个月内到期的负债。冻结存款不计入流动性负债。

外国银行分行应当每日按人民币、外币分别计算并保持《条例》第四十六条规定的流动性比例，按照外国银行在中国境内分行单家考核。

**第五十九条** 《条例》第四十七条所称境内本外币资产余额、境内本外币负债余额按照以下方法计算：

境内本外币资产余额＝本外币资产总额－境外联行往来（资产）－境外附属机构往来（资产）－境外贷款－存放境外同业－拆放境外同业－买入境外返售资产－境外投资－其他境外资产。

下列投资不列入境外投资：购买在中国境外发行的中国政府债券、中国金融机构债券和中国非金融机构的债券。

境内本外币负债余额＝本外币负债总额－境外联行往来（负债）－境外附属机构往来（负债）－境外存款－境外同业存放－境外同业拆入－卖出境外回购款项－其他境外负债。

《条例》第四十七条的规定按照外国银行在中国境内分行合并考核。

**第六十条** 外资银行营业性机构不得虚列、多列、少列资产、负债和所有者权益。

**第六十一条** 在中国境内设立 2 家及 2 家以上外国银行分行的，应当由外国银行总行或者经授权的地区总部指定其中 1 家分行作为管理行，统筹负责中国境内业务的管理以及中国境内所有分行的合并财务信息和综合信息的报送工作。

外国银行或者经授权的地区总部应当指定管理行行长负责中国境内业务的管理工作，并指定合规负责人负责中国境内业务的合规工作。

**第六十二条** 外资银行营业性机构应当按照中国银监会的规定，每季度末将跨境大额资金流动和资产转移情况报送所在地中国银监会派出机构。

**第六十三条** 外资银行营业性机构由总行或者联行转入信贷资产，应当在转入信贷资产后 5 日内向所在地中国银监会派出机构报告，提交关于转入信贷资产的金额、期限、分类及担保等情况的书面材料。

**第六十四条** 外国银行分行有下列情形之一的，应当向该分行或者管理行所在地中国银监会派出机构报告：

（一）外国银行分行未分配利润与本年度纯损益之和为负数，且该负数绝对值与贷款损失准备尚未提足部分之和超过营运资金30%的，应当每季度末报告；

（二）外国银行分行对所有大客户的授信余额超过其营运资金 8 倍的，应当每季度末报告，大客户是指授信余额超过外国银行分行营运资金 10% 的客户，该指标按照外国银行在中国境内分行季末余额合并计算；

（三）外国银行分行境外联行及附属机构往来的资产方余额超过境外联行及附属机构往来的负债方余额与营运资金之和的，应当每月末报告，该指标按照外国银行在中国境内分行合并计算；

（四）中国银监会认定的其他情形。

**第六十五条** 中国银监会及其派出机构对外资银行营业性机构采取的特别监管措施包括以下内容：

（一）约见有关负责人进行警诫谈话；

（二）责令限期就有关问题报送书面报告；

（三）对资金流出境外采取限制性措施；

（四）责令暂停部分业务或者暂停受理经营新业务的申请；

（五）责令出具保证书；

（六）对有关风险监管指标提出特别要求；

（七）要求保持一定比例的经中国银监会认可的资产；

（八）责令限期补充资本金或者营运资金；

（九）责令限期撤换董事或者高级管理人员；

（十）暂停受理增设机构的申请；

（十一）对利润分配和利润汇出境外采取限制性措施；

（十二）派驻特别监管人员，对日常经营管理进行监督指导；

（十三）提高有关监管报表的报送频度；

（十四）中国银监会采取的其他特别监管措施。

**第六十六条** 外资银行营业性机构应当向所在地中国银监会派出机构及时报告下列重大事项：

（一）财务状况和经营活动出现重大问题；

（二）经营策略的重大调整；

（三）除不可抗力原因外，外资银行营业性机构在法定节假日以外的日期暂停营业 2 日以内，应当提前 7 日向所在地中国银监会派出机构书面报告；

（四）外商独资银行、中外合资银行的重要董事会决议；

（五）外国银行分行的总行、外商独资银行或者中外合资银行股东的章程、注册资本和注册地址的变更；

（六）外国银行分行的总行、外商独资银行或者中外合资银行股东的合并、分立等重组事项以及董事长或者行长（首席执行官、总经理）的变更；

（七）外国银行分行的总行、外商独资银行或者中外合资银行股东的财务状况和经营活动出现重大问题；

（八）外国银行分行的总行、外商独资银行或者中外合资银行股东发生重大案件；

（九）外国银行分行的总行、外商独资银行或者中外合资银行外方股东所在国家或者地区以及其他海外分支机构所在国家或者地区金融监管当局对其实施的重大监管措施；

（十）外国银行分行的总行、外商独资银行或者中外合资银行外方股东所在国家或者地区金融监管法规和金融监管体系的重大变化；

（十一）中国银监会要求报告的其他事项。

**第六十七条** 外国银行代表处应当及时向所在地中国银监会派出机构报告其所代表的外国银行发生的下列重大事项：

（一）章程、注册资本或者注册地址变更；

（二）外国银行的合并、分立等重组事项以及董事长或者行长（首席执行官、总经理）变更；

（三）财务状况或者经营活动出现重大问题；

（四）发生重大案件；

（五）所在国家或者地区金融监管当局对其实施的重大监管措施；

（六）其他对外国银行经营产生重大影响的事项。

**第六十八条** 非外资银行在中国境内机构正式员工，在该机构连续工作超过 20 日或者在 90 日内累计工作超过 30 日的，外资银行应当向所在地中国银监会派出机构报告。

**第六十九条** 外商独资银行、中外合资银行和在中国境内设立 2 家及 2 家以上分行的外国银行，应当在每个会计年度结束后聘请在中国境内依法设立的合格会计师事务所对该机构在中国境内所有营业性机构进行并表或者合并审计，并在会计年度结束后 4 个月内将审计报告和管理建议书报送外商独资银行、中外合资银行总行或者管理行所在地中国银监会派出机构。

外国银行分行应当在每个会计年度结束后聘请在中国境内依法设立的合格会计师事务所进行审计，并在会计年度结束后 4 个月内将审计报告和管理建议书报送所在地中国银监会派出机构。

第七十条　外资银行营业性机构聘请在中国境内依法设立的合格会计师事务所进行年度或者其他项目审计 1 个月前，应当将会计师事务所及其参加审计的注册会计师的基本资料报送所在地中国银监会派出机构。

第七十一条　外商独资银行、中外合资银行的年度审计应当包括以下内容：资本充足情况、资产质量、公司治理情况、内部控制情况、盈利情况、流动性和市场风险管理情况等。

外国银行分行的年度审计应当包括以下内容：财务报告、风险管理、营运控制、合规经营情况和资产质量等。

第七十二条　中国银监会及其派出机构在必要时可以指定会计师事务所对外资银行营业性机构的经营状况、财务状况、风险状况、内部控制制度及执行情况等进行审计。

第七十三条　中国银监会及其派出机构可以要求外资银行营业性机构更换专业技能和独立性达不到监管要求的会计师事务所。

第七十四条　外商独资银行、中外合资银行应当在会计年度结束后 6 个月内向其总行所在地中国银监会派出机构报送外商独资银行及其股东、中外合资银行及其股东的年报。

外国银行分行及外国银行代表处应当在其总行会计年度结束后 6 个月内向所在地中国银监会派出机构报送其总行的年报。

第七十五条　外国银行代表处应当于每年 2 月末前按照中国银监会规定的格式向所在地中国银监会派出机构报送上年度工作报告和本年度工作计划。

第七十六条　外国银行代表处应当具备独立的办公场所、办公设施和专职工作人员。

第七十七条　外国银行代表处应当配备合理数量的工作人员，工作人员的职务应当符合代表处工作职责。

第七十八条　外国银行代表处应当建立会计账簿，真实反映财务收支情况，其成本以及费用开支应当符合代表处工作职责。

外国银行代表处不得使用其他企业、组织或者个人的账户。

第七十九条　外国银行代表处不得在其电脑系统中使用与代表处工作职责不符的业务处理系统。

第八十条　本细则要求报送的资料，除年报外，凡用外文书写的，应当附有中文译本。外资银行营业性机构的内部控制制度、业务操作规程、业务凭证样本应当附有中文译本；其他业务档案和管理档案相关文件如监管人员认为有必要的，也应当附有中文译本。特殊情况下，中国银监会及其派出机构可以要求有关中文译本经外国银行分行的总行、外商独资银行或者中外合资银行的外方股东所在国家或者地区认可的机构公证，并且经中国驻该国使馆、领馆认证。

## 第六章　终止与清算

第八十一条　《条例》第五十八条所称自行终止包括下列情形：

（一）外商独资银行、中外合资银行章程规定的营业期限届满或者其他解散事由出现的；

（二）外商独资银行、中外合资银行股东会决定解散的；

（三）外商独资银行、中外合资银行因合并或者分立需要解散的；

（四）外国银行、外商独资银行、中外合资银行关闭在中国境内分行的。

第八十二条　自中国银监会批准外商独资银行、中外合资银行解散或者外国银行、外商独资银行、中外合资银行关闭在中国境内分行的决定生效之日起，被批准解散、关闭的机构应当立即停止经营活动，交回金融许可证，并在 15 日内成立清算组。

第八十三条　清算组成员包括行长（总经理）、会计主管、中国注册会计师以及中国银监会指定的其他人员。外商独资银行、中外合资银行清算组还应当包括股东代表和董事长。清算组成员应当报经所在地中国银监会派出机构同意。

第八十四条　清算组应当书面通知工商行政管理机关、税务机关、劳动与社会保障部门等有关部门。

第八十五条 外商独资银行、中外合资银行自行解散或者外商独资银行、中外合资银行和外国银行关闭其在中国境内分行涉及的其他清算事宜按照《中华人民共和国公司法》的有关规定执行。

第八十六条 被解散或者关闭的外资银行营业性机构及其分支机构所在地中国银监会派出机构负责监督解散与清算过程，并将重大事项和清算结果逐级报至中国银监会。

第八十七条 清算组应当自成立之日起 30 日内聘请在中国境内依法设立的合格会计师事务所进行审计，自聘请之日起 60 日内向所在地中国银监会派出机构报送审计报告。

第八十八条 解散或者关闭清算过程中涉及外汇审批或者核准事项的，应当经国家外汇管理局及其分局批准。

第八十九条 清算组在清偿债务过程中，应当在支付清算费用、所欠职工工资和劳动保险费后，优先支付个人储蓄存款的本金和利息。

第九十条 清算组应当在每月 10 号前向所在地中国银监会派出机构报送有关债务清偿、资产处置、贷款清收、销户等情况的报告。

第九十一条 被清算机构全部债务清偿完毕后，清算组申请提取生息资产，应当向所在地中国银监会派出机构报送下列申请资料，由所在地中国银监会派出机构进行审批：

（一）由清算组组长签署的申请书；

（二）关于清算情况的报告；

（三）中国银监会要求的其他资料。

第九十二条 清算工作结束后，清算组应当制作清算报告，报送所在地中国银监会派出机构确认，并报送工商行政管理机关申请注销工商登记，在中国银监会指定的全国性报纸和所在地中国银监会派出机构指定的地方性报纸上公告。清算组应当将公告内容在公告日 3 日前书面报至所在地中国银监会派出机构。

第九十三条 清算后的会计档案及业务资料依照有关规定处理。

第九十四条 自外国银行分行清算结束之日起 2 年内，中国银监会及其派出机构不受理该外国银行在中国境内同一城市设立营业性机构的申请。

第九十五条 外商独资银行、中外合资银行有违法违规经营、经营管理不善等情形，不予撤销将严重危害金融秩序、损害社会公众利益的，由中国银监会按照《金融机构撤销条例》的规定撤销。

中国银监会责令关闭外国银行分行的，按照《中华人民共和国公司法》的有关规定执行。

**第九十六条** 外商独资银行、中外合资银行因不能支付到期债务，自愿或者应其债权人要求申请破产，或者因解散而清算，清算组在清理财产、编制资产负债表和财产清单后，发现外商独资银行、中外合资银行财产不足清偿债务须申请破产的，经中国银监会批准，应当立即向人民法院申请宣告破产。外商独资银行、中外合资银行经人民法院裁定宣告破产后，清算组应当将清算事务移交给人民法院。

**第九十七条** 外国银行将其在中国境内的分行改制为由其总行单独出资的外商独资银行的，原外国银行分行应当在外商独资银行开业后交回金融许可证，并依法向工商行政管理机关办理注销登记。

**第九十八条** 经批准关闭的代表处应当在依法办理注销登记手续后 15日内，在中国银监会指定的全国性报纸及所在地中国银监会派出机构指定的地方性报纸上公告，并将公告内容报送所在地中国银监会派出机构。

## 第七章　附　　则

**第九十九条** 外资银行违反本细则的，中国银监会按照《条例》和其他有关规定对其进行处罚。

**第一百条** 中国银监会 2006 年 11 月 24 日公布的《中华人民共和国外资银行管理条例实施细则》（中国银行业监督管理委员会令 2006 年第 6号）废止。


# 人民币合格境外机构投资者境内证券投资试点办法

（2013 年 3 月 1 日中国证券监督管理委员会、中国人民银行、国家外汇管理局令第 90 号公布　自公布之日起施行）

**第一条** 为规范人民币合格境外机构投资者在境内进行证券投资的行

为，促进证券市场发展，保护投资者合法权益，根据有关法律和行政法规，制定本办法。

第二条 本办法所称人民币合格境外机构投资者（以下简称人民币合格投资者），是指经中国证券监督管理委员会（以下简称中国证监会）批准，并取得国家外汇管理局（以下简称国家外汇局）批准的投资额度，运用来自境外的人民币资金进行境内证券投资的境外法人。

第三条 中国证监会依法对人民币合格投资者的境内证券投资实施监督管理，中国人民银行（以下简称人民银行）依法对人民币合格投资者在境内开立人民币银行账户进行管理，国家外汇局依法对人民币合格投资者的投资额度实施管理，人民银行会同国家外汇局依法对人民币合格投资者的资金汇出入进行监测和管理。

第四条 人民币合格投资者开展境内证券投资业务，应当委托具有合格境外机构投资者托管人资格的境内商业银行负责资产托管业务，委托境内证券公司代理买卖证券。

人民币合格投资者可以委托境内资产管理机构进行境内证券投资管理。

第五条 申请人民币合格投资者资格，应当具备下列条件：

（一）财务稳健，资信良好，注册地、业务资格等符合中国证监会的规定；

（二）公司治理和内部控制有效，从业人员符合所在国家或地区的有关从业资格要求；

（三）经营行为规范，最近 3 年或者自成立起未受到所在地监管部门的重大处罚；

（四）中国证监会根据审慎监管原则规定的其他条件。

第六条 中国证监会对人民币合格投资者的境内证券投资业务资格进行审核，自收到完整的申请文件之日起 60 日内作出批准或者不予批准的决定。决定批准的，作出书面批复并颁发证券投资业务许可证；决定不批准的，书面通知申请人。

第七条 取得境内证券投资业务资格的人民币合格投资者应当持下列材料向国家外汇局申请投资额度：

（一）申请报告，包括申请人基本情况、资金来源说明、境内证券投资计划等；

（二）中国证监会颁发的证券投资业务许可证复印件；

（三）经公证的对境内托管人的授权委托书；

（四）国家外汇局要求提供的其他材料。

国家外汇局自收到人民币合格投资者完整的申请文件之日起 60 日内作出批准或者不予批准的决定。决定批准的，作出书面批复并颁发登记证；决定不批准的，书面通知申请人。

**第八条** 人民币合格投资者的境内托管人应当履行下列职责：

（一）保管人民币合格投资者托管的全部资产；

（二）监督人民币合格投资者的境内证券投资运作；

（三）办理人民币合格投资者资金汇出入等相关业务；

（四）按照规定进行国际收支统计申报；

（五）向中国证监会、人民银行和国家外汇局报送相关业务报告和报表；

（六）中国证监会、人民银行和国家外汇局根据审慎监管原则规定的其他职责。

**第九条** 人民币合格投资者在经批准的投资额度内投资人民币金融工具，应当遵守相关监管要求。中国证监会和人民银行可以根据宏观管理要求和试点发展情况，对总体投资比例和品种做出规定和调整。

人民币合格投资者投资银行间债券市场，应当根据人民银行相关规定办理。

**第十条** 人民币合格投资者开展境内证券投资业务试点，应当遵守中国境内关于持股比例、信息披露等法律法规的规定和其他有关监管规则的要求。

人民币合格投资者应当按照人民银行的规定，通过境内托管人向人民银行人民币跨境收付信息管理系统报送人民币资金汇出入等信息。

**第十一条** 人民币合格投资者应当按照投资额度管理的有关要求办理资金汇出入。

人民币合格投资者可以人民币或购汇汇出本金和投资收益。

**第十二条** 中国证监会、人民银行和国家外汇局依法可以要求人民币合格投资者、境内托管人、证券公司等机构提供人民币合格投资者的有关资料，并进行必要的询问、检查。

**第十三条** 人民币合格投资者有下列情形之一的，应当在 5 个工作日内报告中国证监会、人民银行和国家外汇局：

（一）变更境内托管人；

（二）变更机构负责人；

（三）调整股权结构；

（四）调整注册资本；

（五）吸收合并其他机构；

（六）涉及重大诉讼及其他重大事件；

（七）在境外受到重大处罚；

（八）中国证监会、人民银行和国家外汇局规定的其他情形。

**第十四条** 人民币合格投资者有下列情形之一的，应当重新申领证券投资业务许可证：

（一）变更机构名称；

（二）被其他机构吸收合并；

（三）中国证监会和国家外汇局认定的其他情形。

重新申领证券投资业务许可证期间，人民币合格投资者可以继续进行证券投资，但中国证监会根据审慎监管原则认为需要暂停的除外。

**第十五条** 人民币合格投资者有下列情形之一的，应当将证券投资业务许可证和外汇登记证分别交还发证机关：

（一）取得证券投资业务许可证后 1 年内未向国家外汇局提出投资额度申请的；

（二）机构解散、进入破产程序或者由接管人接管的；

（三）中国证监会、人民银行和国家外汇局认定的其他情形。

**第十六条** 人民币合格投资者及境内托管人在开展境内证券投资业务试点过程中发生违法违规行为的，中国证监会、人民银行和国家外汇局可以依法采取相应的监管措施和行政处罚。

**第十七条** 本办法自公布之日起施行，2011 年 12 月 16 日发布的《基金管理公司、证券公司人民币合格境外机构投资者境内证券投资试点办法》（证监会令第 76 号）同时废止。

# 境外交易者和境外经纪机构从事境内特定品种期货交易管理暂行办法

（2014 年 12 月 8 日第 71 次中国证券监督管理委员会主席办公会议审议通过　2015 年 6 月 26 日公布　自 2015 年 8 月 1 日起施行）

**第一条**　为了促进期货市场创新发展和对外开放，加强对境外交易者和境外经纪机构从事境内特定品种期货交易的管理，维护期货市场秩序，保护交易者合法权益，根据《期货交易管理条例》及有关法律法规，制定本办法。

**第二条**　境外交易者、境外经纪机构从事我国境内特定品种期货交易及其相关业务活动，应当遵守本办法。

本办法所称境外交易者，是指从事期货交易并承担交易结果，在中华人民共和国境外依法成立的法人、其他经济组织，或者依法拥有境外公民身份的自然人。

本办法所称境外经纪机构，是指在中华人民共和国境外依法设立、具有所在国（地区）期货监管机构认可的可以接受交易者资金和交易指令并以自己名义为交易者进行期货交易资质的金融机构。

本办法所称境内特定品种由中国证券监督管理委员会（以下简称中国证监会）确定并公布。

**第三条**　中国证监会及其派出机构依法对境外交易者和境外经纪机构从事境内特定品种期货交易实行监督管理。

期货交易所依据自律规则对境内特定品种期货交易及相关业务活动实行自律管理。

中国期货业协会依据自律规则对境内特定品种期货交易及相关业务活动实行行业自律管理。

中国期货市场监控中心有限责任公司依法对境内特定品种期货交易及相关业务活动实施监测监控。

**第四条** 境外交易者和境外经纪机构应当遵守中华人民共和国法律法规和本办法，并履行反洗钱、反恐融资、反逃税等义务。

**第五条** 境外交易者可以委托境内期货公司（以下简称期货公司）或者境外经纪机构参与境内特定品种期货交易。

经期货交易所批准，符合条件的境外交易者可以直接在期货交易所从事境内特定品种期货交易。

前款所述直接入场交易的境外交易者应当具备下列条件：

（一）所在国（地区）具有完善的法律和监管制度；

（二）财务稳健，资信良好，具备充足的流动资本；

（三）具有健全的治理结构和完善的内部控制制度，经营行为规范；

（四）期货交易所规定的其他条件。

**第六条** 境外经纪机构在接受境外交易者委托后，可以委托期货公司进行境内特定品种期货交易。期货公司接受委托后，以自己的名义为该境外经纪机构进行交易。

经期货交易所批准，符合条件的境外经纪机构可以接受境外交易者委托，直接在期货交易所以自己的名义为境外交易者进行境内特定品种期货交易。

前款所述直接入场交易的境外经纪机构应当符合本办法第五条第三款的规定，且其所在国（地区）期货监管机构已与中国证监会签署监管合作谅解备忘录。

**第七条** 境外经纪机构不得接受境内交易者和《期货交易管理条例》第二十六条规定的单位和个人的委托，为其进行境内期货交易。

**第八条** 对直接入场交易的境外交易者和境外经纪机构，期货交易所应当规定其资格取得与终止的条件和程序，明确其权利和义务。

**第九条** 境外交易者从事境内特定品种期货交易，应当遵守期货交易所的自律规则，遵守"买卖自愿、风险自担、盈亏自负"的原则，承担期货交易的履约责任和交易结果。

**第十条** 境外交易者应当以真实合法身份办理开户，如实提供境外公民身份证明、境外法人资格或者其他经济组织资格的合法有效证明文件。境外交易者的身份证明文件及要求由中国期货市场监控中心有限责任公司另行规定。

第十一条　境外经纪机构接受境外交易者委托进行境内特定品种期货交易的，应当按照《期货市场客户开户管理规定》和中国期货市场监控中心有限责任公司的业务规则，为境外交易者办理账户开立等手续，并为每个境外交易者单独申请交易编码，不得进行混码交易。

接受境外经纪机构委托的期货公司，应当按照中国期货市场监控中心有限责任公司的业务规则，为境外经纪机构办理前款所述手续提供必要的协助。

直接入场交易的境外交易者应当向期货交易所办理账户开立等手续并申请交易编码，期货交易所应当在其开始交易之前将有关材料报中国期货市场监控中心有限责任公司备案。

第十二条　境内特定品种期货交易实行交易者适当性制度。期货交易所、期货公司和境外经纪机构应当执行交易者适当性制度。境外交易者应当遵守交易者适当性制度。

第十三条　境外经纪机构接受境外交易者委托的，应当事先向境外交易者出示风险说明书，与境外交易者签订书面合同，不得未经境外交易者委托或者不按照境外交易者委托内容，擅自进行期货交易，不得隐瞒重要事项或者使用其他不正当手段诱骗境外交易者发出交易指令。

第十四条　直接入场交易的境外经纪机构应当建立健全并严格执行业务管理规则、风险管理制度，遵守信息披露制度，保障境外交易者保证金的存管安全。

第十五条　承担结算职能的期货交易所作为中央对手方，统一组织境内特定品种期货交易的结算。境外交易者、境外经纪机构应当根据期货交易所的规定委托具有结算资格的期货公司或者其他机构进行结算，并适用《期货交易管理条例》第二十九条、第三十四条、第三十五条、第三十七条对客户和期货公司的规定。

前款所称中央对手方，是指期货交易达成后介入期货交易双方，成为所有买方的卖方和所有卖方的买方，以净额方式结算，为期货交易提供集中履约保障的法人。

第十六条　直接入场交易的境外交易者和境外经纪机构，以及委托期货公司进行境内特定品种期货交易的境外交易者和境外经纪机构，应当在境内开立符合条件的银行账户，并将其设定为期货结算账户。

第十七条　境外交易者和境外经纪机构应当遵守中国证监会关于保证金安全存管的规定。

期货公司应当将向委托其结算的境外交易者和境外经纪机构收取的保证金存放在期货公司的保证金专用账户。期货公司应当将来源于境内和境外的保证金按币种分账户管理。期货交易所、期货公司、本办法第十六条所指的境外交易者和境外经纪机构之间的境内账户资金划转，应当通过专用结算账户、保证金专用账户和期货结算账户进行。

第十八条　境外交易者和境外经纪机构持仓达到期货交易所规定的持仓报告标准的，境外交易者和境外经纪机构应当向期货交易所报告。境外交易者未报告的，受托交易的期货公司、境外经纪机构应当向期货交易所报告。

第十九条　保证金只能用于担保期货合约或者期权合约的履行，除法定情形外，严禁挪作他用。

境外交易者和境外经纪机构被接管、破产或者清算的，其保证金均应当优先用于履行在期货交易所未了结的期货合约或期权合约。

第二十条　期货市场出现《期货交易所管理办法》第八十五条、第八十七条规定情形的，期货交易所可以按照对客户和会员的规定，对境外交易者和境外经纪机构采取措施。

第二十一条　期货公司与境外交易者或者境外经纪机构发生期货业务纠纷的，可以提请中国期货业协会、期货交易所以及其他调解组织调解处理。

第二十二条　期货公司应当在月度、年度报告中报送接受境外交易者和境外经纪机构委托进行境内特定品种期货交易的情况。

期货公司首席风险官应当负责对本公司境内特定品种期货交易相关业务活动进行监督和检查，并履行督促整改和报告等义务。

第二十三条　中国证监会及其派出机构可以根据监管职责要求期货公司、境外交易者和境外经纪机构提供下列信息或者书面资料，并进行必要的询问和检查：

（一）境外交易者和境外经纪机构的账户、所有子账户的最终受益人姓名（名称）、国籍、有效身份证件（号码）、联系方式及相关信息、资金来源等；

（二）境外交易者和境外经纪机构的账户、所有子账户的指令下达人姓名、国籍、有效身份证件（号码）、联系方式及相关信息等；

（三）境外交易者和境外经纪机构的账户、所有子账户资金划拨、使用的明细资料；

（四）境外交易者和境外经纪机构的账户、所有子账户交易的明细资料；

（五）中国证监会根据审慎监管原则要求的其他材料。

第二十四条　发生下列重大情形之一的，期货公司应当在知情后 5 个工作日内或者按照规定向其住所地的中国证监会派出机构报告：

（一）境外交易者或者境外经纪机构发生违规、被接管、破产或者其他风险事件；

（二）发生涉及境外交易者或者境外经纪机构的期货纠纷、仲裁或者诉讼；

（三）其他影响境外交易者或者境外经纪机构从事境内特定品种期货交易的情形。

期货公司的报告应当包括事件的起因、目前的状态、可能发生的后果以及应对方案或者措施等内容。

第二十五条　期货公司及其从业人员违反本办法的，依照《期货交易管理条例》的有关规定，采取责令限期整改、监管谈话、责令更换有关责任人员等监管措施，并记入诚信档案。

第二十六条　直接入场交易的境外交易者和境外经纪机构的交易结算软件，应当满足期货交易所风险管理以及中国证监会有关保证金安全存管监控规定的要求。不符合要求的，中国证监会有权要求直接入场交易的境外交易者和境外经纪机构予以改进或者更换。

中国证监会可以要求直接入场交易的境外交易者和境外经纪机构的交易软件、结算软件的供应商提供该软件的相关资料，供应商应当予以配合。中国证监会对供应商提供的相关资料负有保密义务。

第二十七条　中国证监会及其派出机构可以根据监管职责对境外交易者或者境外经纪机构进行境内特定品种期货交易及相关业务活动进行定期或者不定期现场检查。

第二十八条　期货交易所违反规定接纳直接入场交易的境外交易者或

者境外经纪机构的，依照《期货交易管理条例》第六十五条的规定处罚、处分。

期货交易所允许直接入场交易的境外交易者或者境外经纪机构在保证金不足的情况下进行期货交易的，依照《期货交易管理条例》第六十六条的规定处罚、处分。

**第二十九条** 境外经纪机构有《期货交易管理条例》第六十七条第一款第一项、第七项至第九项、第十一项、第十四项至第十六项所列行为之一的，依照《期货交易管理条例》第六十七条第一款规定处罚。

境外经纪机构有《期货交易管理条例》第六十八条第一款所列欺诈行为的，依照《期货交易管理条例》第六十八条第一款的规定处罚。

**第三十条** 直接入场交易的境外交易者或者境外经纪机构的交易软件、结算软件供应商拒不配合中国证监会及其派出机构调查，或者未按照规定向中国证监会及其派出机构提供相关软件资料，或者提供的软件资料有虚假、重大遗漏的，依照《期货交易管理条例》第七十六条的规定处罚。

**第三十一条** 期货交易所、期货公司、境外交易者或者境外经纪机构违法经营或者出现重大经营风险，严重危害中国期货市场秩序、损害交易者合法权益，依法应予以行政处罚的，依照《期货交易管理条例》进行处罚；涉嫌犯罪的，依法移送司法机关，追究刑事责任。

**第三十二条** 境外交易者或者境外经纪机构违反《期货交易管理条例》和中国证监会有关规定的，中国证监会依法进行查处。需要境外交易者或者境外经纪机构所在地监管机构协助的，中国证监会可以根据与其签署的双边或者多边监管合作谅解备忘录等跨境监管合作机制进行跨境监管合作。

**第三十三条** 在中国证监会批准的其他期货交易场所从事境内特定品种期货交易及相关业务活动的，适用本办法。

**第三十四条** 香港、澳门特别行政区和台湾地区设立的法人、其他经济组织，或者拥有香港、澳门特别行政区和台湾地区居民身份的自然人从事境内特定品种期货交易的，适用本办法。

**第三十五条** 本办法自 2015 年 8 月 1 日起施行。

# 外国投资者境内直接投资外汇管理规定

（2013 年 5 月 10 日国家外汇管理局发布　2013 年 5 月 13 日起实施）

## 第一章　总　　则

**第一条**　为促进和便利外国投资者境内直接投资，规范外国投资者境内直接投资外汇管理，根据《中华人民共和国外汇管理条例》等相关法律法规，制定本规定。

**第二条**　本规定所称外国投资者境内直接投资（以下简称境内直接投资），是指外国投资者（包括境外机构和个人）通过新设、并购等方式在境内设立外商投资企业或项目（以下简称外商投资企业），并取得所有权、控制权、经营管理权等权益的行为。

**第三条**　境内直接投资实行登记管理。境内直接投资活动所涉机构与个人应在国家外汇管理局及其分支机构（以下简称外汇局）办理登记。银行应依据外汇局登记信息办理境内直接投资相关业务。

**第四条**　外汇局对境内直接投资登记、账户开立与变动、资金收付及结售汇等实施监督管理。

## 第二章　登记、账户及结售汇管理

**第五条**　外国投资者为筹建外商投资企业需汇入前期费用等相关资金的，应在外汇局办理登记。

**第六条**　外商投资企业依法设立后，应在外汇局办理登记。外国投资者以货币资金、股权、实物资产、无形资产等（含境内合法所得）向外商投资企业出资，或者收购境内企业中方股权支付对价，外商投资企业应就外国投资者出资及权益情况在外汇局办理登记。

外商投资企业后续发生增资、减资、股权转让等资本变动事项的，应在外汇局办理登记变更。外商投资企业注销或转为非外商投资企业的，应在外汇局办理登记注销。

第七条　境内外机构及个人需办理境内直接投资所涉的股权转让、境内再投资等其他相关业务的，应在外汇局办理登记。

第八条　境内直接投资所涉主体办理登记后，可根据实际需要到银行开立前期费用账户、资本金账户及资产变现账户等境内直接投资账户。

境内直接投资账户内资金使用完毕后，银行可为开户主体办理关户。

第九条　外商投资企业资本金结汇及使用应符合外汇管理相关规定。外商投资企业外汇资本金及其结汇所得人民币资金，应在企业经营范围内使用，并符合真实自用原则。

前期费用账户等其他境内直接投资账户资金结汇参照资本金结汇有关规定办理。

第十条　因减资、清算、先行回收投资、利润分配等需向境外汇出资金的，外商投资企业在办理相应登记后，可在银行办理购汇及对外支付。

因受让外国投资者所持外商投资企业股权需向境外汇出资金的，境内股权受让方在外商投资企业办理相应登记后，可在银行办理购汇及对外支付。

第十一条　外汇局根据国家相关规定对外商投资企业实行年检。

## 第三章　监督管理

第十二条　银行为境内直接投资所涉主体办理账户开立、资金入账、结售汇、境内划转以及对外支付等业务前，应确认其已按本规定在外汇局办理相应登记。

银行应按外汇管理规定对境内直接投资所涉主体提交的材料进行真实性、一致性审核，并通过外汇局指定业务系统办理相关业务。

银行应按外汇管理规定为境内直接投资所涉主体开立相应账户，并将账户开立与变动、资金收付及结售汇等信息按规定及时、完整、准确地向外汇局报送。

第十三条　境内直接投资应按照有关规定办理国际收支统计申报。

第十四条　外汇局通过登记、银行报送、年检及抽样调查等方式对境内直接投资所涉跨境收支、结售汇以及外国投资者权益变动等情况进行统计监测。

第十五条　外汇局对银行办理境内直接投资业务的合规性及相关信息

的报送情况实施核查或检查；对境内直接投资中存在异常或可疑情况的机构或个人实施核查或检查。

核查包括非现场核查和现场核查。现场核查的方式包括但不限于：要求被核查主体提交相关书面材料；约见被核查主体法定代表人、负责人或其授权人；现场查阅、复制被核查主体相关资料等。

相关主体应当配合外汇局的监督检查，如实说明情况，提供有关文件、资料，不得拒绝、阻碍和隐瞒。

**第十六条** 境内直接投资所涉主体违反本规定的，外汇局根据《中华人民共和国外汇管理条例》及相关规定进行处罚。

## 第四章 附 则

**第十七条** 外国投资者通过新设、并购等方式在境内设立金融机构的，参照本规定办理登记。

**第十八条** 香港特别行政区、澳门特别行政区和台湾地区的投资者境内直接投资参照本规定管理。

**第十九条** 国家外汇管理局负责本规定的解释，并依据本规定制定操作指引。

**第二十条** 本规定自 2013 年 5 月 13 日起实施。此前规定与本规定不一致的，以本规定为准。


# 外国人在中国就业管理规定

（1996 年 1 月 22 日劳动部、公安部、外交部、对外贸易经济合作部联合发布 2010 年 11 月 12 日根据《关于废止和修改部分人力资源和社会保障规章的决定》修正 2017 年 3 月 13 日根据《人力资源社会保障部关于修改〈外国人在中国就业管理规定〉的决定》修正）

## 第一章 总 则

**第一条** 为加强外国人在中国就业的管理，根据有关法律、法规的规定，制定本规定。

第二条　本规定所称外国人，指依照《中华人民共和国国籍法》规定不具有中国国籍的人员。本规定所称外国人在中国就业，指没有取得定居权的外国人在中国境内依法从事社会劳动并获取劳动报酬的行为。

第三条　本规定适用于在中国境内就业的外国人和聘用外国人的用人单位。本规定不适用于外国驻华使、领馆和联合国驻华代表机构、其他国际组织中享有外交特权与豁免的人员。

第四条　各省、自治区、直辖市人民政府劳动行政部门及其授权的地市级劳动行政部门负责外国人在中国就业的管理。

## 第二章　就业许可

第五条　用人单位聘用外国人须为该外国人申请就业许可，经获准并取得《中华人民共和国外国人就业许可证书》（以下简称许可证书）后方可聘用。

第六条　用人单位聘用外国人从事的岗位应是有特殊需要，国内暂缺适当人选，且不违反国家有关规定的岗位。用人单位不得聘用外国人从事营业性文艺演出，但符合本规定第九条第三项规定的人员除外。

第七条　外国人在中国就业须具备下列条件：

（一）年满18周岁，身体健康；

（二）具有从事其工作所必需的专业技能和相应的工作经历；

（三）无犯罪记录；

（四）有确定的聘用单位；

（五）持有有效护照或能代替护照的其他国际旅行证件（以下简称代替护照的证件）。

第八条　在中国就业的外国人应持Z字签证入境（有互免签证协议的，按协议办理），入境后取得《外国人就业证》（以下简称就业证）和外国人居留证件，方可在中国境内就业。

未取得居留证件的外国人（即持F、L、C、G字签证者）、在中国留学、实习的外国人及持Z字签证外国人的随行家属不得在中国就业。特殊情况，应由用人单位按本规定规定的审批程序申领许可证书，被聘用的外国人凭许可证书到公安机关改变身份，办理就业证、居留证后方可就业。

外国驻中国使、领馆和联合国系统、其他国际组织驻中国代表机构人员的配偶在中国就业，应按《中华人民共和国外交部关于外国驻中国使领馆和联合国系统组织驻中国代表机构人员的配偶在中国任职的规定》执行，并按本条第二款规定的审批程序办理有关手续。

许可证书和就业证由劳动部统一制作。

**第九条** 凡符合下列条件之一的外国人可免办就业许可和就业证：

（一）由我国政府直接出资聘请的外籍专业技术和管理人员，或由国家机关和事业单位出资聘请，具有本国或国际权威技术管理部门或行业协会确认的高级技术职称或特殊技能资格证书的外籍专业技术和管理人员，并持有外国专家局签发的《外国专家证》的外国人；

（二）持有《外国人在中华人民共和国从事海上石油作业工作准证》从事海上石油作业、不需登陆、有特殊技能的外籍劳务人员；（三）经文化部批准持《临时营业演出许可证》进行营业性文艺演出的外国人。

**第十条** 凡符合下列条件之一的外国人可免办许可证书，入境后凭 Z 字签证及有关证明直接办理就业证：

（一）按照我国与外国政府间、国际组织间协议、协定，执行中外合作交流项目受聘来中国工作的外国人；

（二）外国企业常驻中国代表机构中的首席代表、代表。

## 第三章　申请与审批

**第十一条** 用人单位聘用外国人，须填写《聘用外国人就业申请表》（以下简称申请表），向其与劳动行政主管部门同级的行业主管部门（以下简称行业主管部门）提出申请，并提供下列有效文件：

（一）拟聘用外国人履历证明；

（二）聘用意向书；

（三）拟聘用外国人原因的报告；

（四）拟聘用的外国人从事该项工作的资格证明；

（五）拟聘用的外国人健康状况证明；

（六）法律、法规规定的其他文件。

行业主管部门应按照本规定第六条、第七条及有关法律、法规的规定进行审批。

第十二条　经行业主管部门批准后，用人单位应持申请表到本单位所在地区的省、自治区、直辖市劳动行政部门或其授权的地市级劳动行政部门办理核准手续。省、自治区、直辖市劳动行政部门或授权的地市级劳动行政部门应指定专门机构（以下简称发证机关）具体负责签发许可证书工作。发证机关应根据行业主管部门的意见和劳动力市场的需求状况进行核准，并在核准后向用人单位签发许可证书。

第十三条　中央级用人单位、无行业主管部门的用人单位聘用外国人，可直接到劳动行政部门发证机关提出申请和办理就业许可手续。

外商投资企业聘雇外国人，无须行业主管部门审批，可凭合同、章程、批准证书、营业执照和本规定第十一条所规定的文件直接到劳动行政部门发证机关申领许可证书。

第十四条　获准来中国工作的外国人，应凭许可证书及本国有效护照或能代替护照的证件，到中国驻外使、领馆、处申请 Z 字签证。

凡符合本规定第九条第二项规定的人员，应凭中国海洋石油总公司签发的通知函电申请 Z 字签证；凡符合第九条第三项规定的人员，应凭文化部的批件申请 Z 字签证；

凡符合本规定第十条第一款规定的人员，应凭合作交流项目书申请 Z 字签证；凡符合第十条第二项规定的人员，应凭工商行政管理部门的登记证明申请 Z 字签证。

第十五条　用人单位应在被聘用的外国人入境后 15 日内，持许可证书、与被聘用的外国人签订的劳动合同及其有效护照或能代替护照的证件到原发证机关为外国人办理就业证，并填写《外国人就业登记表》。

就业证只在发证机关规定的区域内有效。

第十六条　已办理就业证的外国人，应在入境后 30 日内，持就业证到公安机关申请办理居留证。居留证件的有效期限可根据就业证的有效期确定。

## 第四章　劳动管理

第十七条　用人单位与被聘用的外国人应依法订立劳动合同。劳动合同的期限最长不得超过五年。劳动合同期限届满即行终止，但按本规定第十九条的规定履行审批手续后可以续订。

第十八条　被聘用的外国人与用人单位签订的劳动合同期满时，其就业证即行失效。如需续订，该用人单位应在原合同期满前 30 日内，向劳动行政部门提出延长聘用时间的申请，经批准并办理就业证延期手续。

第十九条　外国人被批准延长在中国就业期限或变更就业区域、单位后，应在 10 日内到当地公安机关办理居留证件延期或变更手续。

第二十条　被聘用的外国人与用人单位的劳动合同被解除后，该用人单位应及时报告劳动、公安部门，交还该外国人的就业证和居留证件，并到公安机关办理出境手续。

第二十一条　用人单位支付所聘用外国人的工资不得低于当地最低工资标准。

第二十二条　在中国就业的外国人的工作时间、休息、休假劳动安全卫生以及社会保险按国家有关规定执行。

第二十三条　外国人在中国就业的用人单位必须与其就业证所注明的单位相一致。

外国人在发证机关规定的区域内变更用人单位但仍从事原职业的，须经原发证机关批准，并办理就业证变更手续。

外国人离开发证机关规定的区域就业或在原规定的区域内变更用人单位且从事不同职业的，须重新办理就业许可手续。

第二十四条　因违反中国法律被中国公安机关取消居留资格的外国人，用人单位应解除劳动合同，劳动部门应吊销就业证。

第二十五条　用人单位与被聘用的外国人发生劳动争议，应按照《中华人民共和国劳动法》和《中华人民共和国劳动争议调解仲裁法》处理。

第二十六条　劳动行政部门对就业证实行年检。用人单位聘用外国人就业每满 1 年，应在期满前 30 日内到劳动行政部门发证机关为被聘用的外国人办理就业证年检手续。逾期未办的，就业证自行失效。

外国人在中国就业期间遗失或损坏其就业证的，应立即到原发证机关办理挂失、补办或换证手续。

## 第五章　罚　则

第二十七条　对违反本规定未申领就业证擅自就业的外国人和未办理许可证书擅自聘用外国人的用人单位，由公安机关按《中华人民共和国外国人入境出境管理法实施细则》第四十四条处理。

**第二十八条** 对拒绝劳动行政部门检查就业证、擅自变更用人单位、擅自更换职业、擅自延长就业期限的外国人，由劳动行政部门收回其就业证，并提请公安机关取消其居留资格。对需该机关遣送出境的，遣送费用由聘用单位或该外国人承担。

**第二十九条** 对伪造、涂改、冒用、转让、买卖就业证和许可证书的外国人和用人单位，由劳动行政部门收缴就业证和许可证书，没收其非法所得，并处以 1 万元以上 10 万元以下的罚款；情节严重构成犯罪的，移送司法机关依法追究刑事责任。

**第三十条** 发证机关或者有关部门的工作人员滥用职权、非法收费、徇私舞弊，构成犯罪的，依法追究刑事责任；不构成犯罪的，给予行政处分。

## 第六章 附 则

**第三十一条** 中国的台湾和香港、澳门地区居民在内地就业按《台湾和香港、澳门居民在内地就业管理规定》执行。

**第三十二条** 外国人在中国的台湾和香港、澳门地区就业不适用本规定。

**第三十三条** 禁止个体经济组织和公民个人聘用外国人。

**第三十四条** 省、自治区、直辖市劳动行政部门可会同公安等部门依据本规定制定本地区的实施细则，并报劳动部、公安部、外交部、对外贸易经济合作部备案。

**第三十五条** 本规定由劳动部解释。

**第三十六条** 本规定自 1996 年 5 月 1 日起施行。原劳动人事部和公安部 1987 年 10 月 5 日发布的《关于未取得居留证件的外国人和来中国留学的外国人在中国就业的若干规定》同时废止。

# 最高人民法院关于适用《中华人民共和国外商投资法》若干问题的解释

（2019 年 12 月 16 日最高人民法院审判委员会第 1787 次会议通过　法释〔2019〕20 号）

为正确适用《中华人民共和国外商投资法》，依法平等保护中外投资者合法权益，营造稳定、公平、透明的法治化营商环境，结合审判实践，就人民法院审理平等主体之间的投资合同纠纷案件适用法律问题作出如下解释。

**第一条**　本解释所称投资合同，是指外国投资者即外国的自然人、企业或者其他组织因直接或者间接在中国境内进行投资而形成的相关协议，包括设立外商投资企业合同、股份转让合同、股权转让合同、财产份额或者其他类似权益转让合同、新建项目合同等协议。

外国投资者因赠与、财产分割、企业合并、企业分立等方式取得相应权益所产生的合同纠纷，适用本解释。

**第二条**　对外商投资法第四条所指的外商投资准入负面清单之外的领域形成的投资合同，当事人以合同未经有关行政主管部门批准、登记为由主张合同无效或者未生效的，人民法院不予支持。

前款规定的投资合同签订于外商投资法施行前，但人民法院在外商投资法施行时尚未作出生效裁判的，适用前款规定认定合同的效力。

**第三条**　外国投资者投资外商投资准入负面清单规定禁止投资的领

域，当事人主张投资合同无效的，人民法院应予支持。

**第四条** 外国投资者投资外商投资准入负面清单规定限制投资的领域，当事人以违反限制性准入特别管理措施为由，主张投资合同无效的，人民法院应予支持。

人民法院作出生效裁判前，当事人采取必要措施满足准入特别管理措施的要求，当事人主张前款规定的投资合同有效的，应予支持。

**第五条** 在生效裁判作出前，因外商投资准入负面清单调整，外国投资者投资不再属于禁止或者限制投资的领域，当事人主张投资合同有效的，人民法院应予支持。

**第六条** 人民法院审理香港特别行政区、澳门特别行政区投资者、定居在国外的中国公民在内地、台湾地区投资者在大陆投资产生的相关纠纷案件，可以参照适用本解释。

**第七条** 本解释自 2020 年 1 月 1 日起施行。

本解释施行前本院作出的有关司法解释与本解释不一致的，以本解释为准。